KB120856

조선 명저 기행

조선명저기행

1판 1쇄 발행 2018. 1. 22.
1판 4쇄 발행 2021. 6. 10.

지은이 박영규

발행인 고세규
편집 김상영 | 디자인 홍세연
발행처 김영사

등록 1979년 5월 17일 (제406-2003-036호)
주소 경기도 파주시 문발로 197(문발동) 우편번호 10881
전화 마케팅부 031)955-3100, 편집부 031)955-3200, 팩스 031)955-3111

저작권자 ⓒ 박영규, 2018 이 책의 저작권은 저자에게 있습니다.
저자와 출판사의 허락 없이 내용의 일부를 인용하거나 발췌하는 것을 금합니다.

값은 뒤표지에 있습니다. ISBN 978-89-349-8045-2 03910

홈페이지 www.gimmyoung.com   블로그 blog.naver.com/gybook
인스타그램 instagram.com/gimmyoung   이메일 bestbook@gimmyoung.com

좋은 독자가 좋은 책을 만듭니다.
김영사는 독자 여러분의 의견에 항상 귀 기울이고 있습니다.

이 도서의 국립중앙도서관 출판시도서목록(CIP)은 서지정보유통지원시스템 홈페이지
(http://seoji.nl.go.kr)와 국가자료공동목록시스템(http://www.nl.go.kr/kolisnet)에서
이용하실 수 있습니다.(CIP제어번호 : CIP2017035426)

박영규 지음

조선 명저 기행

朝鮮名著紀行

김영사

서문 낯선 길에서 귀한 친구를 만나길 바라며 7

1부 정치 명저

경험과 지혜로 가득 찬 지방관의 행정 지침서
정약용의 《목민심서》

비리와 암투와 협잡이 판치는 지방 관아 15 | 백성의 돈을 뜯는 일부터 시작하는 지방관 생활 20 | 향관과 아전, 관속은 어떤 존재인가? 26 | 올바른 수령으로 사는 법? 30 | 아전은 어떻게 다뤄야 할까? 34 | 백성의 호랑이, 문졸 다스리는 법 39 | 관노와 관비 대하는 법 43 | 고을의 여론 수렴은 어떻게 해야 할까? 46 | 《목민심서》에 영향을 준 《목민심감》과 《임관정요》 48 | 시대를 초월한 다산의 감동적인 저작들 49

조선 오백 년을 지배한 성문 헌법
《경국대전》

77년에 걸친 노력의 결정체 52 | 조선의 국가 체계와 조직을 한눈에 파악할 수 있는 책 53 | 관직, 직함, 봉군 55 | 1품 관청 56 | 정2품 관청 57 | 언론 삼사 59 | 예문관과 성균관 61 | 범죄 사건의 처결과 죄인을 다루는 원칙 62 | 각종 금지법 65 | 《경국대전》의 토대가 된 정도전의 《조선경국전》 66 | 《속대전》과 《대전통편》, 그리고 《대전회통》 69

2부 역사 명저

세계적인 명장의 생생한 전란 일기
이순신의 《난중일기》

세계기록유산에 등재된 전쟁 보고서 75 | 낭만적인 너무나 낭만적인 인간, 이순신 79 | 조선의 마지막 보루 이순신 84 | 원균을 몹시 싫어한 이순신 89 | 이순신의 통제를 거부하는 원균 95 | 떠나는 원균, 되살아난 수군의 위계 99 | 백의종군 신세가 된 이순신 103 | 원균의 전사, 일어서는 이순신 106 | 세계 해전사에 길이 남을 대사건, 명량대첩 109 | 울음소리로 가득 채운 노량 앞바다 115

조선 역사서의 실질적 최고봉
이긍익의 《연려실기술》

조선사를 익히는데 가장 요긴한 책 122 | 정도전에 대한 엇갈린 평가 128 | 황희의 너그러운 성정을 확인할 수 있는 일화들 130 | 문종의 어진 133 | 단종 죽음의 전모 136 | 윤원형과 정난정의 최후는? 141 | 《연려실기술》의 탁월한 구성과 효용성 144

발해사를 우리 역사로 인식시킨 최대 공신
유득공의 《발해고》

왜 '발해사'가 아닌 '발해고'인가? 149 | 발해 왕조와 왕들 151 | 발해 인물과 관직 제도 152 | 관복, 토산물, 용어, 국서 154 | 발해 부흥 운동 157

또 다른 역사 명저

임진왜란 참상의 비망록, 유성룡의 《징비록》 161 | 실사구시 역사학의 표본, 안정복의 《동사강목》 167

3부 기행 명저

18세기 최고의 베스트셀러
박지원의 《열하일기》

조선을 발칵 뒤집어놓은 화제작 177 | 숭정 156년과 후삼경자 183 | 벽돌 찬가 186 | 한사군은 요동에 있고, 평양은 여러 군데에 있다 190 | 양반의 냇물 건너기 195 | 조선에 수레가 없음을 한탄하다 199 | 역시 연암은 타고난 글쟁이 202 | 죽을힘을 다해 찾아간 열하의 첫날 밤 205 | 연암의 다른 저작들과 그의 후예들 209

유럽 사회에 조선의 실상을 알린 최초의 책
핸드리크 하멜의 《하멜 표류기》

황금의 나라 코레아를 찾아라 212 | 파란 눈의 표류자 36명 216 | 기대치 않은 환대 217 | 벨테브레이와의 운명적인 만남 221 | 천신만고 끝에 고국의 품으로 돌아간 15명 224 | 《조선왕국기》에 실린 조선의 모습 226

또 다른 기행 명저

조선 선비의 표류 생존기, 최부의 《표해록》 233

4부 실학 명저

시대를 뛰어넘는 선지식의 탁견 사전
이익의 《성호사설》

조선 실학의 새 장을 연 잡학 사전 241 | 지구에 대한 이익의 식견 243 | 안용복을 영웅이라 부르다 245 | 난초란 해로움이 더 심하다 247 | 노비에게 제사 지내주는 주인 250 | 걸인 보고 눈물짓는 선비 253 | 속유척불 255 | 사륙가금과 《고려사》 256 | 유학 경전에 대한 절대적인 신봉 258 | 소년 정인홍의 시 260 | 남명과 퇴계 262 | 이익에게 영향을 끼친 책들과 그의 후예들 264

또 다른 실학 명저

새로운 개념의 인문 지리서, 이중환의 《택리지》 267 | 북학 사상의 원류, 박제가의 《북학의》 273

5부 의학 명저

동양의학의 영원한 보물 창고
허준의 《동의보감》

동아시아를 대표하는 의학 사전 281 | 무병불사의 비법? 287 | 정신과 기혈은 몸의 근본 289 | 정신과 기혈을 저장하는 오장 292 | 음식물을 소화시키는 창고, 육부 295 | 두통과 이목구비의 변화는 몸의 상태를 알려준다 299 | 진단과 처방의 신비로움 303 | 잡병에 대한 간단한 대처법 306 | 탕약은 어떻게 만들어지는가? 311 | 침과 뜸으로 사람을 치료하는 법 314 | 교양서로서도 손색없는 《동의보감》 318 | 허준의 스승들 320

또 다른 의학 명저

침구학의 최고 의서, 허임의 《침구경험방》 325 | 이제마의 《동의수세보원》 330

낯선 길에서
귀한 친구를 만나길 바라며

"관리가 교체되어 갈 때에 기생들은 웃고 여종들은 눈물을 줄줄 흘린다면, 그 관리는 필시 훌륭하고 청렴한 관리다."

이 글귀는 정약용의 《목민심서》에 나오는 것이다. 정약용은 도대체 어떤 의미로 이런 말을 남겼을까? 《목민심서》를 대충이라도 읽은 사람이라면 이 문장의 뜻을 금방 알아듣는다. 하지만 대다수는 대충 짐작만 할 뿐 그 속뜻을 알기는 쉽지 않다.

《목민심서》는 한국인이라면 누구라도 한 번쯤은 들어봤을 법한 다산 정약용의 명저다. 하지만 이름만 유명할 뿐 실제 《목민심서》를 읽은 사람은 백에 한 명도 되지 않는다. 그렇다 보니, 《목민심서》는 명성만 자자할 뿐 실제 독자는 많지 않은 책이 될 수밖에 없었다.

우리가 익히 들어 알고 있는 조선 시대의 명저들의 처지가 《목민심서》와 크게 다르지 않다. 조선의 설계자로 불리는 정도전의 《조선경국전》, 그리고 이를 기반으로 만든 조선의 헌법 《경국대전》에 어떤 내용이 담겨 있는지 실제로 본 사람은 많지 않다.

역사 강의를 하거나 독자들과 함께 유적을 답사하다 보면 이런저런 질문을 받곤 하는데, 어떤 이가 절을 둘러보다가 이런 질문을 한 적이 있다.

"사찰 건물에는 오색단청이 되어 있는데, 왜 민가에서는 단청을 하지 않았을까요?"

이에 대한 대답은 《경국대전》에 있다. 《경국대전》은 '절 이외의 건물에 색 물감을 사용하는 것도 금지한다'고 명시하고 있기 때문이다.

어떤 이는 또 이런 질문을 한다.

"이순신 장군은 원균을 정말 인간적으로 싫어했습니까?"

이순신은 이에 대한 대답을 《난중일기》에 이렇게 남기고 있다.

"원균의 공문이 왔는데 '내일 새벽에 나아가 싸우자'는 것이었다. 그 흉악하고 음험하고 시기하는 마음은 이루 말로 하지 못하겠다."

이순신이 원균에 대해 왜 이런 마음을 품었는지는 《난중일기》 곳곳에 아주 자세하게 나와 있다.

앞에서 언급된 《목민심서》, 《경국대전》, 《난중일기》는 우리 국민이면 누구나 아는 유명한 책들이다. 하지만 정작 이 내용들을 읽은 사람들은 드물다. 《경국대전》이야 법전이니 당연히 이해하기 힘들겠다 싶어 읽지 않았을 터이고, 《목민심서》는 분량이 많아 쉽게 접하지 못했을 것이다. 또한 《난중일기》는 짧고 간결하게 된 문장 탓에 흥미롭게 읽히는 책이 아닐 수도 있다.

사실 이런 이유로 조선의 최고 명저들임에도 읽히지 않은 책들이 무수히 많다. 조선 역사서의 최고봉이라고 할 수 있는 이긍익의 《연려실기술》를 비롯하여 한국인의 발해에 대한 인식을 바꾼 유득공의 《발해고》, 동양 의학서의 최고 걸작인 허준의 《동의보감》, 18세기 최고의 베스트셀러인 박지원의 《열하일기》, 북학 사상의 원류가 된 박제가의 《북학의》, 이방인의 눈으로 조선 사회를 보고 조선을 유럽 세계에 알린 《하멜 표류기》, 조선 실학의 새 장을 연 이익의 《성호사설》 등등.

　필자는 이런 책들이 현대인들에게 외면당하고 있는 이유를 생각해 보았다. 그 이유는 우리 역사나 문화 또는 역사 인물에 대한 무관심 때문도 아니고, 그렇다고 이 책들에 대해 매력을 느끼지 못하기 때문도 아니었다. 문제는 접근의 어려움 때문이었다. 그 명저들의 세계에 접근하고 싶지만 마땅히 그 길을 찾아내지 못해 망설이고 있는 것이다. 이는 마치 가보지 못한 세계를 여행하고 싶은 마음은 간절하지만, 미지의 세계가 주는 낯설음이나 막막함 때문에 선뜻 나서지 못하는 여행객의 마음과 같은 것이라 할 수 있다. 그런데 만약 그 세계를 먼저 다녀온 사람이 가이드 역할을 해준다면 한결 가벼운 마음으로 미지의 여행지로 떠날 수 있을 것이다.

　조선은 현대인에겐 미지의 세계와 다를 바가 없다. 비록 그 과거의 전통이나 관습이 조금씩 남아 있고 그에 대한 지식을 조금씩이라도 가지고 있지만, 그래도 현대인에게 조선은 낯설고 막막한 미지의 세계다. 그것은 마치 우리가 아마존 지역의 촌락을 방문하는 것과 크게 다르지 않을 수 있다.

　현대인이 조선 시대의 역사와 문화와 삶을 담은 저서를 읽어내는 일 또한 미지의 세계를 방문하는 것처럼 낯설고 막막한 일일 수 있다. 그래서 필자는 그 미지의 세계에 한 발짝 먼저 다가간 사람으로서 그 독서 여행의 가이드 역할을 하기로 했다. 말하자면 이 책 《조선명저기행》은 조선의 명저에 대한 가이드북인 셈이다.

그렇다면 여행객에게 있어 가이드의 역할은 무엇일까? 우선 여행객이 가고 싶은 곳을 안내하는 역할이 첫째일 것이고, 여행객에게 갈 만한 곳을 추천하는 것이 둘째일 것이다. 그리고 가고 싶은 곳과 갈 만한 곳이 정해졌다면, 그들이 그곳들을 충분히 감상하고 즐길 수 있도록 안내하고 소개하는 일이 세 번째일 것이다. 그 소개 과정에서 명소의 유래와 형성 과정, 그리고 관련 인물과 문화, 역사적 사건들을 꼼꼼히 챙길 필요도 있을 것이다. 또한 그 명소가 현대인들에게 어떤 의미가 있으며, 어떤 이유로 사랑받는지도 덧붙여야 할 것이다.

이 책은 조선 명저의 가이드북이기에 이러한 가이드의 역할을 충실히 수행하고자 했다. 우선 명저를 소개함에 있어, 5개의 분야로 나눠 명저의 탄생 과정을 서술하고, 내용의 핵심을 요약하였으며, 그중에 재미있는 부분들을 골라내어 소개하고 해석하였다. 또한 명저가 당대에 어떤 의미를 갖는 책이었는지, 현실성과 합리성을 겸비한 것인지 등을 통해 냉정한 평을 담기도 하였다. 그리고 명저의 탄생에 영향을 끼친 다른 저서와 저자, 그리고 같은 분야의 또 다른 명저들을 함께 소개하는 작업도 병행하였다.

어린 시절, 매일 신문을 넣어주던 높은 대문 집이 있었다. 그 집의 대문과 문패는 내게 너무나 익숙했지만, 한 번도 그 집 안을 들여다본 일은 없었다. 다섯 계단 위에 세워져 있는 그 집의 대문과 사방으로 둘러쳐진 콘크리트 담장은 어린 내게 너무나 위압적이고 높았기 때문이다. 그래서 그 집 문을 열고 들어갔다가 길을 헤매는 꿈을 곧잘 꾸기도 하였다.

어쩌면 조선의 명저들이란 내 어린 시절의 높은 대문 집과 같은 것인지도 모르겠다. 대문과 문패는 익숙한데, 선뜻 안으로 들어가기에는 너무 위압적인 집. 하지만 그 집 대문을 열어젖히는 순간, 위압은 사라지고 친숙함과 경이로움이 함께 찾아들지도 모른다.

결국, 독서라는 행위도 새로운 길을 찾아가는 일이다. 낯선 길일수록 귀한 친구를 만나는 법이다. 조선의 명저를 읽는 일도 낯선 길로 들어서는 일이다. 모쪼록 이 낯선 길에서 평생을 함께할 귀한 친구를 만나길 바란다.

2018년 정월 일산 우거에서
박영규

1부

정치 명저

경험과 지혜로 가득 찬 지방관의 행정 지침서
정약용의 《목민심서》

조선 오백 년을 지배한 성문 헌법
《경국대전》

경험과 지혜로 가득 찬 지방관의 행정 지침서
정약용의《목민심서》

비리와 암투와 협잡이 판치는 지방 관아

"내가 오랫동안 읍내 바닥에 살면서 수령의 내쫓김이 오로지 아전衙前의 손에 달려 있음을 보았다."

《목민심서》에 남긴 다산 정약용의 말이다. 이 말이 사실이라면 지방관은 허수아비나 다름없는 존재지 않은가?

《목민심서》는 이런 의문을 갖게 하는 책이며, 또한 이 의문을 풀어주는 책이기도 하다. 누구나 알다시피 이 책의 저자는 정약용이다. 정약용이 주어라면《목민심서》는 항상 술어처럼 따라다닌다. 그만큼《목민심서》는 다산의 대표작으로 인식되어 있다는 뜻이다. 정약용은 이 책의 제목에 대해서 목민牧民이란 곧 치민治民, 즉 '백성을 다스리는 것'을 의미하고 '심서'란 '마음속으로 생각하고 있는 것을 담은 글'이라고 밝히고 있다. 따라서《목민심서》는 목민관, 즉 '지방의 관리가 지켜야 할 지침서' 정도로 이해하면 될 것이다.

　이 책은 순조 18년(1818년)에 펴낸 책이다. 당시 정약용은 유배 중에 있었다. 그는 1801년에 유배 생활을 시작하여 1819년까지 18년 동안 유배지를 전전했는데,《목민심서》와《경세유표》,《흠흠신서》등 그의 3대 저작물이 모두 이 시기에 저술되었다.

　《목민심서》는 12개의 제목으로 12편으로 서술되었고, 각 편마다 6개의 장으로 이뤄져 있어 모두 72장으로 구성되어 있다. 당시 책으로는 48권 16책으로 만들어졌는데, 요즘 번역판으로 500페이지 책 3권 분량쯤 된다.

　12편은 크게 1편에서 4편, 5편에서 10편, 11편에서 12편 등 다시 세 부류로 나눠진다.

　1편부터 4편까지는 부임, 율기, 봉공, 애민 등의 제목을 달고 있는데, 부임은 지방관이 부임하는 과정에서 지켜야 할 방도를 제시하고 있고, 율기에서는 스스로를 다스려야 할 방도, 그리고 봉공에서는 공직자로서 공과 사를 구별하여 처신하는 법, 애민에서는 백성을 사랑하는 방도를 사례를 들어가며 서술하고 있다.

　5편부터 10편까지는 이방, 호방, 예방, 병방, 형방, 공방의 업무와 사무 처리 방법, 그에 대한 옳고 그른 사례를 서술하고 있다. 이를 이전吏典, 호전戶典, 예전禮典, 병전兵典, 형전刑典, 공전工典 등으로 분류하여 기술하고 있는데, 이전은 아전을 단속하고 인재를 얻는 법에 대한 것이고, 호전은 토지제도와 세법, 호적, 부역에 관한 것이며, 예전은 관리가 담당해야 할 각종 제사와 행사, 교육과 신분의 구별에 대한 것이다. 또한 병전은 병권을 함께 쥐고 있는 관리가 숙지해야 할 지침을 담고 있는데, 군적과 군포를 어떻게 관리하고 군사의 훈련과 무기의 관리, 변란과 전쟁에 대처하는 방도 등을 기술해놓았고, 형전은 소송과 심리, 형벌의 시행 등에 대한 것이며, 공전은 산림이나 하천의 관리, 관아와 성곽의 수리와 축조, 공장들의 운영에 대한 것을 담고 있다.

11편과 12편은 진황賑荒과 해관解官이란 제목을 달고 있는데, 진황 편에서는 흉년에 대비하여 물자를 비축하는 방책이나 흉년이 닥쳤을 때 민생을 안정시키고 구제하는 방법을 기술하고 있고, 해관 편에서는 지방 관직에서 물러날 때 지켜야 할 의무와 취해야 할 방도에 대해 쓰고 있다.

이렇듯 12편에 대해 소개해놓고 보니, 《목민심서》는 다소 지루하고 딱딱한 내용들로 채워져 있을 것만 같다. 하지만 조선 시대의 지방 행정과 백성들의 삶에 대해 알고 싶은 마음이 조금이라도 있다면 이 책만큼 요긴한 책도 없을 것이다. 지방관으로 발령받은 관리가 어떤 절차를 거치고, 어떤 애로를 겪으며, 이를 헤쳐 나갈 방도는 어떤 것인지 사례까지 들어가며 매우 구체적으로 서술해놓았기 때문에 읽는 재미도 쏠쏠하다. 그리고 지방의 향관, 즉 좌수座首와 별감別監들이 수령을 어떻게 부정과 얽어매고, 수령은 그들의 수작과 모략에 의해 어떤 난관에 처하며, 그 난관을 벗어날 수 있는 방도는 무엇인지까지 상세하게 알려주고 있다. 이방을 비롯한 6방의 아전으로부터 포졸이나 관노에 이르는 관속들이 백성들의 주머니를 어떤 방법으로 털어서 어떻게 서로 나눠 갖는지, 수령은 관속들의 부정과 부패를 어떤 선에서 눈감아주고 얼마만큼 인정하며, 어떻게 법리를 적용해야 하는지도 자세히 가르쳐주고 있다.

정약용은 열여섯 살 때부터 서른 살 때까지 부친을 따라다니며 지방관의 삶을 익혔다. 부친 정재원은 현감, 군수, 부사, 목사 등을 역임했고, 정약용은 아버지의 임지를 따라다니며 지방 행정을 배우고 익혔으며, 향관과 아전, 문졸門卒, 관노비 등 관아에 예속된 자들이 어떤 삶을 살아가는지 잘 알고 있었다. 거기다 정약용 자신도 찰방과 암행어사, 부사를 지내며 목민관 생활을 경험했다. 《목민심서》는 이런 그의 사실적 경험을 바탕으로 저술되었기 때문에 조선 시대의 수령과 향관과 아전과 관속들의 행동 방식과 삶을 알아내기에 이만한 책은 없을 것이다.

《목민심서》는 향관과 아전에 대해 매우 비판적인 시선을 담고 있다. 수령은 길어야 2년이면 바뀌었지만 그들은 지속적으로 그 지방에 머무는 토박이들이었다. 때문에 조선 시대의 수령들이란 각 고을의 좌수나 별감, 아전과 관속들의 도움 없이는 지방을 다스리는 것 자체가 불가능했다. 어떤 지방관이라도 그들과 타협하지 않고는 자리를 지킬 수 없었던 것이다. 심지어 그들과 사이가 틀어진 수령은 쫓겨나기 일쑤였고, 웬만큼 총명한 수령도 그들의 허수아비 노릇을 하기 십상이었다. 그래서 정약용은 그들을 백성의 고혈을 빨아먹는 거머리 같은 존재로 인식하고 있다.

아전은 자신의 이권을 놓치지 않기 위해 재상과도 결탁하고, 감사와도 결탁한다. 그런 아전은 한순간에 수령을 내쫓을 힘도 있다. 하지만 그들 역시 파리 목숨과 다름없었다. 수령의 결정 하나로 그들도 하루아침에 죄수로 전락할 수 있었기 때문이다.

사실, 향관과 아전, 문졸, 관노비 등의 관속들을 부정과 결탁하게 만드는 것은 나라였다. 나라가 그들로 하여금 백성의 고혈을 짜서 살아가도록 만들었기 때문이다. 수령에겐 봉급이 주어지지만 그들에겐 정해진 봉급이 없었다. 때문에 그들은 어떻게 해서든 백성들을 수탈하여 자신의 배를 채워야만 했다. 일반적으로 그들의 이런 행위를 착취라고 규정하지만 지방세가 없던 당시 상황에선 그들에게도 나름대로 착취의 명분이 있었던 것이다. 정약용도 그런 그들의 현실을 어느 정도 인정하고 있다. 그래서 무조건 그들을 억누르고 휘어잡아야만 한다고 말하지 않는다. 다만 수령이 그들에게 휘둘리거나 그들의 허수아비 노릇을 하지 않을 방도를 알려주고, 백성을 위한 올바른 목민관이 되는 길을 가르쳐주고 있다.

다산이 알려준 그 방도는 수령 자신의 청렴함이 바탕이 될 때 쓸모가 있다고 말한다. 청렴함을 유지하지 않으면 그 어떤 수단과 방법을 동원해도 좋은 목민관이 될 수 없다는 것이 다산의 일관된 주장이다. 하지만 단순히 청렴하기만 해서는 술수와 암투와 비리와 협잡이 판치는 지방 관아에서 살아남을 수가 없다.

"청렴하면서 치밀하지 못하거나 재물을 내어 쓰되 실속이 없으면 만족한 행정이 아니다."

다산의 이 말은 청렴하되, 향관들의 요구를 일정 정도 들어줘야 한다는 것인데, 그렇게 하려면 반드시 백성들로부터 거둬들인 재물을 쓸 수밖에 없다는 것이다. 하지만 재물을 제대로 쓰지 못하면 청렴함도 잃고 재물도 잃게 되기 십상이고, 심지어 그 재물 쓴 것 때문에 비리와 부정을 저지른 관리가 되어 봉고파직封庫罷職 당하기 일쑤라는 것이다.

이렇듯 지방관은 조금만 중심을 잃으면 아전과 향관들의 농간에 놀아날 수밖에 없는 상황에 처한다. 그렇다면 어떻게 해야 수령은 이 난관을 꿰뚫고 현명한 관리가 될 수 있을까? 한마디로 답하긴 곤란한 질문이다. 왜냐면 조선 행정조직 자체가 부정을 조장하는 측면이 있기 때문에 결코 쉬운 일이 아니다. 심지어 부임도 하기 전에 부정부터 배워야 하는 것이 조선 관리의 현실이었다.

백성의 돈을 뜯는 일부터 시작하는 지방관 생활

조선 시대의 관리가 되려면 시작부터 불의와 타협하지 않으면 안 된다. 예컨대 누군가가 과거에 합격하여 관직을 얻게 되면 허참례許參禮라는 것을 하는데, 이는 신입이나 신참을 지칭하는 신래新來를 대상으로 선배 관원들이 행하는 일종의 신고식이다. 허참례는 신래가 선배 관원들에게 크게 한턱을 내는 것인데, 말 그대로 상다리가 부러지도록 차리지 않으면 선배 관원들이 상을 뒤집어버리고 다시 차려 오라고 요구한다. 그 요구를 들어주지 않으면 신래의 옷을 벗기고 상투를 잡고 땅에 질질 끌고 다니기도 하고, 온갖 욕설로 모욕을 주기도 한다. 때문에 허참례를 치르기 위해선 웬만한 초가집 한 채 값을 써야만 했다.

신고식은 허참례로 끝나지 않았다. 허참례가 끝나고 보름쯤 뒤에는 면신례免新禮가 있었다. 말하자면 구관원들이 신관원을 처음 대면하는 자리가 마련되는 것이다. 면신례 역시 만만치 않은 일이었다. 면신례 때도 기존 관원들을 모두 집으로 초청하여 음식을 차려내야 했는데, 그 비용이 만만치 않았던 것이다. 면신례는 다른 말로 면신벌례라고도 하는데, 면신례가 하나의 벌로 인식되기 때문에 그런 명칭이 생긴 것이다.

이런 까닭에 허참례와 면신례가 싫어서 관직을 얻고도 출사하지 않는 사람도 있었다. 이렇듯 허참례와 면신례의 폐단이 심각해지자, 왕이 직접 나서서 금지하기도 했지만 지켜지지 않았다. 중앙관청 중에는 오히려 이를 규찰하고 금지시켜야 할 사헌부의 허참례와 면신례가 가장 고약하기로 정평이 나 있었으니, 단속이 될 리가 없었던 것이다.

숙종 25년 11월 22일엔 사헌부에서 신군졸의 면신례를 금지시키도록 주청하여 숙종이 면신례 금지 지시를 내렸지만 소용없었다. 심지어 면신례 때문에 영조 51년 7월 1일엔 승문원 관원 전원을 삭직도록 명하는 사태가 벌어지기도 했다. 당시 승문원 간관으로 발령 난 황택인에 대해 면신례를 매우 심하게 했다가 이런 사달이 난 것이다.

그렇다면 누군가가 지방관으로 발령이 나면 어떤 일이 벌어질까? 지방관으로 발령이 난 관리는 떠나기에 앞서 임금에게 하직 인사를 해야 하는데, 그것이 그저 이뤄지는 것이 아니다. 일종의 통과세에 해당하는 궐내행하闕內行下 과정을 거쳐야 한다.

궐내행하라는 것은 임금에게 하직 인사를 하러 궁궐에 들어가면서 벌어진다. 임금이 머무는 대전의 별감이나 승전원의 사령들에게 돈을 쥐여주는 것인데, 적게는 60냥에서 많게는 수백 냥이 소요되는 일이다. 그들 별감이나 사령(조례, 나장)들은 돈이 양에 차지 않으면 쉽게 대궐로 들여보내 주지 않을뿐더러 온갖 욕설을 해대고, 옷소매를 끌어당기며 시비를 걸기까지 한다. 당시 1냥으로 쌀 3말을 사고, 2냥으로 포 1필을 살 수 있다는 것을 감안한다면 지방관이 내는 300냥은 쌀 90섬을 살 수 있는 대단히 큰 액수임을 알 수 있다. 이런 궐내행하는 관습화되었기 때문에 임금조차도 금지하지 않았는데, 이것이 모두 그들의 봉급이 박한 탓이었다.

그렇다 보니, 수령으로 나가는 자들은 자기 본읍에 연락을 하여 궐내행하에 필요한 돈을 그곳 아전들로 하여금 미리 가져오게 하기 일쑤였다. 수령으로 발령이 난 자는 한양에 머무는 저리邸吏(각 지방 고을이나 병영에서 파견한 관리)를 통해 본읍에 저보邸報(고을에 보내는 통지문)를 띄우는데, 그때 이미 필요한 궐내행하 비용을 요청하는 경우가 많았다.

임금에게 하직 인사를 하고 나면 자신을 추천한 이조판서와 참판,

참의, 정랑과 좌랑을 순서대로 만나 인사치례를 하게 되는데, 이 또한 사례를 하거나 청탁을 받는 자리가 되기 십상이다. 사례를 한다면 돈이 들 것이 뻔하고, 청탁을 받으면 역시 백성의 주머니에서 돈을 끌어내야만 가능하다.

이에 대해 당시 풍조를 다산은 이렇게 적고 있다.

"무신으로서 수령이 되어 나가는 자는 이조판서나 병조판서의 집을 두루 돌아 반드시 요구하는 바가 무엇인가를 묻고, 이조판서나 병조판서가 짐짓 하찮은 물건을 구하는 체하면 수령은 다시 두터운 것을 바치기를 요청하며, 그가 부임하게 되면 공공연히 뇌물을 실어다 바치는 것을 당연한 일로 여기니 염치의 도가 떨어짐이 이에 이르렀다."

그런 인사치례가 끝나면 행장을 꾸려 발령지로 가게 되는데, 이 과정에서 또 많은 돈이 소요된다. 우선은 임지로 가기 위해서는 필요한 물건들을 챙기고, 함께 갈 사람들을 정해야 한다. 그 사람의 수가 많을수록 짐은 늘어나고, 짐이 많으면 사람을 태우고 짐을 옮길 여러 필의 말이 필요하다. 나라에서는 대개 15마리 정도의 말을 빌릴 돈을 주는데, 대개 300냥쯤 된다. 이를 쇄마刷馬 비용이라고 하는데, 대개는 300냥으로는 어림도 없다. 나라에서 받은 300냥에다 600냥은 더 없는 경우가 허다한데, 그 돈은 모두 발령지의 백성들이 부담한다. 새로운 수령이 발령을 받으면, 그곳 이방이 여러 관속과 마을 대표들을 대동하고 한양으로 올라와 신임 수령을 만나는데, 이때 이미 고을 백성들에게 돈을 추렴하여 가져와 바치는 것이다.

이렇듯 지방관은 발령을 받으면서부터 백성들의 고혈을 짠 돈으로 움직인다. 그리고 다스릴 고을에 당도하기까지 드는 모든 비용도 백성들에게서 추렴한 돈으로 사용하고, 수령이 해당 고을에 도착하여 취임을 하면, 관아의 사령들이 수령을 문안한다는 핑계로 집집마다 또 돈을 걷는다.

그래서 정약용은 처음 마을에 저보를 보낼 때 이런 명령을 하라고 당부하고 있다.

"본관은 이제 혼자 떠나니 모든 것을 간략하게 하고, 생략하라. 새 수령을 맞이하는 이방은 일절 올려 보내지 말고 다만 고을 경계상에서 기다리도록 하라. 형리 1명, 주리(요리사) 1명, 공방 장인 1명, 통인(사환) 1명, 시노 2명, 추종 방자 2명, 사령 3명만 서울로 올라오고 그 밖에는 함부로 움직이지 말라."

이렇게 서울로 올라오는 자들 중에 6방의 아전은 일절 포함시키지 않는데, 아전이 오면 대개 아전의 우두머리인 이방이 오고, 이방이 오면 의당 돈을 걷어 오기 때문에 오지 못하도록 한 것이다.

하지만 다산이 가장 간단하게 올라오라고 한 인원만 해도 벌써 11명 이나 된다. 만약 이방이 올라오게 되면 이방을 따르는 관속과 향관이 더 불어나게 될 것이고, 그 때문에 쇄마 비용은 훨씬 더 늘어날 수밖에 없다. 그래서 다산은 이방은 절대 올라오지 못하도록 연통을 넣으라고 했지만, 지방 수령으로 나가는 자치고 다산의 말처럼 하는 자는 거의 없었다.

다산은 또 혼자 간다고 했는데, 사실 지방관으로 부임하면서 혼자 가는 사람은 없다. 최소한 자신의 아들 1명과 서기 또는 책방이라는 이름의 회계 담당 등을 대동한다. 거기다 부모와 자신과 친한 친구나 일가붙이를 데리고 가는 일도 허다했고, 부인을 대동하고 가는 경우도 많았다. 심지어 온 가족을 다 데리고 가는 관리들도 허다했다. 그렇게 되면 수령의 아버지는 춘부라고 해서 수령의 머리 위에서 놀고, 수령의 자식은 아버지의 권세를 등에 업고 온갖 행패를 부리기 십상이고, 수령의 형이나 친구는 마치 자신이 수령이나 되는 것처럼 온 고을을 휘젓고 다니곤 했다. 또 책방은 6방의 아전들을 하인 부리듯 하다 죽이 맞으면 함께 비리를 저지르기 십상이다. 그래서 《속대전》에서는 '수령 가운데 가족을 지나치게 많이 데리고 간 자는 모두 적발해서 파면한다'는 조항이 있었다. 하지만 구체적으로 몇 명을 데리고 가라는 규정이 없었으니, 있으나 마나 한 법이었다.

가족을 대거 데리고 가면 노비도 따라가기 마련이다. 대개 노비의 수는 가족보다 많으니, 수령 1명이 부임지로 이끌고 가는 가족과 노비 수만 하더라도 20명이 훌쩍 넘는 것이 예사였다. 그러니 그들이 관아에서 쓰고 먹는 것만 해도 그 비용이 상당할 수밖에 없었다. 심지어 자신의 형제와 그 가족들까지 부임지로 데려가는 사례도 허다했다 하니, 그 비용을 대는 백성의 등골이 빠지는 것은 당연했다.

다산은 이에 대해 이렇게 말한다.

"부모와 아내 외에는 아들 1명만 데려가는 것을 허용하되, 미혼 자녀들은 예외로 하여 허용해야 할 것이다. 또 사내 종 1명 여종 2명 외에는 데리고 가지 못하게 하는 것이 좋을 것이다."

하지만 이를 실천하는 관리는 백에 하나도 될까 말까 했으니, 다산의 말들이 모두 시대에 대한 한탄이 아니고 무엇이랴.

신임 수령을 만나러 온 고을 이방은 으레 읍총기邑總記라는 책자를 바치는데, 거기에는 백성들의 고혈을 어떻게 세금으로 짜내는지 자세하게 적혀 있다. 대개의 수령들은 그 책자를 보고 조목조목 이방에게 물어보며 백성들에게 돈을 끌어내는 방법과 원리를 알아보기 십상인데, 그렇게 되면 바로 그들 아전들과 한통속이 되어 백성의 고혈을 짜내게 된다는 것이다. 하지만 백성의 고혈을 짜낸 수령이 아전들과 관계가 나빠지면 아전들은 수령의 비리를 감영에 고발하여 수령 자리에서 내쫓아버리기 일쑤였다. 말하자면 수령이 부정을 저지르도록 유도하여 자신들의 손아귀에 넣고서는 고을 행정을 자신들 마음대로 주무르다가 수령과 감정이 틀어지면 오히려 수령의 부정을 감영에 고발하여 내쫓아버리는 것이다.

이에 대해 다산은 한탄조로 이렇게 말한다.

"매양 보매 어리석은 수령은 반드시 수리(이방)를 심복으로 여겨 밤중에 몰래 불러서 여러 가지 일을 의논한다. 아전이 그 수령에게 아첨하여 기쁘게 해주는 것은 토지세로 농간을 부려 창고의 곡식을 조작하고 그 나머지를 취하기 위함이며, 송사와 옥사를 빌미로 뇌물을 빨아먹는 정도에 그치지 않는다. 수령이 하나를 먹으면 아전은 백을 도적질한다. 하지만 죽을죄가 발각되어도 오직 수령 혼자서만 당하게 되니, 슬프지 아니한가?"

그래서 다산은 처음에 이방으로부터 읍총기를 받는 그 순간부터 자신을 단단히 단속해야 한다고 쓰고 있다.

"아전이 읍총기를 바치는 날에 즉시 돌려주고, 묵묵히 다른 말이 없어야 할 것이다. 이어서 대동하는 자제나 친척, 빈객들을 단속하여 억지로 캐어보는 일도 없도록 해야 할 것이다. …… 새 수령을 맞이하러 온 아전과 하인을 대함에 경솔히 체모를 손상해서는 안 되며, 또한 뽐내고 위세를 떨어도 안 된다. 장중하되 능히 화평하면 될 것이니, 오직 묵연히 말을 않는 것이 더없는 묘법인 것이다."

하지만 수령 혼자 이런 행동을 한다고 해서 해결될 문제가 아니다. 아전들은 수령이 청렴하고 부정한 짓을 하지 않으려는 모습을 보이면,

다른 방도로 수령에게 부정한 행동을 유도한다. 가장 흔한 방법이 수령의 가족이나 친인척과 접촉하는 것이다. 또 그것도 되지 않으면 수령이 데리고 온 서기나 책방 또는 노비와 접촉하여 자신들의 목적을 달성하려 한다. 그래서 다산은 자신의 가족은 물론 대동한 서기나 책방, 노비를 엄하게 교육하여 개인적으로 아전들과 대화하는 것을 엄격히 금지하라고 당부하고 있다.

향관과 아전, 관속은 어떤 존재인가?

《목민심서》를 제대로 이해하기 위해서는 고을 수령인 목민관 아래서 행정을 보좌하는 향관과 아전에 대해 먼저 알아야 한다.

지방관으로 발령이 난 수령이 상대해야 할 골치 아픈 존재는 향관의 수장 좌수다. 좌수는 말 그대로 그 지방의 우두머리인데, 조선 시대 지방 자치 조직인 유향소의 수장이다. 유향소는 세종 시대에 처음 만들어졌지만, 이후로 수령의 권위를 침범하는 사태가 잦아 혁파되었다가 다시 만들어지곤 하였다. 그러다 성종 대에 사림파가 향촌 질서를 유지할 수 있는 자치 조직의 필요성을 강조하면서 다시 부활시켰다. 조선 후기에 와서는 유향소는 주로 향청이라는 이름으로 불리게 되었고, 처음의 설립 취지와는 달리 지방관인 수령을 보좌하는 기구로 변질되었다. 그리고 유향소의 건물인 향사당도 지방 관아 내부에 설치하게 되었다. 그러면서 유향소의 임원은 일종의 지방 관리 구실을 하였다. 그래서 향관이라고 부르게 된 것이다.

유향소는 대개 현마다 하나씩 설치되었다. 유향소의 임원은 좌수와 별감으로 구성되었는데, 좌수는 조선 전기까지는 유향소 구성원들인 향원들에 의해 직접 선출되었으며, 선출된 좌수는 유향소를 관리하던 중앙 기구인 한양의 경재소 당상관에 의해 임명되었다. 이 시기의 좌수는 향촌을 대표하는 자리로 고을 수령과 맞먹는 권세를 지니고 있었다. 심지어 좌수 중에는 판서 출신도 있었기 때문에 고을에 따라서는 수령이 좌수의 힘에 짓눌리는 경우도 허다했다. 하지만 조선 후기에 이르면 경재소가 혁파된 까닭에 향원들이 향회에서 좌수를 선출하면 고을 수령이 임명하는 방식으로 바뀌었다. 영조 대에 이르면 좌수를 비롯한 별감 등의 유향소 임원들을 지방 관직의 하나로 취급했다. 다산이 《목민심서》를 쓸 당시에는 이런 제도가 정착되어 있었기 때문에 좌수는 수령을 보좌하는 역할을 했다.

좌수는 자신이 부릴 수 있는 향관들을 임명할 권한이 있었는데, 그들이 곧 별감과 풍헌風憲, 약정約正 등이었고, 이들을 통칭하여 지방의 관리라 해서 향승鄉丞이라 부르기도 하였다. 별감의 숫자는 정해져 있지 않았기 때문에 고을의 크기나 좌수의 의지에 따라 달랐다. 대개 별감들은 좌수의 친인척이 선정되는 경우가 많았고, 풍헌은 면面(향의 속칭) 단위에 1명씩 두었으며, 풍헌 아래 실무를 담당하는 약정을 1명 부약정을 2명 두었다. 또한 풍헌이 없는 곳에는 약정이 풍헌을 대신했기 때문에 풍헌과 약정은 때때로 같은 뜻으로 쓰이기도 했다.

이들 좌수와 별감, 풍헌, 약정 등의 향관들은 비록 수령의 지휘를 받는 처지였지만 권세는 수령에 뒤지지 않았다. 좌수의 지휘 아래 풍헌은 고을의 부역이나 세금 징수, 산림 보호, 농토의 등급에 대한 판단, 소송이나 분쟁의 조정이나 결정을 담당하고 있었기 때문에 수령보다도 주민들에게 직접적인 영향력을 행사했다. 거기다 수령은 임기가 되면 떠나지만 이들은 지속적으로 향촌 사회에 영향력을 행사하기 때문에 수령보다는 좌수의 눈치를 더 살필 수밖에 없는 구조였다. 거기다 수령을 보좌하는 아전들을 규찰하는 권한까지 가지고 있어, 아전들까지도 그들의 손아귀에 들어 있었다.

좌수와 함께 고을 수령이 상대해야 할 최대 난적이 고을 아전들이다. 아전이란 말 그대로 '관아 앞에서 사무를 보는 하급 관리'를 지칭하는 것인데, 크게 경아전京衙前과 외아전外衙前이 있다.

경아전은 한양의 중앙관청에서 근무하는 하급 관리를 통칭하는 것으로 녹사, 서리, 조례, 나장, 차비군 등을 가리킨다. 이들은 중인 계층인데, 가장 품계가 높은 녹사는 종6품까지 승진할 수 있고, 서리는 종7품까지 올라갈 수 있다.

외아전은 흔히 향리鄕吏와 가리假吏로 구분되는데, 향리는 그 지방 출신으로 대대로 아전을 하는 사람들을 일컫고, 가리는 다른 지방에서 와서 임시로 근무하는 아전을 말한다. 대개 가리는 지방관이 데리고 오는 경우가 많은데, 서기나 회계를 보는 책방 등이 이에 해당된다. 향리는 대를 이어 그 소임을 유지하기 때문에 고을의 시시콜콜한 사정을 훤히 꿰고 있는 자들이었다. 그 향리 중에 수리首吏, 즉 우두머리가 곧 이방을 맡는다.

이들 향리는 대개 관아 정전 앞에 있는 육방청六房廳에서 근무하는데, 이들은 녹봉을 받지 않기 때문에 백성들에게 돈을 걷어서 경제생활을 영위했다. 백성들에게 돈을 걷는 방법은 그야말로 수백 가지라 일일이 거론하기도 힘들 정도였다. 그중 몇 가지를 거론하자면 화전민에겐 화속전, 무당에겐 무녀포, 시장 상인들에겐 장세전, 장부에서 고의로 농지를 빠트리고 받는 은결채 등등 돈을 걷는 방법도 가지각색이고, 지방마다 그 내용도 다르다. 그런 아전들이 백성들에게서 돈을 착복하는 것은 나라에서도 눈감아줄 수밖에 없는 공공연한 행위였다.

이런 향관과 아전은 이와 잇몸 같은 사이인데, 그들의 행동거지나 부정의 수법은 혀를 내두를 정도였다. 특히 아전보다 향관의 부정이 더욱 심했는데, 다산은 그런 현실을 이렇게 개탄했다.

> 풍헌, 약정, 별유사別有司(마을에서 호적 사무나 잡무를 맡은 사람), 방주인坊主人(관청 간의 연락을 담당한 하급 직원) 등은 그 문서를 뜯어 고치고 붓을 함부로 놀려 부정함이 아전보다 심했다. 무릇 상납물이 한번 그들의 손에 들어가면 태반이 녹아 없어지는데, 여름에 납부해야 할 것을 봄에 납부한 것으로 변경하는 것을 손바닥 뒤집듯 하고, 밑돌과 윗돌을 밀어 옮기고 뒤집어 전하여 그 횡령으로 인한 결손이 수만 푼(100푼은 1냥)에 이른다. 그러면 또 세금을 매겨서 백성들에게 물려 온 마을을 요란스럽게 하니 이들은 큰 좀이나 다를 바 없다. 무릇 촌사람으로 순박한 자는 풍헌, 약정 등의 직임을 회피한다. 그래서 부랑자나 간사스러운 자가 아전, 좌수, 별감 등과 체결하여 풍헌, 약정 등의 직임을 얻는다. 그러고는 생선을 사고 닭을 잡아 권세 있는 아전을 섬긴다. 그들의 횡령이 발각되면 아전, 좌수, 별감 등은 수령의 측근과 입을 맞춰 '그 고을엔 원래 결손이 많은 것이지 그들이 훔친 것은 아니다'라고 하거나 '그들은 본래 찢어지게 가난하여 도저히 다시 받아낼 수 없다'고 한다. 수령은 그 말을 믿고 죄를 저지른 그들에게 매 한 대 치지 않고, 죄 없는 백성은 재징수를 모면하지 못하니, 참으로 한탄스럽다.

이 글에서 언급된 방주인이란 자리는 대개 문졸이 차지하는데, 문졸이란 관아의 문을 지키는 사령을 지칭한다. 이들을 흔히 조례皂隷라고도 하는데, 대개는 관리의 호위나 형의 집행을 담당했다. 사실, 이들은 아무것도 아닌 것처럼 보이지만 힘없는 백성들이 가장 무서워하는 존재였다. 관리가 판단을 잘못하여 이들로 하여금 세금을 걷어 오도록 하면, 온 마을을 들쑤시고 다니며 호랑이처럼 군림하기 때문에 다산은 아무리 시급히 세금을 거둬들일 일이 생겨도 약정이나 풍헌을 엄격히 게 단속해야지 절대로 문졸을 풀어놓아서는 안 된다고 당부하고 있다.

올바른 수령으로 사는 법?

좌수와 별감, 풍헌, 약정 등의 향관과 아전, 별유사, 군교, 문졸, 관노비 등의 관속들 없이는 지방 관아가 유지되지 않지만, 또 이들 때문에 백성의 고통이 가중되었다. 거기다 수령까지 이들과 한통속이 되면 힘없는 백성은 이미 낸 세금을 또 내고, 세금도 아닌 세금을 또 내게 된다. 거기다 돈 있는 부자들은 그들에게 뇌물을 먹이고 내야 할 세금보다 훨씬 적게 내고, 돈 없는 소민들은 내지 않아도 될 세금을 더 내게 된다.《목민심서》가 출간될 당시 대개 일반 백성들은 자신이 내야 할 국세의 2.5배를 내는 것이 보통이었다. 당시에는 지방세라는 것이 별도로 없었기 때문에 향관과 아전은 세금을 부풀리거나 부정을 통해 얻은 돈으로 생활할 수밖에 없었다. 그래서 국세보다 최소 2.5배의 세금을 더 걷었던 것이다. 예컨대 국세로 내야 할 세금이 40만 냥이라면 실제 걷는 세금은 100만 냥 이상이었다. 그렇게 해서 40만 냥은 중앙에 올려 보내고 나머지 60만 냥은 향관과 아전, 관속들이 착복한다. 거기다 수령까지 가세하면 더 많은 돈을 걷는다. 국세보다 지방세가 2배 이상 많았다는 것이다.

다산도 이런 현실을 개탄하고 있지만, 향관과 아전, 관속들의 생활을 어느 정도 보장해야 하기 때문에 무조건 그들에게 돈을 걷지 못하게 할 수는 없다고 말한다. 단지 그들이 돈을 걷는 데 수령까지 동참해서는 안 된다고 주문할 뿐이다. 만약 수령이 그들과 작당하여 탐욕을 드러내면 그들은 훨씬 더 많은 돈을 걷어 그중 일부만 수령에게 바치고 나머지는 또 자신들이 착복하는 까닭이다. 그러다 문제가 생기면 모두 수령 탓으로 돌리고 향관과 아전들은 교묘히 죄를 면하기 십상이다. 이미 관찰사 감영의 아전들에게 뇌물을 먹여 한통속인 경우가 대부분이기 때문에 수령은 꼼짝없이 쫓겨나거나 사형을 당하게 되는 것이다.

그렇다면 도대체 고을 수령은 어떻게 해야 이 난관을 뚫고 향관과 아전을 제대로 부리며 고을을 다스릴 수 있을까? 다산은 이 방도에 대해 매우 구체적인 방법을 제시하고 있다.

수령이 관아의 수하들을 제대로 다스리려면 발령받는 그 순간부터 절대로 향리의 농간에 말려들어서는 안 된다고 이미 서술한 바 있다. 그리고 부임 행차부터 조심해야 한다.

행차는 반드시 일찍 출발하고 저녁에는 반드시 일찍 쉬도록 한다. 동이 틀 때 말에 오르고 해가 지기 전에 말에서 내려야 한다. 그리고 수리(향리의 수장. 곧 이방)를 불러 하인이 밥을 먹었으면 진지(밥)를 올리고 말에 올라서 동이 트기 시작하면 좋으니 알아서 거행하라고 할 것이다.

아랫사람들의 사정에 밝지 못한 자는 미리 아무 약속도 하지 않고 일찍 일어나 밥을 재촉하고 곧장 말에 오르는데, 이렇게 되면 하인은 밥상을 받아놓고도 먹지 못한 채 일어서야 한다.

말은 달리지 말아야 한다. 말을 달리면 수령의 성질이 경박하고 조급하게 보인다. 작은 길이 구불구불한 곳에서는 돌아보지 말아야 한다. 돌아보면 말을 탄 아전들이 비록 진흙이라도 말에서 내려야 하니 또한 생각해주어야 한다. 돌아보지 않을 뿐 아니라 형세에 따라서는 아예 외면하여 그들이 몸을 자유롭게 움직일 수 있도록 해야 한다. 길을 가다가 비록 몸을 굽히지 않는 아전이 있더라도 책망하지 말아야 한다. 마치 말 못하는 사람인 듯 입을 다무는 것이 좋다.

길을 가다가는 매일 세 끼의 끼니에 국 한 그릇, 김치 한 그릇, 장 한 종지 외에 네 접시를 초과하지 말아야 한다.

권마성勸馬聲(임금이나 수령, 방백이 행차할 때 사령이 높은 소리로 행차를 알리는 소리)은 떠들썩하게 하지 말고 마을을 출입할 때 한 번씩만 하고, 역참에 들어가거나 나올 때 세 번만 하라.

이 내용은 수령은 아전에게 전혀 욕심 없는 듯이 하고, 아랫사람들을 생각하며, 촌민들과 역졸들을 배려해야 한다는 의미로 읽힌다. 이것은 단순히 그들에 대한 배려일 뿐 아니라 수령 자신의 위신을 세우고 스스로를 지키는 일이다. 이렇게 해야만 아전이나 관속들이 신임 수령의 속내를 알 수 없어 함부로 접근하지 않는다는 것이다.

그리고 부임하면 그날 바로 좌수와 관속들이 찾아와 배알하는데, 그 우두머리인 좌수를 불러 앉혀놓고 이렇게 말한다.

"급하지 않은 공사는 출관까지 3일 정도 기다리되, 만일 시급한 공사가 있으면 비록 오늘이나 내일이라도 구애받지 말고 아뢰어도 좋다."

그리고 관청이 화려해도 좋다는 말도 하지 말고, 청사가 퇴락해도 누추하다는 말을 하지 말아야 한다. 이것은 속내를 드러내지 않으려는 일종의 기싸움이다. 좌수와 관속들은 수령과 첫 대면에서 그 성정과 속내를 파악하고, 자신들이 어떻게 처신할지 결정하는데, 일절 그럴 여지를 주지 않는 것이다. 그러면 그들은 한동안 수령을 관찰하고, 수령의 성품과 행동 방식, 그리고 좋아하는 것과 싫어하는 것을 파악하는 시간을 갖는다.

다산은 이 기간을 가장 중시하고 있다. 이 기간은 길어야 한 달인데, 그 안에 그들에게 얕보이면 끝장이라는 것이다. 그들에게 얕보이지 않기 위해서는 합리적이고 관례에 맞는 원칙을 정해놓고 철저하게 지켜야만 한다.

우선 일을 시작하는 시간은 동트는 것과 같이 하고, 퇴청하는 시간은 2경, 즉 밤 9시로 정한다. 이를 지키기 위해서는 수령 자신이 항상 새벽에 일어나 세수하고 옷을 단정히 입고 띠를 두른 다음 묵연히 앉아 정신을 수양하며 그날 할 일을 정해둬야 한다. 그리고 시중드는 관노가 업무를 시작할 시간이 됐다고 알리면 바로 시작해야 한다. 이를 원칙으로 정해놓고, 이 시간을 어기면 엄하게 다스리겠다고 명령한 뒤, 자신부터 철저히 지켜야 한다. 수령이 원칙을 정해놓고 지키지 않으면 그때부터 아전들이 온 고을에 게으르고 원칙 없는 수령이 왔다고 소문을 내게 되고, 그때부터 수령의 위신은 무너지기 시작하는 것이다. 하지만 당시 수령들치고 이런 원칙을 세워 지키는 자는 드물었던 모양이다. 다산이 그 현실을 개탄하는 소리가 이렇다.

매양 보면 수령들이 기거하는 것에 절도가 없어서 해가 세 발이나 떠오르도록 깊이 잠들어 있고, 이속이나 장교 등 여러 일을 맡은 자들이 문밖에 모여서 느릅나무나 버드나무 그늘 아래 서성거리고 있으며, 송사하러 온 백성들이 무작정 머물러서 드디어 하루 품을 버리게 된다. 온갖 사무가 지체되며 만사가 엉망이 되니 매우 옳지 않은 일이다. 더러 너무 일찍 기상을 해도 이속들이 또한 괴롭게 여긴다.

결국, 수령 자신부터 단속하지 않으면 고을이 엉망이 되고, 백성들은 쓸데없이 시간을 빼앗기고, 향관과 아전, 관청의 관속들은 그 틈을 이용하여 수령을 허수아비로 만들고, 온갖 농간을 부려 백성들을 착취하게 된다는 말이다. 그러니 관리는 부지런하되, 아랫사람이 고통스럽지 않을 정도에 그치고, 원칙을 만들면 자신부터 철저히 지켜야 수하들을 부릴 수 있다는 것이다. 하지만 너무 지당하신 말씀이라 동감하기가 쉽지 않다.

아전은 어떻게 다뤄야 할까?

백성은 토지로써 논밭을 삼지만, 아전들은 백성으로써 논밭을 삼는다. 백성의 껍질을 벗기고 골수를 긁어내는 것으로써 농사짓는 일로 여기고, 머릿수를 모으고 가혹하게 거두어들이는 것으로써 수확하는 일로 삼는다. 이러한 습성에 젖어 당연한 짓으로 여기게 되었으니, 아전을 단속하지 않고서는 백성을 다스릴 수가 없을 것이다. ……
아전이란 것의 됨됨이가 교만하고 방자하여 눈에는 수령이 없고 턱으로 선비와 백성을 부리게 되니, 만일 고개를 숙이고 수령을 대하는 법이 없다면 그 스스로 처신하는 바가 더더욱 존대해져서 제압할 길이 없을 것이다.

《목민심서》 '이전'의 '아전의 단속' 편에 나오는 내용이다. 이런 아전을 단속하기 위해서는 어떻게 해야 할까? 다산은 몇 가지 사례를 나열하고 있는데, 그 내용들은 한결같이 법에 따라 엄하게 다스린다는 것이다.

고려 시대 권단이 경주의 유수로 있을 때에 재정을 맡은 아전 중에 백성의 조세를 훔친 자가 생기자, 관아 마당에서 자신이 직접 그 아전의 머리를 후려쳐 피를 흘리게 하니, 아전의 기강이 잡혔다는 이야기나 또 고려 시대 전원균이 합천 군수가 되어 아전을 치죄하는 것이 매우 엄격하고 세밀하여 숨긴 것을 귀신같이 찾아내니 고을이 안정되었다는 이야기도 모두 법에 따라 엄하게 단속하라는 것이다.

하지만 아전을 엄하게 단속하기 위해서는 수령이 청렴하지 않으면 안 된다. 수령이 재물을 좋아하는 것을 알게 되면 아전은 반드시 그 탐욕을 이용하여 수령을 죄에 빠트리기 때문이다. 그렇게 되면 수령이 빼먹는 것이 100냥이면 아전이 1만 냥을 도적질해도 막을 수 없다는 것이다.

또 다산은 알지 못하면서 아는 체하고 아전을 대하기를 물 흐르듯 설렁설렁 대충 하면 그런 수령은 반드시 아전의 술수에 빠져든다고 충고한다. 그래서 모르는 것은 모른다고 말하면서 물어서 배우고, 아전이 보고하는 것은 꼼꼼히 살피고 따져서 앞뒤가 맞지 않으면 쉽게 결재하지 않는 것이 아전의 술수에 빠지지 않는 방법이라고 덧붙인다.

다산은 관청에 속한 아전의 수가 너무 많은 것이 그들이 수탈을 일삼는 원인이라고 지적한다. 중앙의 기관엔 정원이 정해져 있지만 지방의 아전은 정원이 정해져 있지 않기 때문에 한 고을의 아전이 적게는 60명이 넘고 많게는 수백 명에 이른다는 것이다. 그런데 고을의 요직은 큰 고을이래야 10자리 정도고, 작은 고을은 6자리밖에 없으니, 요직에 앉은 아전은 한 재산 얻는 것을 당연하게 여기고, 자리를 얻지 못한 아전은 백성들의 주머니를 털기 마련이라는 것이다. 그래서 다산은 토지 1,000결에 아전을 5명씩 두고, 토지가 1만 결을 넘는 곳에는 50명 이상 돼야 한다고 주장한다.

사실, 아전들도 아전의 숫자를 줄이기를 원한다. 그래야 자리를 놓고 다툼이 벌어지지 않을 것이며, 각자가 맡은 일이 많아 백성을 괴롭히는 일이 없을 것이기 때문이다. 하지만 이 일은 일개 수령이 할 수 있는 일이 아니라고 다산은 말한다. 국가정책으로 하지 않고는 불가능한 일이라는 것이다. 그나마 수령이 할 수 있는 것은 늙은 아전과 너무 어린 아전을 배제하고, 일을 맡기는 정도라고 조언한다.

다산은 아전의 폐단을 근본적으로 없애려면 그들에게 봉록을 주어야 한다고 주장한다. 하지만 이 역시 토지제도를 개혁하지 않고는 불가능하다고 덧붙인다.

따라서 아전이 백성을 대상으로 갖가지 이유를 붙여 돈을 끌어내는 것은 완전히 차단할 수 없는 일이었다. 심지어 아전들 중에는 자신의 이권을 유지하기 위해 재상들과 결탁하는 경우까지 있었다.

아전이 재상과 결탁하는 방도는 적교謫交, 궁교宮交, 유교由交 3가지였다. 적교는 유배 온 대신을 떠받들고 섬기다가 그가 유배에서 풀려 재상으로 돌아가면 수령에게 아전을 부탁하게 하는 것이다. 궁교는 왕실 사람들의 땅을 관리해주면서 그들의 권력을 이용해 수령을 압박하는 것이다. 유교는 선물을 자주 바쳐 환심을 사는 방법으로 재상과 결탁하는 것이다.

이렇듯 재상과 결탁한 아전에 의해 쫓겨난 수령이 부지기수였다. 때문에 이들이 재상과 결탁하는 것을 철저히 막는 것이 수령의 자리를 지키는 일이겠지만, 아전의 뒤를 따라다니지 않는 이상 이를 막을 방도는 없었다.

그런데 아전이 창고의 업무나 세금으로 농간을 부리기 위해서는 서기와 결탁하지 않으면 힘들다. 아전은 세금에 관한 세세한 사항을 잘 모르기 때문에 서기의 도움 없이는 세금을 도적질하기 힘든 까닭이다. 그래서 대개 아전의 횡령을 막으려면 장부를 관리하는 서기를 철저히 감독하는 것이 무엇보다 먼저 해야 할 일이다. 때문에 대개의 수령들은 서기를 자신이 잘 아는 인물로 데리고 간다. 하지만 비록 수령이 믿을 만한 인물을 서기로 세워놓아도 아전들이 접근하여 서기와 결탁하면 믿는 도끼에 발등 찍히는 꼴이 되고 만다.

아전의 우두머리는 당연히 이방이다. 그런데 이방이 다른 아전들을 모두 누르고 있는 터라 비록 청렴한 아전이 있더라도 수령에게 직언을 할 수 없다. 수령은 부임한 지 오래지 않아 대개 이방과 사이가 좋지 못한 아전을 알게 되기 마련인데, 그에게 물어 이방의 부정과 비리를 알아내려는 수령이 많다. 하지만 이방의 눈이 두려워 그 아전은 제대로 말할 수 없다. 그럴 경우 다산은 나름대로 고안한 방법을 알려주고 있다.

수령의 좌우에는 이방의 이목 아닌 사람이 없으므로 은밀히 수령에게 접근하여 일깨워주려고 해도 그럴 방법이 없다. 이때에는 공무를 핑계로 삼아 이 사람을 파견, 서울로 올려 보내선 형제 자질 가운데 말을 조심하고 사리에 밝은 이를 시켜 이 사람을 면대해서 이렇게 일러주게 한다.

"이방이 부정을 저지른 것이 무릇 몇 가지가 되는가? 네가 상세히 적어보라. 내 장차 원님에게 보고하리라."

또 무릇 요직에 있는 아전으로서 이방과 한 패거리가 되어 부정을 일삼는 자들도 아울러 열거해 적게 한다. 그러면 이 사람은 전날의 앙심을 갚고 그 자리를 빼앗으려고 일고 있는 깃이라면 말하지 않는 것이 없을 티어서 그 실상을 파악할 수 있을 것이다. 그래서 창고의 농간질이나 마을에서의 악행이라든가 하는 작은 일이고 큰일이고 간에 듣지 못할 것이 없을 것이다.

그렇다면 이렇게 부정과 비리가 많은 이방은 어떻게 조치할 것인가? 내쫓을 것인가? 그래서 다른 이를 이방으로 세울 것인가? 다산은 그렇게 하지 말라고 조언한다. 이방이 교체되면 말썽이 많을 것이기 때문에 교체해서는 안 된다고 한다. 다만 곤장을 때리고 매질을 가해 징계만 하고, 그대로 수하로 부려야 한다. 만약 교체하면 교체된 이방 역시 별다를 바가 없기 때문이다. 그래서 오히려 부정과 비리를 근거로 징계하고 다시는 그런 행동을 하지 못하도록 한 뒤, 계속 그를 이방으로 쓰면 오히려 겁을 먹고 함부로 행동하지 않고, 주변 아전들에게도 함부로 대하지 않는다는 것이다.

다산은 수령이 아전들이나 향관들의 부정을 한두 가지 발견했다고 세상에 드러내놓고 떠들지 말라고 충고한다. 큰 사건은 들춰내되, 사건이 작으면 그냥 지나치거나 속으로만 짐작하고 있어야 한다. 다만 수령 자신이 그 점을 알고 있다는 사실은 알게 해야 한다. 그래서 은밀히 당사자를 불러 따뜻한 말로 훈계하고 마음을 새롭게 하도록 다잡아 둬야 한다는 것이다. 요즘 세상과는 꽤나 거리가 있는 처방이다. 지금

이야 밥만 얻어먹어도 가차 없이 징계 사유가 되는 세상이니, 다산의 이 말이 잘 이해되지 않을 수도 있다. 하지만 조선 시대같이 법이 흐릿한 세상에선 값진 충고임이 분명하다.

백성의 호랑이, 문졸 다스리는 법

이미 말했듯이 문졸이란 사령 또는 나장이라고 불리는 관속을 일컫는다. 이들은 대개 떠돌이 출신이 많은데, 관속들 중에 가장 말을 안 듣고 다스리기 힘든 자들이다. 아전과 마찬가지로 이들도 봉급이 없으므로 백성들의 주머니를 털어 살아간다. 그들이 백성들의 주머니에서 돈을 끌어내는 방법은 대체로 그들에게 주어진 5가지 권한에 의한 것이다. 그 권한의 첫째는 혼권閽權, 둘째는 장권杖權, 셋째는 옥권獄權, 넷째는 저권邸權, 다섯째는 포권捕權이다.

첫 번째, 혼권은 문을 단속하는 권한이다. 이를테면 백성이 억울한 일을 당해 소장을 가지고 관아 문에 이르면 문을 지키고 있던 문졸들은 소장의 내용이 어떤 것인지 묻고 그 내용에 따라 관아에 들여보내기도 하고 막아버리기도 한다. 이 과정에서 일종의 통과세 같은 것을 받아먹는 것이다. 또한 백성의 소장 내용이 아전이나 향관과 관련된 것 같으면 아예 출입을 못 하게 함으로써 그들 향관과 아전을 보호한다. 이는 그들 문졸이 이들 향관, 아전과 한통속이라는 뜻이다. 이들이 향관과 아전을 보호하는 것은 그들에게서 떨어지는 떡고물 때문이다. 즉, 문졸은 위로는 향관이나 아전과 결탁하여 떡고물을 얻어먹고, 아래로는 백성의 출입을 통제하여 통과세를 받아먹는 것이다.

두 번째, 장권이란 문졸들이 수령의 명령을 받아 곤장이나 태장을 때리게 되는데, 이 권한을 말한다. 어째서 태장이나 곤장을 치는 것도 권력이 될 수 있느냐 하면, 이들이 곤장이나 태장의 강도를 조절하기 때문이다. 수령이 무섭게 치라고 해도 이들이 가볍게 치는 경우도 있고, 수령이 가볍게 치라고 해도 이들이 무섭게 치는 경우도 있다. 이는 곤장을 맞는 피의자나 죄수와 뒷거래를 하기 때문이다. 물론 뒷거래 과정에서 돈이 건네지는 것은 당연지사다.

세 번째, 옥권이란 감옥에 갇힌 죄수의 옥 생활에 대한 권한이다. 수령이 칼을 씌우라고 해도 씌우지 않는 경우도 있고, 칼을 씌울 필요도 없는데 씌우는 경우도 있다. 또 비록 칼을 씌워놓아도 느슨하거나 강하게 씌우는 것은 그들의 권한이다. 옥에 갇힌 죄수는 제대로 먹지 못해 가족들로부터 옥바라지를 받아야만 하는데, 옥바라지도 그들 문졸에게 돈을 주지 않고는 쉽게 할 수 없는 일이었다. 죄수들은 옥에 앉아서도 새끼를 꼬거나 가마니를 만들거나 하면서 자신의 밥값을 해야 하는데, 이를 위해 새끼나 가마니를 팔기 위해 시장으로 나가야 한다. 이 또한 옥을 맡은 문졸의 권한이니, 죄수의 피를 뽑아먹는 일인 것이다.

네 번째, 저권이란 수령의 명령을 전달하는 일인데, 특히 관둔전을 관리하는 심부름꾼으로서의 권한을 말한다. 이는 폐단이 가장 심한 일이다. 관둔전이란 군졸이나 서리, 평민에게 개간되지 않은 땅을 개척하도록 하여 경작할 수 있게 하고, 여기에서 나오는 수확물의 일부를 지방 관청의 경비나 군대의 양식으로 쓰도록 한 밭을 지칭한다. 대개 큰 고을에는 이런 관둔전이 20결, 중간 고을에는 16결, 작은 고을에는 12결로 정해져 있다. 1결이 3,300평이고, 밭은 1마지기가 100평이니, 1결은 33마지기다. 그렇다면 20결이면 660마지기이니, 꽤 큰 땅이다. 그러므로 여러 민가가 나눠서 농사를 짓게 되는데, 문졸들이 이들 경작자들에게 수령의 명령을 전달하는 역할을 한다. 그래서 이들이 경작자들에게 수령의 명령을 전달하면서 온갖 행패가 벌어지는 것이다. 관아에서 발품을 팔아 경작지까지 온 가격으로 밥값을 내놓으라 하고, 밥 한 상에 50푼을 매긴다. 또 수령의 명령을 전달하는 과정에서 수백 푼을 내놓으라고 하며, 추수 때에는 노파나 노인을 시켜 집집마다 돈을 걷어 오게 하기도 하는데, 이를 동령動鈴질 또는 나가세羅家稅라고 일컬었다. 이때는 향관인 풍헌이나 약정과도 한 패거리가 되어 수탈을 일삼는다. 또 군정軍丁, 즉 군인으로 차출되는 장정을 지정하는 과정에서 별의별 농간을 다 부린다. 아직 태어나지도 않은 아이나 이제 갓 태어난 아이나 죽은 사람까지 군정으로 책정하여 군포를 뜯어내고, 심지어 여자아이를 남자아이로 바꿔서 군적에 올리거나 농가의 개를 군적에 올려 군포를 뜯어내기도 한다. 물론, 이 돈은 모두 향관과 아전, 문졸들이 갈취한다. 이 갈취 과정에서 문졸이 선두에 서는 것이다. 그래서 다산은 관둔전에 명령을 전달하거나 군정을 책정하는 과정에 문졸을 절대 동원하지 말 것을 당부하고 있다. 그래도 풍헌이나 약정은 문졸만큼 심한 행패를 부리지는 않기 때문에 세금을 독촉할 일이 있더라도 그들 향관을 통해 명령을 전달하라고 하는 것이다.

다섯 번째, 포권은 고발된 백성을 붙잡아 오는 일에서 발생하는 권한이다. 누군가가 관아에 소장을 제출하여 누군가를 고발하면 수령은 문졸을 시켜 피고를 데려오게 한다. 그러면 문졸은 수령의 관인이 찍힌 홍첩을 들고 피고를 찾아가는데, 이때 피고는 무조건 돈을 내야 한다. 부자는 500전을 내야 하고, 가난한 자는 최소 200전은 내야 한다. 200전이면 2냥이니, 쌀 6말 값이다. 당시 서민들의 주식이 보리밥이고,

쌀밥은 제사 때나 되어야 내놓을 수 있는 것인데, 단순히 고발만 되어도 쌀 6말 값을 빼앗기는 것이다. 거기다 붉은 포승줄로 압박을 가하며 술과 돼지고기를 요구하니, 온 마을이 떠들썩하여 마치 난리를 만난 것 같다고 하였다. 이런 행패는 관아에서 먼 곳일수록 더욱 심했다. 섬 지역 같은 곳에서는 다른 촌락보다 10배 정도 뜯기는 것이 예사였다.

　그렇다면 문졸들이 거둬들인 돈은 누가 가져갈까? 문졸들이 골고루 나눠 갖는 것일까? 문졸들을 흔히 사령이라 하고, 사령들이 머무는 곳을 사령청이라고 하는데, 이 사령청의 우두머리를 도사령이라고 한다. 이 도사령이 대개 전체의 절반을 먹고, 나머지 사령들이 절반을 나눠 가진다. 다산이 부사로 있던 곡산부에서는 사령들이 각종 명목으로 고을 사람들에게서 거둬들이는 돈이 연간 2,000냥 정도 됐는데, 이 중에 1,000냥은 도사령 몫이었다고 한다. 곡산부의 문졸 수가 30여 명이었는데, 도사령이 1,000냥을 가지고, 나머지 사령 30명이 1,000냥을 나눠 가졌던 것이다. 그래서 다산은 그 법을 고쳐 보솔전保率錢에서 들어오는 돈 1,000냥을 사령들에게 매달 2냥씩 줘서 1년에 720냥을 갖도록 하고, 도사령은 매년 280냥을 줬다고 한다. 보솔전이란 보솔군에게 1인당 200전씩 징수하는 돈이다. 보솔군이란 봉족奉足이라고도 하는데, 천민이나 평민이 국가의 토목이나 건축 등의 일에 징발되어 갔을 때, 징발되지 않은 사람이 징발된 사람 집에 가서 일을 도와주도록 하는 제도가 있었는데, 바로 그 일을 하는 사람을 말한다. 이들에겐 공공연히 보솔전이라는 명목의 돈을 거둬서 지방 관아의 비용으로 썼는데, 이는 법적으론 불법이었지만, 이미 관습화되어 있었기 때문에 막을 수 없었다. 다산은 이 돈으로 사령들의 봉급을 주고, 대신 백성들에게 다른 명목의 돈을 뜯어내지 못하도록 엄격히 관리했던 것이다. 하지만 대다수의 수령이 이렇게 하지 않고, 사령들이 알아서 살도록 하니, 그 폐단은 해가 갈수록 심해졌다는 것이다.

관노와 관비 대하는 법

관아에 예속된 관속 중에 가장 불쌍한 존재가 바로 관노와 관비였다. 그들은 온갖 노역에 시달리지만, 보수도 제대로 없다.

우선 남자 관청 종인 관노를 업무별로 분석해보면, 우선 관노의 우두머리인 수노首奴는 물자 구입을 담당하고, 공방 일을 돕는 공노工奴는 장작을 대는 일을 맡고, 구노驅奴는 말을 담당하고 관리의 일산이나 우산을 떠받치는 일을 하며, 방노房奴, 즉 방자는 뒷간을 치우고 방을 덥히고 온갖 잡일을 도맡는다. 또한 수령의 행차가 있으면 그 뒤치다꺼리도 모두 관노의 몫이다. 하지만 이들은 모두 보수가 없다. 때문에 자신의 일과 관련하여 백성들과 접촉할 일이 있으면 그들 백성에게서 돈을 끌어내는 것이 보수라면 보수다.

노비 중에도 그나마 약간의 보수라도 받는 노비가 있는데, 포노庖奴와 주노廚奴다. 포노는 다른 말로 육직肉直이라고도 하는데, 요리사를 지칭한다. 주노 또한 주방을 관리하는 자로서 역시 요리사 일도 겸한다. 그리고 보수를 받는 노비 중에 창노倉奴가 있는데, 이는 관청의 곡식 창고를 관리하는 역할을 한다. 하지만 창노는 원정園丁을 거쳐야만 하며, 원정이란 관청에 속한 과수원이나 밭을 관리하는 임무를 가지고 있다. 그래서 원정은 관청에서 소요되는 채소를 조달해야 하는데, 1년 정도 채소 조달을 해야만 창노 자리에 오를 수 있었다.

이 노비들 중에서 농간을 부려 백성들의 돈을 훔쳐낼 수 있는 위치에 있는 노비는 창노뿐이다. 그래서 다산은 창노만 잘 관리하면 관노가 백성을 수탈하는 문제는 막을 수 있다고 충고한다.

그러나 이렇듯 권한이라곤 하나도 없어 보이는 관노도 수령이 물렁하면 백성들의 호랑이로 군림한다.

> 관노로서 함부로 농간하는 자는 더러 관아 마당에 송사하러 온 백성이 있으면 수령은 아무 말도 없는데, 자기가 나서서 성내어 꾸짖고, 수령은 부드러이 말하는데 자기가 나서서 고함을 지르고, 수령은 간단하게 말하는데 자기가 나서서 잔소리를 하고, 수령은 아직 모르는데 자기가 나서서 사건의 기밀을 들춰내고, 수령은 명령하지 않는데 큰 소리로 매우 치라고 하여 백성의 비난을 사고 수령의 체모를 손상시킨다.

물렁한 수령이 고을에 오면 관노들이 이런 행태를 보인다고 다산은 쓰고 있다. 또 수노는 물자를 구입하면서 관아의 권세로 상인을 짓눌러 헐값을 지불하고 관아엔 비싼 값으로 산 것처럼 보고하여 착복하고, 공노는 종이, 노끈, 짚신, 죽제품, 토기, 철기 등을 거둬들이면서 필요 이상의 요구를 한다. 이 때문에 이 물품들을 관아에 바쳐야 하는 장인들이 모여 사는 점촌의 생활이 궁핍해지기 십상이고, 종이를 만들어 바치는 절간이 허덕이기 십상이었다. 이 때문에 점촌이나 절간에서 공노에게 따로 돈을 줘서 물품을 과하게 책정하지 않도록 사정을 해야 한다. 포노나 주노 또한 음식 재료를 사들이면서 헐값에 물건을 받아와 비싼 값에 산 것처럼 처리하여 돈을 가로채고, 원노園奴는 관아에 예속된 밭의 경작자를 대상으로 갈취를 일삼는다.

이렇듯 관노들 역시 백성들의 주머니를 털어 살 수밖에 없는데, 이를 수령이 너무 철저히 단속하면 관노들이 굶어 죽을 판이고, 그렇다고 전혀 단속하지 않으면 그들로 인해 백성들이 고통받으니, 그 적당한 선을 수령 스스로 고안하여 그들을 단속해야만 한다.

여자 관청 종인 관비는 두 종류가 있다. 하나는 주탕酒湯, 즉 술자리를 담당하는 기생이 있고, 또 하나는 수급水汲, 즉 물 긷는 일을 담당하는 비자가 있다. 이들에 대해 다산은 이런 글을 남기고 있다.

기생은 비록 가난하지만 모두 동정하는 자가 있으니 수령이 보살필 것은 못 된다. …… 가장 불쌍한 것은 추한 용모의 급수비다. 그들은 겨울에는 삼베옷을 입고 여름에는 무명옷을 입으며, 머리는 쑥대같이 하여 밤에는 물 긷고 새벽에는 밥 짓느라 쉴 새 없이 분주하다. 수령이 이들에 대하여 능히 동정하고 보살피며, 때때로 옷도 주고 곡식도 주며, 그 지아비의 형편도 물어 그 지아비의 군역을 면제해주는 따위의 소원도 이뤄주면 또한 좋지 아니한가? 무릇 수령으로서 잘 다스리는 자에겐 반드시 아전의 원망이 있을 것인데, 만약 관속 삼반(아전, 문졸, 노비)이 모두 수령을 원망할 것 같으면 또한 괴롭지 않겠는가? 강한 자에게는 원망을 받고 약한 자에게는 은혜를 드리우면 어질지 않다고 말할 수 없다.

다산은 기생들이 향연에 참여하여 춤을 추고 노래를 부를 때 주는 돈의 절반을 아껴 비자들에게 주었다고 한다. 이런 관리가 교체되어 갈 때엔 기생들은 웃고 비자들은 눈물을 줄줄 흘린다고 한다. 그래서 수령이 떠나갈 때 비자들이 눈물을 흘리며 울어야 그 수령이 현명한 관리라고 할 수 있다는 것이다.

고을의 여론 수렴은 어떻게 해야 할까?

수령이 고을 돌아가는 사정을 알아야 제대로 다스릴 수 있을 터인데, 그렇다면 수령은 어떤 방법으로 고을의 여론을 들을 수 있을까?

고을의 여론 수렴이라는 말을 들으면 흔히 수령의 미행微行, 즉 몰래 변복을 하고 고을을 돌아다니며 백성들의 여론을 듣는 것을 생각한다. 하지만 다산은 절대로 미행은 행하지 말라고 충고한다.

> 수령의 일거일동은 마땅히 가벼이 하지 말 것이니, 설령 숨겨진 간악함이 있어 미행을 하면 알아낼 수 있다 하더라도 그렇게 하지 말아야 한다. 밤 중에 한 번 나갔다 하더라도 아침이 되면 고을 전체에 소문이 가득하고 왁 자지껄할 것이다. 사사로이 주고받는 말, 몰래 하는 의논을 다시 들을 수는 없는 법이다. 미행은 그저 여염집 부녀들로 하여금 길쌈하는 등불만 끄게 할 따름이다. 근래 관장들이 즐겨 미행을 하는데, 그 의도인즉 몸소 기생집을 살펴서 몰래 사악한 짓을 하는 모리배들을 붙잡아놓고 자신이 밝은 관리라고 자처하기 위함이다. 현령으로 미행하는 자를 일러 고을 사람들은 도깨비라고 말한다.

사실, 고을 수령이 미행 한 번 하여서 알아낼 일이란 없다. 모든 비리는 은밀히 이뤄지고, 백성들은 알면서도 감히 발설하지 못한다. 그런데 어떻게 미행을 통해 백성들의 고충과 아전의 비리를 캐낼 수 있겠는가?

그래서 현명한 관리는 다른 방법을 쓴다. 다산이 추천하는 다른 방법이란 지방관으로 떠나기 전에 일가친척이나 문하생 중에 결백하고 마음이 곧은 사람을 택해 자신이 부임하고 두어 달쯤 뒤에 편지를 보낼 테니, 그 편지에 있는 내용들을 은밀히 살펴서 글로 써서 전해주고 몰래 돌아가도록 하라는 것이다. 그런 뒤에 수령이 세세한 사항을 조목조목 들면서 아전과 향관의 부정을 들춰내면 이후로는 아전과 향관들이 함부로 비리를 저지르지 못한다는 것이다.

고을 백성들의 여론을 듣는 다른 방법도 있다. 일명 항통缿筩이라는 것을 돌리는 것이다. 항통이라는 것은 일종의 투서함인데, 죽통이나 병의 입구를 봉쇄하고 종이를 비벼 꼬아서 넣을 수 있을 정도의 구멍만 하나 낸 것이다. 이 항통을 각 면에 서너 개 정도씩 만들어 3일 정도 돌려 투서를 받은 뒤, 항통을 깨트려 수령이 투서를 읽는 것이다. 그 속에는 아전이나 향관들의 비리를 적은 것도 있을 수 있고, 나라의 잘못된 시책이나 수령의 잘못된 행동을 적어 넣을 수도 있다.

하지만 이 방법은 자칫 백성들 간에 불신을 조장할 우려가 있고, 이웃 간에 싸움을 일으킬 수도 있으며, 아전이나 향관이 누군가를 의심하고 그를 괴롭힐 수도 있는 점에 유의해야 한다. 다산은 이 항통을 사용하는 방법은 군자가 행할 바는 아니라고 권하지 않는다.

다산이 권하는 여론 수렴법은 좀 더 직접적이고 정도에 가까운 방법이다. 다산은 각 면에서 덕망 있고 행실이 옳으며 나이가 많은 사람을 4명씩 추천받아 그들에게서 직접 여론을 수렴하는 것이 좋다고 권한다. 그들 네 사람을 각 면의 향로鄕老로 삼고, 각 면의 문제와 아전들의 횡포, 향관들의 문제들을 무기명으로 기술하여 내도록 한다는 것이다. 고을의 풍기를 문란하게 하거나 장터에서 소란을 피우거나 함부로 잡세를 거둬 가는 관속이 있으면, 그들 향로들이 직접 알리게 하는 제도인 것이다. 그들 향로들은 마을에서도 어른이고, 행동도 바르고, 두루 존경을 받는 사람들이라 아전이나 향관이라도 함부로 그들에게 보복을 할 수 없다는 장점이 있고, 그들이 4명이라 그들 중에 누가 그런 글을 수령에게 올렸는지 알 수 없어 여론을 수렴하면서도 보복을 당하지 않는 방법으론 가장 좋다는 것이다.

하지만 이 모든 방법은 수령이 청렴한 관리라는 전제가 없으면 다 소용 없는 일이다. 그래서 다산은 선정善政이란 수령의 청렴이 가장 우선이라고 말한다.

《목민심서》에 영향을 준 《목민심감》과 《임관정요》

《목민심서》외에도 조선 시대에 지방관의 행동 지침을 다룬 책들이 있었다. 조선 초에는 명나라로부터 수입한 《목민심감牧民心鑑》이 지방 수령들의 행정 지침서로 각광받았다. 명나라의 주길봉이 쓴 이 책은 곽존중에 의해 조선으로 들어왔고, 1412년에 지평감무 김희회가 목판으로 간행하여 태종에게 바쳤다. 이후 이 판본이 널리 퍼졌다가 1555년에 제주 목사 김수문이 다시 간행했다. 이 책은 상권과 하권 2권으로 되어 있으며, 총 13편으로 되어 있고, 104개 항목으로 서술되었다. 《목민심감》은 수령의 제일의 덕목을 청렴함이라고 쓰고 있으며, 주로 행동과 행정의 원론적인 부분에 한정되어 있다. 때문에 구체적인 내용이나 조언이 부족한 것이 이 책의 맹점이라 할 수 있다. 그럼에도 조선 전기에는 지방관의 필수품이 될 정도로 널리 읽혔다.

《목민심감》은 조선 후기에 저술된 《임관정요任官政要》에도 영향을 끼쳤다. 이 책은 1738년에 실학자 안정복이 쓴 것인데, 1권 1책으로 되어 있다. 《임관정요》는 본편과 부록으로 구성되어 있으며, 본편은 성현들의 가르침을 담은 정어政語, 자신의 경험을 토대로 목민관에게 조언을 하는 정적政蹟, 그리고 자신의 주관과 가치관을 서술한 시조時措 등 3편으로 구성되었다. 《임관정요》의 내용은 《목민심서》 곳곳에 인용되었는데, 이는 《임관정요》가 《목민심서》 저술에 도움을 줬다는 것을 의미한다.

시대를 초월한 다산의 감동적인 저작들

《목민심서》와 함께 《경세유표》와 《흠흠신서》는 다산의 3대 명저로 꼽힌다.

《경세유표》는 원래 제목이 《방례초본》이었는데, 당시 조선 사회의 문제점과 모순을 지적하며 정치, 경제, 사회의 제도를 개혁하여 부국강병을 이뤄야 한다는 목표를 담고 있는 책이다. 하지만 다산은 이 책을 완성시키지 못했다. 완성된 분량은 44권 15책인데, 당시 사회의 실상을 구체적으로 저술하고 있으며, 조선의 구조적 모순점을 정확하게 짚어내고 있다. 덕분에 19세기의 조선 사회를 이해하는 데 중요한 자료가 되고 있다.

《흠흠신서》는 30권 10책으로 된 책인데, 지방관이 살인 사건을 접했을 때 어떤 법을 통하여 어떤 과정을 거쳐 어떤 판단을 내릴 것인지에 대한 지침서다. 말하자면 조선 시대의 형법 및 법의학, 법해석학에 관한 책이라고 볼 수 있다. 다산은 지방관이 살인 사건을 제대로 처리하기 위해서는 어떤 자세와 방도가 필요한지 살인 사건의 유형이나 원

인, 동기, 검안 과정, 국왕의 판단 내용, 중국과 한국의 사례까지 들어

가며 구체적으로 조언하고 있다.

3대 명저 외에도 다산은 《아방강역고》,《전론》,《마과회통》,《아언

각비》,《이담속찬》 등을 저술했다.

《아방강역고》는 역사 지리서인데, 고조선에서 한사군, 삼한, 발해

의 영역과 역사를 다루고 있다. 이 과정에서 국내성, 환도성 등의 고구

려 도읍지와 백제의 도읍지 위례, 고조선의 평양 앞을 흘렀다는 패수

의 위치에 대해 비정하고 있으며, 우리 지리서에 잘못 기술된 부분을

수정, 보완하기도 하였다.

《전론》은 다산의 토지제도에 대한 견해를 밝힌 책으로 1799년에

저술되었다. 이 책에서 다산은 '여전제'라는 새로운 토지제도 개혁안

을 제시하고 있다. 여전제는 토지의 개인 소유를 금지하고 모든 토지를

국유화하여 30가구를 하나의 '여閭'로 재편하고 '여'에 속한 마을 사람

들이 국가로부터 주어진 토지를 공동 경작하고 공동 분배하도록 하는

제도다. 이는 현대 개념으로 보면 일종의 사회주의 정책으로서 토지의

개인 소유를 반대하고 공동 농장 제도를 통하여 생산과 분배를 해야

한다는 매우 급진적인 논리였다. 하지만 공동 농장 제도를 만들기 위

해서는 개인 소유의 땅을 모두 국유화해야 하는데, 다산은 그에 대한

구체적인 방법론을 제시하지는 못했다.

《마과회통》은 마진痲疹, 즉 홍역의 치료 방법에 대해 저술해놓은 의

학 서적이다. 이 책은 1798년에 저술된 책인데, 우리나라 마진학의 최

고봉이라는 평을 듣고 있다. 6권 3책으로 된 이 책에 영향을 끼친 의

학서로는 중국인 이헌길이 쓴《마진기방》, 임서봉의《임신방》, 허준의

《벽역신방》, 조정준의《급유방》, 이경화의《광제비급》 등이 있다. 다산

은 어릴 때 천연두를 앓았기 때문에 천연두에도 관심이 많았는데, 《마과회통》 외에도 천연두 치료에 대한 의서인 《종두심법요지》를 저술하기도 했다.

《이담속찬》은 일종의 속담집이다. 이 책은 다산이 1820년에 저술한 것인데, 1권 1책으로 되어 있다. 내용은 명나라 왕동궤가 엮은 《이담耳談》에다 우리나라의 속담을 추가하여 만든 것이다. 《이담》에는 중국 속담 177개가 소개되어 있는데, 여기에 우리나라 속담 241개를 보태서 편찬한 것이다.

소개한 저서 외에도 다산은 화성을 축조할 때 거중기, 고륜, 활차 같은 건설 기계를 설계하기도 했고, 방직 기술이나 의학 발전을 강조한 《기예론》을 저술하기도 했다. 이렇듯 그는 정치, 경제, 사회, 문화, 역사, 지리, 의학, 과학, 유학을 총망라한 저작들을 내놓았다. 그는 그야말로 모든 학문을 섭렵한 조선 학문의 최고봉이라 부를 만했다. 그러나 그의 학문은 시대를 잘못 만난 탓에 현실에 적용되지는 못했다. 그가 유배에서 풀려났을 때, 조선은 외척 독재의 어두운 그림자에 갇혀 있었고, 백성은 탐관오리의 토색질에 시달리며 민란을 꿈꾸고 있었다. 그 바람에 그의 책들 중에는 세상의 빛을 보지도 못하고 사라진 것도 많았고, 비록 빛을 보았다 하더라도 너무 늦게 세상에 나온 탓에 현실을 바꾸는 동력이 되지는 못했다. 그러나 그가 표출한 개혁 사상과 학문에 대한 열정, 그리고 백성에 대한 사랑은 시대를 초월한 감동을 안기기에 부족함이 없다 할 것이다.

조선 오백 년을 지배한 성문 헌법
《경국대전》

77년에 걸친 노력의 결정체

천지와 사시四時(네 계절)에 맞춰도 어그러짐이 없고, 옛것에 고증하여 보아도 틀리지 않는다. 후세에 성인이 다시 나타난다 해도 자신이 있음이다. 이후에도 성자와 신의 후손이 함께 이룩한 이 법규를 거스르거나 잊지 않고 따른다면 문명을 갖춘 우리 국가의 다스림이 어찌 주周나라의 융성함에만 비할 것인가? 억만년 무궁한 왕업이 마땅히 더욱더 끝이 없을 것이다.

1469년 9월에 서거정이 쓴 《경국대전》 서문의 마지막 구절이다. 그야말로 천하에 둘도 없는 법전이라는 자부심이 흘러넘치는 내용이다. 중국 상고대 국가 중 법전 체계를 가장 완벽하게 갖춘 나라는 주나라였다. 그 주나라의 법전을 모범으로 삼아 조선의 현실에 맞게 만들어낸 법전이 《경국대전》이다. 1392년 조선이 개국한 때로부터 77년에 걸쳐 지속적으로 수정하고 보완하여 완성시켰기에 그 완성도에 있어서는 주나라의 법전보다 더욱 훌륭하다는 자평을 하고 있는 것이다. 그래서 당시 서거정과 함께 편찬 작업을 주도했던 최항은 《경국대전》을 올리는 전문箋文에 '감격하고 황공하여 몸 둘 바를 모르겠다'는 감격스러운 표현을 썼던 것이다.

《경국대전》은 이전吏典, 호전戶典, 예전禮典, 병전兵典, 형전刑典, 공전工典의 육전六典으로 구성되어 있으며, 근본적으로 헌법이므로 내용은 다소 추상적이고 일반화되어 있다.

'이전'에서는 통치의 기본이 되는 관직 제도와 관리의 종류, 관리의 임명과 면직 등에 관한 사항이 규정되어 있고, '호전'에서는 조세제도 및 호적 제도를 중심으로 녹봉이나 통화, 창고와 환곡, 상업과 조운, 어장 등 각종 경제 관련 항목을 두고 있으며, '예전'에서는 외교와 교육, 과거, 관혼상제 등에 관한 제도를 다루고 있다. '병전'에서는 군사 제도와 병력 운용에 관한 내용을 담고 있고, '형전'에서는 형벌이나 재판 및 신분 관계에 대한 규정이 마련되어 있으며, '공전'에서는 도로나 교량, 임업 등에 관한 규정을 싣고 있다.

조선의 국가 체계와 조직을 한눈에 파악할 수 있는 책

《경국대전》은 헌법적인 성격을 갖기 때문에 내용이 아주 많지는 않다. 헌법의 특성상 법을 추상화하고 일반화하는 데 주력하고 있으며, 세세한 내용들은 과거 사례나 상황에 따라 결정하도록 유도하고 있다. 때문에 《경국대전》의 내용은 일반 독자라도 읽어내는 데 큰 무리가 없다.

육전 중에서 첫 번째 법전인 이전의 항목을 보면 내명부로부터 시골 아전에 이르는 관직을 열거하고 있다. 항목들을 살펴보면, 내명부, 외명부, 중앙 관직, 봉조하, 내시부, 잡직, 지방 관직, 토관직, 경아전(서울 아전), 취재 시험(하급 관리를 뽑는 시험), 인재의 천거, 여러 종류의 과거, 관리 임명, 품계를 제한하는 등용, 임명장, 관리 대장, 인계 문건, 관리의 근무 평가, 관리 근무 실태 조사, 녹패(관원 증시), 임시직 배정, 체아遞兒(현직을 떠난 관리에게 녹봉을 주기 위해 만든 벼슬), 노인직, 추증追贈, 시호 내리는 규례, 휴가 규정, 개명改名 규정, 상피(혈족이나 친인척이 같은 관서에 근무하지 못하게 하는 것), 시골 아전 등이다.

항목의 용어만 봐도 대부분 내용을 짐작할 수 있는 것들이다. 그 내용 또한 매우 간단한 원칙만 기술하고 있어 이해하는 데 어려움은 없다. 역사를 좋아하는 독자라면 다 알고 있는 용어겠지만, 사족이라 생각하고 몇 가지 용어를 설명하자면 내명부는 왕실 사람이나 궁녀에게 내리는 벼슬을 말하고, 외명부는 벼슬을 받은 관리의 부인에게 내리는 벼슬이다. 이를테면 숙부인, 정경부인 등을 일컫는다. 봉조하는 벼슬에서 물러난 사람에게 주어지는 관직인데, 명칭만 있고 직무는 없으니 일종의 명예직이다. 토관이라는 것은 평안도, 함경도, 제주도 등 변경이나 특수 지역의 토착인에게 주는 관직이다. 추증은 죽은 사람에게 벼슬을 더해주는 것이다.

나머지 호전, 예전, 병전, 형전, 공전 등도 이해하기 어려운 곳은 별로 없다. 다만 조선 시대의 용어 때문에 간혹 막히는 경우가 있으나 대개 시중에 나와 있는 번역판에는 용어 설명이 자세하게 되어 있기 때문에 염려할 필요가 없다. 따라서 《경국대전》을 읽으면 조선의 국가체계와 조직을 간단하게 파악할 수 있다.

하지만 지면의 한계로 모든 내용을 소개할 순 없고, 독자의 이해를 돕기 위해 이전에 나오는 관직과 관청에 대한 가장 기초적인 내용과 형전의 범죄 사건 및 금지법에 관련한 몇 가지를 소개하고자 한다.

관직, 직함, 봉군

우선 중앙 관직과 직함, 봉군封君이라는 용어에 대해 알아보자.

중앙 관직은 다른 말로 경관직京官職이라고 쓴다. 서울에 있는 관청에서 근무하는 직책이라는 뜻이다. 조선의 관리들은 크게 내관, 경관, 외관으로 구분했는데, 내관은 궁중의 관직 계통에 있는 벼슬이고, 경관은 수도인 서울의 관청에 있는 벼슬이고, 외관은 지방관을 일컫는다.

관리는 직함을 쓸 때 반드시 품계, 관청 이름, 벼슬 이름 순서로 써야 한다. (직함은 벼슬 이름이란 뜻인데, 다른 말로는 관함이라고도 한다.) 예컨대 우찬성일 경우, '숭록대부(품계) 의정부(관청) 우찬성(벼슬)'으로 쓴다는 것이다. 하지만 종친부, 의빈부, 충훈부의 당상관은 관청 이름을 쓰지 않는다. 그런데 영사領事, 판사判事, 지사知事와 같은 경우에는 영·판·지를 관청 이름 앞에 놓고 쓴다. 이를테면 돈령부 영사인 경우 '영돈령부사'라고 쓰며 경연의 지사인 경우 '지경연사'라고 쓴다는 것이다.

관직을 대행하는 경우에는 관직 앞에 '행行' 또는 '수守'를 붙이는데, 예를 들면 이조판서를 대행할 경우는 '행이조판서' 또는 '수이조판서'라고 쓴다. 이때 '행'을 붙이는 경우는 벼슬이 이조판서보다 낮은 사람이 대행할 경우이고, '수'를 붙일 때는 벼슬이 이조판서보다 높은 사람이 대행할 경우다.

봉군이라고 하는 것은 '군君'으로 봉한다는 뜻이다. 조선조에는 국왕의 적자는 대군으로 봉하고, 서자는 군으로 봉했다. 또한 국왕의 아들 외에도 2품 이상의 종친이나 공신, 공신의 자손도 군으로 봉했으며, 왕비의 아버지도 군으로 봉했다. 다만 왕비의 아버지나 1품 이상의 공신들에게는 '부원府院'이라는 두 글자를 보태어 부원군이라고 하였다.

1품 관청

조선의 관청 중에서 가장 높은 벼슬을 받을 수 있는 관청이 곧 1품 관청이다. 1품 관청은 정1품 관청과 종1품 관청으로 구분된다.

정1품 관청은 왕실의 일원인 종친의 관청인 종친부, 삼정승이 모든 관리를 통솔하는 의정부, 공신들을 위한 충훈부, 부마들을 위한 의빈부, 임금의 친족이나 외척들을 위한 돈령부 등 5개의 관청이 여기에 속한다. 이들 관청 중 종친부와 돈령부에 대해서만 간략하게 소개한다.

그런데 종친부에는 정1품보다 더 높은 벼슬이 있다. 바로 무품 벼슬이다. 임금의 적자인 대군과 서자인 왕자군이 여기에 해당한다. 왕자군이란 곧 임금의 서자를 일컫는다. 이는 2품 이상의 종친에게 부여되던 '군'이라는 호칭과 구분하기 위해 사용했다. 종친부에는 무품 벼슬 아래로 정1품 군부터 종5품까지 있다. 종친부에 속할 수 있는 자격은 국왕의 혈통으로서 4대까지만 가능하다. 성종 이후 국왕의 혈통으로서 4대까지는 벼슬을 할 수 없었고, 5대가 넘어가면 문무 관리의 자손들과 마찬가지로 과거를 볼 수 있었지만 종친으로 대우받지는 못했다.

돈령부는 임금과 같은 성을 쓰면서 9촌 이상인 친척 또는 다른 성을 쓰면서 6촌 이상인 친척, 그리고 왕비와 같은 성을 쓰면서 8촌 이상, 다른 성을 쓰면서 5촌 이상인 친척, 세자빈과 같은 성을 쓰면서 6촌 이상, 다른 성을 쓰면서 3촌 이상인 친척들이 임명되는 관청이다. 그리고 이런 촌수 안에 드는 고모, 누이, 조카딸, 손녀의 남편도 임명된다. 대군의 사위, 공주의 아들, 공주와 왕자군의 사위, 옹주의 아들과 대군과 왕자군의 첩의 사위 등이 모두 돈령부 소속이 될 수 있다는 것이다. 그리고 돈령부 영사는 대개 국구, 즉 임금의 장인이자 왕비의 아버지가 맡는다.

종1품 관청은 의금부 하나뿐이다. 의금부는 특별 사법 관청으로 주로 반역 사건이나 나라의 안위와 관련된 주요 사건을 맡는 기관이다. 의금부의 최고위직은 종1품 판사이고, 그 아래로 지사(정2품)와 동지사(종2품)를 뒀는데, 이들은 모두 다른 관원이 겸임했다. 이들 당상관 아래로 의금부 경력 또는 도사 10인을 뒀고, 그 아래로 서원 10여 명, 나장 100여 명을 뒀다.

정2품 관청

2품 관청 중 정2품 관청은 이조, 호조, 예조, 병조, 형조, 공조로 된 육조와 지금의 서울특별시에 해당하는 한성부가 있다.

육조의 장관은 판서이며, 그 아래로 종2품 참판, 정3품 참의가 있고, 실무 책임자인 정5품 정랑과 정6품 좌랑이 있다. 정랑과 좌랑은 형조를 제외한 나머지 기관에는 3명씩 있는데, 형조는 4명씩 있다. 이는 각 조曹를 다시 지금의 국局에 해당하는 3개 내지 4개의 사司로 구분하여 사무를 처리하기 때문이다. 이를테면 이조는 문선사, 고훈사, 고공사로 나누고, 호조는 판적사, 회계사, 경비사로 나누며, 예조는 계제사, 전향사, 전객사로 나눈다. 또 병조는 무선사, 승여사, 무비사로 나누고, 형조는 상복사, 고율사, 장금사, 장례사로 나누며, 공조는 영조사, 공야사, 산택사로 나눈다. 이 19개의 육조의 하부 조직을 속사屬司라고 한다.

육조 중 관청이 가장 많이 소속된 곳은 예조이고, 가장 적게 소속된 곳은 병조와 형조다. 하지만 인력이 가장 많은 곳도 병조와 형조다. 병조에 속한 관청은 5위도총부, 훈련원, 사복시, 군기시, 전설사, 세자익위사 등 6개 기관뿐이지만, 조선의 모든 병력이 여기에 속해 있기 때문이다. 또 형조에 속한 관청은 장례원, 전옥서, 율학청, 보민사, 좌우포청, 좌우순청 등 6개뿐이지만 한성 내부의 포졸들이 모두 여기에 속해 있기 때문에 관원은 아주 많은 것이다. 가장 많은 관청이 예속되어 있는 예조의 관청은 홍문관, 예문관, 성균관, 춘추관, 승문원, 통례원, 봉상시, 교서관, 내의원, 전의감, 예빈시, 장악원, 관상감, 사역원, 세자시강원, 종학, 소격서, 종묘서, 사직서, 빙고, 전생서, 사축서, 혜민서, 활인원, 도화서, 귀후서, 4학 등 교육, 외교, 의학, 제례, 기후 등에 관련한 27개 기관과 각지 능과 전각 등이 포함되어 있다.

이조에 소속된 관청은 종부시, 충익부, 충훈부, 상서원, 내시부, 내수사, 사옹원, 액정서 등 8곳이며, 호조에 속한 관청은 내자시, 내섬시, 사도시, 사섬시, 군자감, 제용감, 사재감, 풍저창, 광흥창, 전함사, 평시서, 사온서, 의영고, 장흥고, 사포서, 양현고 등 16곳이며, 공조에 속한 관청은 상의원, 선공감, 수성금화사, 전연사, 장원서, 조지서, 와서 등 7곳이다.

육조와 함께 정2품 관청에 해당하는 한성부는 지금의 서울특별시이며, 관할 구역은 도성 내부와 도성으로부터 10리까지로 한정했다. 그래서 명확한 한정선을 긋기가 어려운데, 동쪽으로는 대개 오늘날의 우의동까지, 서쪽으로는 역촌동, 남쪽으로는 중랑천과 한강의 결합 지점, 북쪽으로는 비봉에서 북한산 동쪽 능선 안쪽까지로 했다. 관원으로는 정2품 판윤과 그 아래로 좌윤과 우윤, 정4품 소윤, 종5품 판관, 정7품 참군 등 모두 9인의 관원을 두었다. 그 아래로 서리나 사령, 군사 등이 100여 명 있었다.

언론 삼사

조선 시대의 언론기관이라는 것은 왕에게 간언을 올리는 관청을 말하는데, 대개는 사헌부와 사간원을 양사라고 하여 대표적인 간언 기관으로 삼고, 여기에 학문 기관인 홍문관을 보태 언론 삼사三司라고 한다.

삼사의 맏형 격인 사헌부는 종2품 기관이다. 사헌부의 역할은 모든 정치 문제를 토론하고 왕의 정책에 대해 간언하며, 관리를 감찰하거나 탄핵하고, 백성의 풍속을 바로잡는 것이다. 관원은 종2품 대사헌 아래로 종3품 집의 1명, 정4품 장령 2명, 정5품 지평 2명, 정6품 감찰 24명이다. 사헌부 감찰은 행대감찰이라고 하는데, 암행어사 제도가 있기 전에는 암행어사 역할을 했다.

《경국대전》에서 사간원의 직무는 임금의 잘못을 지적하고 관리들의 잘못을 규탄하는 일이다. 그래서 사헌부를 대관이라고 하고, 사간원을 대간이라고 쓴다. 그리고 그 수장을 대사간이라고 부른다. 사간원은 업무가 왕에게 간언하는 것으로 한정되기 때문에 궁궐 안에 관청이 있었다. 하지만 사헌부는 외부 감찰 등의 업무가 있었기 때문에 육조와 함께 육조 거리에 관청이 있었다. 사헌부는 관원들 사이의 위계가 엄격한 데 반해 사간원은 간언을 주목적으로 하는 특수 기관이었기 때문에 위계를 중시하지 않았다. 심지어 사간원 관원은 직무 중에 술을 취하도록 마셔도 문책이 되지 않았는데, 왕에게 직언을 해야 하는 직책인 만큼 위험 부담이 컸기 때문에 일절 간섭을 하지 않았던 것이다. 관원은 정3품 대사간 아래에 종3품 사간 1인, 정5품 헌납 1인, 정6품 정언 2인 등 도합 5명이 전부였다.

홍문관에 대해 《경국대전》은 그 임무를 '왕궁 서고에 보관된 도서를 관리하고 문학 관계의 일을 전공하며 임금의 물음에 응한다'고 규정하고 있다. 쉽게 말해서 왕립 도서관 관원이면서 임금의 정치 및 학문 자문 역인 셈이다. 홍문관은 정1품 영사를 두고 있지만 이는 대개 의정부 재상이 겸임하는 것으로 큰 의미가 없다. 홍문관의 실제 수장은 정2품 대제학이다. 그 아래로 종2품 제학 1명, 정3품 부제학 1명과 직제학 1명, 종3품 전한 1명, 정4품 응교 1명, 종4품 부응교 1명, 정5품 교리 2명, 종5품 부교리 2명, 정6품 수찬 2명, 종6품 부수찬 2명 등 도합 15명이다.

대개 간쟁의 역할은 사헌부가 주도하고 사간원이 합세하는 모양새를 갖추는데, 여기에 홍문관까지 합세하면 왕도 고집을 꺾고 물러나는 것이 관례다. 그만큼 홍문관의 무게는 남달랐기 때문에 홍문관 관원은 함부로 정치 문제에 끼어들지 않는다. 국가적인 중대 사안이나 정치적인 주요 쟁점으로 인해 조정이 매우 소란스럽거나 임금이 지나치게 아집을 부려 사헌부와 사간원 관원이 합세해도 어쩔 수 없는 지경에 이르렀을 때 홍문관이 나서는 것이다. 그래서 임금이나 재상과 관련된 문제에 있어 임금이 지나치게 나올 때 홍문관이 나서면 대개 임금이 물러서는 것이다.

예문관과 성균관

예문관과 성균관은 조선을 대표하는 양대 학문 기관이다. 예문관의 기능에 대해 《경국대전》은 '나라에 소용되는 글을 맡아 짓는다'고 규정하고 있다. 그래서 한림원翰林院으로 불리기도 한다. 그리고 성균관에 대해서는 '선비들에게 학문을 가르치는 직무를 맡는다'고 규정하고 있다.

　예문관은 직제상으론 영사가 책임자지만 이는 재상이 겸직하게 되어 있고, 정2품 대제학과 종2품 제학도 겸임직이다. 그리고 직제학도 도승지가 겸하도록 되어 있기 때문에 예문관의 실제 책임자는 정3품 부제학이라고 할 수 있다. 그 아래로 정4품 응교와 종4품 부응교, 정6품 수찬, 종6품 부수찬, 정7품 봉교, 정8품 대교, 정9품 검열 등을 두었다. 예문관은 학문의 최고 기관인 한림원으로 인식되었기 때문에 예문관 대제학은 문형文衡이라고 불리며 매우 존경받았으며, 학문을 존중하던 조선 선비들은 예문관에 근무하는 것을 집안의 큰 영광으로 알았다.

　성균관은 조선 유일의 국립대학이며, 국학으로 불리는 곳이었다. 따라서 조선에서 가장 뛰어난 선비들이 공부하는 곳으로 유생으로서 자부심이 대단했다. 성균관 유생들은 왕의 시무에 대한 자신들의 집단 의사 표시로서 유소儒疏를 올리기도 했다. 또 유소에 대한 왕의 비답이 만족스럽지 못하면 식사를 거부하고 동맹 휴학 형태로 집단 시위에 나섰다. 이를 권당捲堂이라고 한다. 권당을 통해서도 의지가 관철되지 않으면 다음 단계로는 기숙사를 비우는 공재空齋에 돌입한다. 그럼에도 여전히 왕이 자신들의 의견을 들어주지 않으면 아예 짐을 싸서 집으로 돌아감으로써 성균관을 비우는 공관空館을 감행한다. 공관이나 권당이 장기화되면 왕은 조정 대신을 파견하여 이를 수습한다. 조선 시대엔 모두 96차례의 권당이 있었는데, 조선 전기에는 주로 억불 정책을 주장하는 내용이었지만, 선조 이후 붕당정치가 심화되면서 성균관 유생들도 정쟁에 휘말리는 경우가 많았다. 그 때문에 성균관 유생들 사이에서도 붕당이 형성되어 내부 투쟁이 전개되곤 했다.

성균관은 직제상으론 정2품 지사가 책임을 맡고 있지만 실질적으로 총장 격인 정3품 대사성이 관할한다. 그 아래 사성 2명과 사예 3명이 있고, 직강 4명, 전적 13명, 박사 3명, 학정 3명, 학록 3명, 학유 3명이 있다.

범죄 사건의 처결과 죄인을 다루는 원칙

《경국대전》 형전에는 형률을 적용할 때는 대명률을 적용하는 것으로 정해져 있고, 범죄 사건의 처결 기한에 대해서는 다음과 같은 원칙을 밝혀두고 있다.

대개 범죄 사건을 처리할 때는 사형죄에 해당되는 큰 사건은 30일, 도형 (정역형)과 유형에 해당하는 보통 사건은 20일, 태형과 장형에 해당하는 작은 사건은 10일로 한정한다. 그 날수의 기준은 문건이 다 갖춰지고 증인이다 도착한 날로부터 계산한다.

증인이 다른 곳에 있어 반드시 그를 기다려 구명해야 할 사건은 거리의 원근에 따라 왕복 일수를 빼고 역시 기한 안에 판결을 끝마쳐야 한다. 만약 서로 연관되어 부득이 기한을 넘기게 되는 것은 사유를 자세히 적어서 임금에게 보고한다.

소송도 이와 마찬가지다. 아버지와 아들의 관계로부터 아내냐, 첩이냐, 양인이냐, 천인이냐 하는 것과 같은 인정상으로나 이치상으로 절박한 문제들에 대해서 잘못 판결한 것은 즉시 다른 관청에 새로 소장을 올리는 것을 허락한다. 그 나머지는 판결한 당상관과 책임 관리가 교체된 뒤에 다시 새로운 소장을 제기하되, 교체된 뒤 2년이 지난 것은 심리하지 않는다.

잘못된 판결인 줄 알면서도 잘못 판결한 자와 고의로 사건을 질질 끌면서 지연시킨 자는 장형 100대에 처하고 영영 채용하지 않는다. 비록 대사령이 내려도 이런 자는 다시 채용하지 않는다.

《경국대전》은 이렇게 규정해놓고 있지만, 사실 현실에서는 제대로 적용되지 않았다. 특히 조선 시대엔 노비 송사가 많았는데, 이는 노비의 소유권을 놓고 다투는 송사다. 이는 막대한 이권이 놓인 송사인 만큼 그 기간도 오래 걸렸고, 관리와 송사 당사자 간에 협잡이나 뒷거래도 많았다. 노비 송사에 이어 조선 후기에 많이 벌어진 송사가 산송山訟인데, 이는 무덤이 있는 곳의 산 주인이 누구인지 다투는 송사였다. 이역시 엄청난 이권이 개입되어 있는 데다 가문 사이의 다툼이었기 때문에 왕조차도 제대로 판결할 수 없는 경우가 많았다. 그 외의 개인적인 송사는 원칙이 지켜지는 경우가 드물었다. 하긴 오늘날에도 송사와 관련해서 억울한 사람이 널렸으니, 조선 시대는 오죽했으랴!

사건이 벌어져 용의자가 체포되면 그들을 구금해야 하는데, 이에 대한《경국대전》의 원칙은 다음과 같다.

> 장형 이상의 범인은 구금하되 문무 관리, 내시부의 내시, 관리 집안의 부녀, 중 등은 모두 임금에게 보고하고 구금해야 한다. 죽을죄를 진 자는 먼저 구금하고 나중에 보고한다. (사형 죄수에게는 칼을 씌우고 수갑을 채우며 족쇄를 채우고, 유배형 이하의 죄수에게는 칼을 씌우고 수갑을 채우며, 장형 죄수는 칼만 씌운다. 임금의 근친이나 공신이나 당상관이나 관리 집안의 부녀가 죽을죄를 범하면 항쇄만 채운다. 다만 종묘사직에 관련된 죄를 지은 자는 이 규례에 해당되지 않는다.)

이렇듯 조선의 형법은 신분에 따라 차별을 두었다. 천인이나 평민에 대해서는 별다른 특혜가 없고 양반이나 종친 또는 공신에 대해서는 죄인일지라도 특별한 배려를 했다. 다만 대역죄를 진 경우는 특별 배려가 없었다.

형벌을 집행하는 데 있어 형 집행을 금지하는 날이 있었는데, 임금과 왕비, 세자의 생일이나 나라의 큰 제사가 있는 날이었다. 매달 1일, 8일, 15일, 23일과 조회와 저자를 중지한 날 등에는 고문과 형벌 집행을 하지 않았다. 또 임금의 생일엔 생일 당일과 전후로 각각 1일씩 3일 동안 형 집행과 고문을 금지했다. 그리고 24절기가 드는 날과 비가 개지 않고 날이 밝지 않은 날에는 사형을 집행하지 않았다.

법의 처결에 의해 형을 살게 된 죄수들은 감옥 안에서 병을 얻어 죽거나, 굶주림으로 병마에 시달리곤 했는데, 이에 대한 감찰은 사헌부와 관찰사가 하였다. 사헌부는 한양의 감옥을 대상으로 죄수들의 상황을 점검하였고, 지방에서는 관찰사가 죄수들을 살폈다. 그렇다면 죄수가 감옥에서 죽으면 어떻게 할까? 이에 대해《경국대전》은 죄수가 전옥서에서 죽으면 형조에 보고하고 형조는 다시 한성부에 공문을 보내 알리도록 되어 있다. 그러면 한성부는 사인을 규명한 후 임금에게 보고해야 한다. 또 지방에서는 고을 수령이 이웃 고을에 공문을 보내서 시체를 검안하여 사인을 조사한 후 관찰사에게 보고하면 관찰사는 임금에게 보고하도록 되어 있다.

각종 금지법

《경국대전》은 관리의 형벌 남용을 금지하는 법을 규정하고 있다. 관리가 형벌을 남용했을 때는 장형 100대에 처한 후 3년 도형에 처했으며, 형벌 남용으로 사람을 죽였을 경우엔 장형 100대에 처하고 영구히 관리로 임용하지 않는다고 규정하여 형벌 남용을 억제했다. 실제 형벌 남용으로 파면된 사례들도 있었다. 세종 시절엔 형벌 남용으로 수원부사 윤처공이 파면되는 사건이 있었고,《경국대전》이 적용되던 성종 시절에도 이영희가 형벌 남용으로 유배된 바 있다.

　그 외의 금지법으로 '존장尊長 고발 금지법'과 '분경奔競 금지법', '관청 출입 금지법' 등이 있다.

　조선의 법은 근본적으로 집안 내부에서 벌어지는 폭력에 대해서는 고발을 금지하고 있다. 이른바 '존장에 대한 고발 금지법'인데, 이는 아들과 손자, 아내와 첩 또는 노비로서 부모나 가장, 상전을 고발하는 것을 금지하고 있다. 만약 이 법을 어기면 교수형에 처하도록 되어 있다. 또 종의 아내나 남편으로서 가장이나 상전을 고발하는 경우는 장형

100대와 유형 3,000리에 처하도록 정하고 있다.

　법 조항 중에 권력가에게 아부하는 것을 막기 위한 법도 있는데, 이른바 '분경 금지법'이다. 분경이란 이조와 병조의 당상관 이상의 벼슬 아치나 이조나 병조를 담당하는 승지 또는 사헌부나 사간원의 관리, 판사와 같은 고위 관직의 집을 찾아가는 것을 말하는데, 이를 금지하는 법이 있었던 것이다. 이런 고위지나 요지을 맡고 있는 관리의 집을 드나들다 들키면 장형 100대와 유형 3,000리에 처했다. 다만 같은 성씨의 8촌 이내나 다른 성씨의 6촌 이내 친척은 예외였다.

　관청에 사적으로 드나드는 자에게도 형벌을 내렸다. 고을 수령과 부자 관계에 있거나 형이나 아우를 제외하고는 사적으로 고을 수령을 만날 수 없도록 한 것이다. 물론 뇌물을 방지하기 위한 장치였다.

　금지법 중에는 의복에 대한 것도 있다. 관직에 있는 자는 붉은빛이나 흰빛, 잿빛 등의 겉옷과 흰 갓을 금지하였다. 다만 병사나 일반 백성들이 입는 흰옷은 금지하지 않았다. 또 잿빛 중에서도 짙게 물들인 것은 허용하였고, 흰 우비는 허용하였다.

　이 외에도 신분에 따라 금이나 옥, 도자기 등에도 금지 규정이 있고, 대궐에 드나들 때 신분에 따라 데리고 다닐 수 있는 종의 숫자도 제한을 두고 있고, 가마를 타고 다니는 것에도 신분 제한을 두었으며, 절 이외의 건물에 색 물감을 사용하는 것도 금지하고 있다.

《경국대전》의 토대가 된 정도전의 《조선경국전》

조선의 헌법인 《경국대전》은 '나라 경영을 위한 대법전(經國大典)'이라

는 뜻으로 조선의 성문 헌법이다. 이 제목은 원래 정도전의《조선경국
전》에서 비롯되었다. 조선왕조의 설계자로 불리는 정도전은 조선 건
국 후 곧바로 헌법 편찬 작업에 착수하여 1394년 3월에 작업을 완료
하여 태조에게 올렸다.

　정도전이 편찬한《조선경국전》은 상·하 2권으로 되어 있는 책으
로 주나라의《주례周禮》를 본받아 육전 체제를 기본으로 하고 있다. 본
론인 육전에 들어가기에 앞서 정도전은 서론을 통해 치국의 요지를 대
략 설명하고 보위 과정과 국호를 정하게 된 배경, 태조의 조상들과 후계
에 대한 설명 등을 실었다. 이후 치전治典(이전), 부전賦典(호전), 예전禮典,
정전政典(병전), 헌전憲典(형전), 공전工典 등의 육전을 마련함으로써《경
국대전》의 바탕이 된 육전 체제의 기초를 만들었다.

　《조선경국전》의 목표와 방향은 '치전'에서 명확히 드러난다. 치전
에서 정도전은 임금과 신하의 역할과 기능 및 관리의 선발 방법을 제
시하고 있는데, 통치의 실권은 재상이 가져야 한다는 것을 명문화하여
왕의 정치가 아니라 재상의 정치를 표방하고 있다. 또한 인재의 선발
은 반드시 고시 제도를 통해서 이뤄져야 한다는 것을 명문화함으로써
능력 중심의 인재 선발을 법제화하고 있다. 이는 주나라의 헌법인《주
례》가 지향하는 이상 국가와 동일한 것이다.

　'부전'은 곧 '호전'에 해당된다. 정도전은 여기에서 국가의 수입과
지출에 관한 제도에 대해 서술하고 있는데, 국가의 수입을 늘리기 위
해서는 중앙집권적인 군현제도를 확립하고 호적 제도를 정비해야 하
며 농업을 장려하는 데 목적을 둬야 한다고 쓰고 있다. 또한 국가 수입
을 공정하게 하기 위해서는 반드시 백성의 토지 소유가 균등하게 이뤄
져야 하고 세금을 가볍게 해야 한다고 주장한다.

'예전'에서는 교육, 외교, 각종 행사와 관혼상제의 예법을 제시하고 있다. 예전에서 가장 특징적인 것은 서민 이상의 백성들에게 교육의 기회를 넓히고 고시 제도를 확대하여 능력 위주의 인재 선발을 목표로 삼고 있는 점과 불교의 의례를 버리고 유교의 의례로 모든 예식을 대체해야 한다고 명문화한 점이다.

'정전'은 곧 '병전'에 해당되는데, 병전을 정전이라고 한 것은 군사 제도가 정치의 토대가 되고 정치의 토대인 도덕성이 군사 제도의 이념이 되어야 한다는 의미에서였다. 정도전은 여기서 병농 일치와 중앙군과 지방군의 이원화를 강조하고 있다.

'헌전'은 곧 '형전'에 해당되는데, 형벌의 원칙과 사용 목적에 대해 기술하고 있다. 형벌은 정치의 보조 수단 이상의 역할을 해서는 안 되며 궁극적으로 도덕 정치를 구현하는 것을 목적으로 해야 한다고 역설한다. 헌전이 주로 참고한 것은 명나라 헌법인《대명률》이었다.

'공전'에서는 국가의 각종 공사나 물품의 제조를 위한 운영 원리와 집행 원칙을 다루고 있다. 여기서 정도전은 재정의 낭비를 금하는 한편, 백성을 지나치게 동원하지 말 것을 주문하고 있다.

《조선경국전》은 비록 정도전 개인이 편찬한 법전이지만 조선왕조의 건국이념과 치도의 원리가 명확하게 제시되어 있어 국가적인 법전으로 삼아도 손색이 없는 책이었다. 그래서 조선 조정은《조선경국전》을 바탕으로《경제육전》을 편찬하고, 다시《육전등록》을 거쳐《경국대전》의 완성에 이를 수 있었다.

《조선경국전》을 편찬한 정도전은 고려 충혜왕 시대인 1342년에 태어나 1398년에 이방원의 난 때 죽은 인물이다. 본관은 봉화이며, 호는 삼봉이다. 그의 고조부 정공미는 봉화의 호장이었으며, 아버지는 형부상서를 지낸 정운경이다. 충청도 단양에서 태어난 정도전은 아버지의 지인이었던 이곡의 아들 이색에게서 배웠고, 공민왕 대인 1360년에 성균관에 입학하여 진사시에 합격하였다. 이후 성균관 박사로 있으면서 유생들을 가르치다 당대의 권력가 이인임과 맞서다가 1375년에 전라도 나주로 유배되었다. 이후 2년 동안 유배 생활을 한 후 고향 단양과 삼각산 밑에서 은거하다가 1383년에 함주로 찾아가 이성계를 만났다. 이후 다시 관직으로 돌아와 정몽주의 서장관이 되어 명나라를 다녀왔으며 1385년에는 이성계의 도움으로 성균관 대사성에 올랐다. 그리고 1388년에 이성계가 위화도회군에 성공하자, 혁명 세력을 결집하여 창왕과 공양왕을 내쫓고 조선을 세우는 데 1등 공신이 되었다.

조선 개국 후, 그는 조정의 최고 권력자가 되었고, 《조선경국전》은 그가 의흥삼군부 판사로 있던 1394년 3월에 완성하여 태조에게 올린 책이다. 그는 《조선경국전》 외에도 《고려국사》 편찬에도 참여하였고, 《경제문감》, 《경제의론》 등을 저술하였다.

그는 병법에도 밝아 《팔진36변도보》, 《오행진출기도》, 《강무도》, 《진법》 등을 저술했고, 의학에도 조예가 깊어 《진맥도결》을 썼다. 또한 역법 서적인 《태을72국도》, 《상명태을제산법》 같은 저작을 남기기도 했다.

이들 저서 외에도 《삼봉집》에는 많은 시와 수필이 남아 있다.

《속대전》과 《대전통편》, 그리고 《대전회통》

조선의 법전은 《경국대전》, 《속대전》, 《대전통편》, 《대전회통》 등 모두 네 종류다.

《경국대전》은 공포 이후 보완 작업을 거쳐 수정본을 내놓게 되는데, 그 과정에서 성종 대부터 숙종 대까지 《대전속록》, 《대전후속록》, 《사송유취》, 《수교집록》, 《전록통고》 등의 수정 보완 법령집들이 만들어졌다. 그리고 비로소 만들어진 첫 번째 수정본 대법전이 《속대전》이다. 《경국대전》 편찬 이후 이 법률의 문제점들이 발견되면서 숙종 대인 1688년에 박세채가 《속대전》을 편찬해야 한다는 건의를 하였고, 이후 영조가 1730년에 새 법전 편찬을 공식적으로 명령했다. 하지만 시행이 미뤄지다가 1740년에 편찬 작업이 시작되어 1746년에 완성한 후 반포했다. 《속대전》은 6권 4책으로 되어 있는데, 전체 체제는 《경국대전》을 따랐으나 수정된 내용만 수록했다. 그래서 《경국대전》에는 있지만 사라진 항목도 있고, 새롭게 추가된 부분도 있다. 추가된 부분의 대다수는 형법과 관련한 것들이었고, 이전에서 잡령 몇 가지, 호전에서는 창고 관련 사항 몇 가지뿐이었다.

《대전통편》은 《경국대전》과 《속대전》의 문제점을 보완하기 위해 1785년에 편찬하여 반포한 법전이다. 6권 5책으로 된 《대전통편》은 《경국대전》과 《속대전》을 결합하고, 다시 수정 또는 보완한 법령집을 뒤에 붙였다. 따라서 조문은 《경국대전》, 《속대전》, 그리고 수정 또는 추가된 법령집 순서로 편찬되었다. 그 과정에서 《경국대전》이나 《속대전》에는 있지만 사용하지 않고 폐기된 법령에는 '금폐'라고 표시하였다. 《대전통편》에 추가된 조문은 모두 723개로 이전에 212개, 호전에 73개, 예전에 101개, 병전에 265개, 형전에 60개, 공전에 12개였다.

《대전회통》은 《대전통편》 편찬 이후 80년이 지난 1865년에 편찬되어 반포된 법전이다. 《대전통편》 반포 이후에 조선 사회는 급속한 변화를 겪는다. 정치는 문란해졌고, 사회 기강도 해이해졌으며, 여러 차례에 걸쳐 민란이 발생하고 삼정이 문란해지는 등 극심한 혼란을 겪었다. 이 과정에서 법에 대한 인식과 적용도 많이 달라졌기 때문에 새로운 조례와 개정된 조례가 생겨났다. 또한 때에 따라서는 왕명을 통해 법을 대체하기도 했다. 그래서 이 80년간 내려진 왕명과 규칙 등을 정리하여 새로운 법전을 만들 필요성이 생겼고, 그것이 법전에 반영되어 새롭게 편찬한 법전이 바로 《대전회통》이다.

《대전회통》은 《대전통편》의 내용에 새롭게 만들어진 법안을 추가로 넣는 방식으로 편찬되었다. 그래서 원래 《경국대전》에 수록된 내용에는 '원原'으로 표시하고, 《속대전》에서 처음 나타나거나 《경국대전》의 내용이 바뀐 부분은 '속續'으로 표시했다. 또 《대전통편》에 처음 나타나거나 《경국대전》이나 《속대전》의 내용이 바뀐 부분은 '증增'으로 표시하고, 《대전회통》에 와서 처음 나타난 부분은 '보補'로 표시하여 각 조문이 생긴 시기를 구분하였다. 덕분에 《대전회통》을 통해서 조선의 법 제도가 어떻게 변해왔는지 한눈에 알 수 있게 되었다. 이는 곧 《대전회통》이 고려 말 이래 꾸준히 마련된 모든 규정을 집대성한 법전임을 의미한다.

2부

역사 명저

세계적인 명장의 생생한 전란 일기
이순신의 《난중일기》

조선 역사서의 실질적 최고봉
이긍익의 《연려실기술》

발해사를 우리 역사로 인식시킨 최대 공신
유득공의 《발해고》

또 다른 역사 명저
유성룡의 《징비록》, 안정복의 《동사강목》

세계적인 명장의 생생한 전란 일기
이순신의 《난중일기》

세계기록유산에 등재된 전쟁 보고서

난중일기! 초등교육 이상의 교육을 받은 한국인이라면 이것이 충무공 이순신이 임진왜란 중에 쓴 책의 제목이라는 사실을 모르는 사람은 드물 것이다. 하지만 '난중일기'라는 제목을 단 사람이 이순신 장군이 아니라는 사실을 아는 사람도 드물다. 사실, 이순신은 '난중일기'라는 책을 남긴 적은 없다. 본래 이순신의 전란 일기엔 제목이 없었다. 이 일기에 제목을 붙인 사람은 정조 19년(1795년)에 《이충무공전서》를 편찬하던 편찬자였다.

《이충무공전서》는 정조가 왕명으로 교서관에 편찬을 지시하여 그의 유고와 문건을 모두 수집하여 만든 책이다. 당시 이 책 편집을 지휘한 인물은 《발해고》의 저자 혜풍 유득공이었다. 14권 8책으로 된 《이충무공전서》의 1권엔 이순신의 시 5편과 잡저 10편이 실려 있고, 2권부터 4권까지는 그가 올린 장계 65편이 실려 있다. 《난중일기》에 해당하는 부분은 5권부터 8권까지다. 그리고 9권부터 12권까지는 부록으로 이순신의 행록과 비문, 제문 등이 실려 있으며, 나머지 13권과 14권엔 이순신에 관한 국내외의 기록들을 모아놓았다. 흔히 《난중일기》라고 하는 것은 바로 《이충무공전서》의 5권에서 8권까지를 지칭하는 것이며, 이 책의 편찬자는 편의상 이 부분에 '난중일기'라는 제목을 붙였고, 이것이 오늘날 우리가 알고 있는 이순신의 명저 《난중일기》인 것이다.

《난중일기》에 대해 또 하나 알아둘 사실이 있다면, 이 책이 유네스코 세계기록유산에 등재되어 있다는 점이다. 《난중일기》가 세계기록유산에 등재된 이유는 전쟁을 지휘하는 장수가 직접 전쟁을 체험하고 보고 들은 사실을 기록한 몇 안 되는 기록인 까닭이다.

《난중일기》는 임진년인 1592년 1월 1일부터 전쟁의 막바지인 1598년 11월 17일까지 약 7년에 걸친 전쟁 상황을 기록하고 있다. 임진왜란이 4월 13일에 발발했는데, 1월 1일부터 기록된 것은 이때 이미 전쟁 준비를 하고 있었기 때문이다. 이 기간 동안 부득이 일기를 쓰지 못한 날도 많았는데, 대개는 전장에 출전 중인 때였다.

7년 동안의 일기라고는 하지만 분량은 많지 않다. 어떤 날은 단 한 문장만 기록된 경우도 있고, 단지 몇 문장으로 기록된 날도 많기 때문이다. 게다가 빠진 날도 아주 많다. 임진년인 1592년만 하더라도 5월 5일부터 5월 20일, 6월 11일부터 8월 23일, 8월 29일부터 12월 30일까지의 일기가 없다. 무려 7개월의 기간이 비는 셈이다. 1593년 계사년 일기의 경우엔 1월의 기록은 전혀 없고, 3월 23일부터 4월 말까지의 기록도 없으며, 9월 16일부터 12월 말까지의 기록도 없다. 약 6개월간의 일기를 남기지 않은 것이다. 1594년 갑오년의 경우에는 12월 한 달만 빼고 일기를 모두 썼으며, 1595년 을미년에는 12월 21일부터 30일까지 10일간의 일기를 빼고는 다 있다. 1596년 병신년 일기는 10월 12일부터 12월 30일까지가 없으며, 1597년 정유년 일기는 1월부터 3월까지 일기가 없다. 그리고 마지막 해인 1598년 무술년 일기는 1월 일기는 3일뿐이고, 2월부터 8월 일기는 아예 없으며, 9월 15일부터 10월 12일까지, 그리고 11월 8일에서 전사 하루 전인 11월 17일까지 1개월 10일분이 전부다.

이순신이 남긴 글 중에 일기 형태의 글은 《난중일기》밖에 없다. 말하자면 이순신은 평소에 일기를 쓰고 남기는 습관을 가진 인물이 아니었다는 것이다. 《난중일기》는 전쟁 상황을 기록하기 위해 이순신이 특별히 남긴 글인 셈이다. 그렇다면 《난중일기》의 내용은 철저히 공적인 내용만 기록되어야 한다. 개인의 감정이나 개인사는 완전히 배제된 글이어야 한다는 것이다. 이순신은 이 원칙에 충실하고자 했다. 하지만 그는 이 원칙을 완전히 지키지는 못했다. 《난중일기》 곳곳에 개인사와 개인적인 감정들도 섞여 있는 까닭이다.

필자는 《난중일기》를 처음 대했을 때, 첫 문장부터 다소 당황스러웠다. 흔히 우리가 일기라고 하는 글과 다소 거리가 있었기 때문이다. 날짜와 날씨는 기록되어 있지만 내용은 극히 건조했고, 분량도 빈약했다. 어떤 날은 날씨만 기록한 것도 있고, 짧은 문장 몇 개만 있는 것도 많았다. 특히 앞부분, 즉 전쟁 발생 이전의 기록은 한 달 기록이 하루 기록이라 할 만큼 분량이 적었다. 그래서 어쩌면 이 책은 '일기'라기보다는 '일지'라고 하는 것이 맞지 않나 하는 생각까지 하였다. 이를테면 1592년 1월 2일의 기록은 '나라의 제삿날이라 공무를 보지 않았다'는 내용이 전부다. 이날은 명종의 왕비 인순왕후 심씨의 기일이었고, 그래서 공무를 보지 않아 공무에 관한 내용이 없었던 것이다. 또 1월 3일의 기록은 '동헌에 나가 별동 부대를 점검하고 각 지방에 공문을 작성하여 보냈다'는 내용이 전부다. 그래도 일기라고 할 수 있는 것은 '새벽에 아우 여필과 조카 봉, 맏아들 회가 와서 이야기했다. 설날 어머니를 떠나 멀리 남쪽에서 설을 쇠니 보고 싶은 마음이 간절했다'는 1월 1일의 일기처럼 개인적인 내면을 담은 글들이 있기 때문이다. 하지만이 같은 개인적인 감정을 담은 글은 몇 편 되지 않는다. 대부분이 공무와 관련된 내용만 서술되어 있다. 그것도 매우 압축적이고 간단하게 기록되어 있다.

(임진년, 1592년) 1월 7일: 임금께 하례하는 글을 갖고 갈 남원의 선비가 들어왔기에 글을 올려 보냈다.

1월 10일: 여수 방답에 사는 신임 첨사 이순신이 부임하여 들어왔다.

1월 11일: 이봉수가 선생원先生院에 있는 채석장을 다녀와서 '벌써 큰 돌 열일곱 덩어리에 구멍을 뚫었다'고 보고했다. 서문 밖 성 주위 연못이 네 발쯤 무너졌다.

1월 12일: 전라 좌수영과 각 포구의 하급 관리들이 활쏘기를 시험했다.

이순신은《난중일기》초반부에서는 이처럼 아주 간단하게 그날 있었던 중요한 일만 기록하고 있다. 10일 일기의 첨사 이순신은 그의 막하에 있던 중위장이었다. 한글 이름은 같지만 한자는 다르다. 11일 일기의 이봉수는 자신 휘하에 있던 자로 주로 나루터에 철쇄를 얽어놓거나 산 위에 망대를 설치하는 역할을 하던 인물이었다. 또 선생원은 여

수 율촌 신풍리에 있던 여각이었다. 11일에 큰 돌에 구멍을 낸 일과 서문 밖 주위에 연못이 무너진 일은 인과성이 없는 일이다. 말하자면 그저 사건을 나열했을 뿐이다. 또 이 일에 대해 자신의 느낌을 적지도 않았고, 구체적인 지시 사항도 기록하지 않았다. 12일의 좌수영과 포구 관리들이 활쏘기를 시험한 내용에도 그 이유에 대해서는 쓰지 않았다. 이를테면 전쟁에 대비해서 훈련 차원에서 행한 일이라든지, 아니면 무기고의 활과 화살을 시험하기 위해 한 일이라든지, 그런 이유조차 쓰지 않았다.

하지만 앞부분만 이렇게 간단하게 서술되어 있을 뿐 뒤로 갈수록 내용은 풍부해진다. 사건의 내용과 그 원인에 대한 기록도 자주 보이고, 자신의 신변 이상이나 심정도 자주 드러낸다. 그러면서 읽는 이의 마음을 조금씩 끌어당기는 매력을 보여준다. 읽으면 읽을수록 《난중일기》는 이순신의 인간성에 빠져들게 만든다. 그래서 결국, 장군 이순신만 알던 필자에게 인간 이순신을 알려준다. 그런 의미에서 《난중일기》는 인간 이순신을 재발견할 수 있는 좋은 사료라고 할 수 있다.

낭만적인 너무나 낭만적인 인간, 이순신

《난중일기》 내용으로 들어가기 전에 우선 임진왜란 이전 이순신의 관직 생활을 간단히 살펴볼 필요가 있다. 사실, 이순신이 전라 좌수가 된 것은 매우 전격적인 발탁이었다. 이 때문에 조정 내부에서는 이에 대한 비판이 거세게 일었다.

"전라 좌수사 이순신李舜臣은 현감으로서 아직 군수에 부임하지도 않았는데 좌수사에 임명하시니 그것이 인재가 모자란 탓이긴 하지만 관작의 남용이 이보다 심할 수 없습니다. 체차遞差시키소서."

이 말은 1591년(선조 24년) 2월 16일에 사간원에서 선조에게 올린 간언이다. 이순신은 1589년에 정읍 현감으로 있다가 승차하여 종4품 진도 군수로 임명된 상태였다. 하지만 아직 진도에 부임하지 않은 터였다. 현감은 종6품 벼슬인데, 전라 좌수사는 정3품이었다. 종6품에서 불과 2년 만에 무관으로서 가장 높은 벼슬인 정3품에 임명되니, 사간원의 비판이 잘못된 것도 아니었다.

선조가 이순신을 전라 좌수사에 임명한 것은 사간원의 간언이 있기 3일 전인 2월 13일이었다. 이날 선조는 이런 명령을 내렸다.

"전라 감사 이광은 지금 자헌대부에 가자加資(벼슬을 더해주는 것)하고, 윤두수는 호조판서에, 이증은 대사헌에, 진도 군수 이순신은 초자超資하여 전라도 좌수사에 제수하라."

'초자'라는 것은 한꺼번에 여러 단계의 품계를 뛰어넘어 승진시키는 것을 의미한다. 말하자면 특별 승진인 것이다. 종6품 현감으로 있다가 종4품 진도 군수로 발령이 났는데, 미처 부임도 하기 전에 특별 승진시켜 정3품 좌수사에 제수했으니, 간관들의 반발이 있는 것은 당연했다. 이에 대해 선조는 이런 말로 반발을 무마했다.

"이순신의 일이 그러한 것은 나도 안다. 다만 지금은 상규에 구애될 수 없다. 인재가 모자라 그렇게 하지 않을 수 없었다. 그 사람이면 충분히 감당할 터이니 관작의 고하를 따질 필요가 없다. 다시 논하여 그의 마음을 동요시키지 말라."

사실, 이순신은 승진에 있어서만큼은 지독하게 운이 없는 인물이었다. 서른두 살에 무과에 겨우 급제하여 잠시 동안 훈련원에 근무하다 함경도 변방의 종9품 권관으로 파견된 그는 종8품 벼슬인 훈련원 봉사가 되어 서울로 돌아왔고, 이후 충청 병사의 군관을 거쳐 서른여섯 살에 종4품 벼슬인 발포 수군만호에 오른다. 발포는 전라 좌수영 소속이었다. 여기까지만 해도 승승장구한 세월이었다. 무과 급제한 지 4년 만에 종4품 장군 벼슬에 올랐으니 말이다. 하지만 이듬해인 1581년에 군기 경차관 서익의 모함에 걸려 발포 만호 직에서 파직되었다. 서익은 병조정랑 시절에 훈련원 봉사로 있던 이순신에게 인사 청탁을 했다가 거절당한 적이 있었다. 이에 앙심을 품고 있다가 이때에 이순신을 모함한 것이다. 1582년에는 벼슬이 강등된 채 종8품 훈련원 봉사로 복직되었다. 이후 함경도 남병사의 군관, 함경도 건원보 권관, 훈련원 참군 등을 거쳐 1586년에는 궁궐의 말을 관리하는 사복시의 종6품 관직인 주부로 승진하였고, 주부 생활 16일 만에 유성룡의 추천에 힘입어 다시 종4품인 조산보 만호 겸 녹도 둔전사의가 되어 함경북도 두만강 하류의 녹둔도로 가게 되었다. 그런데 녹둔도에 여진족이 침입하여 패전해 물러나게 되었는데, 패전의 책임을 지고 사형을 당할 처지가 되었다. 하지만 이순신은 여진족 침입 이전에 병력을 증원해줄 것을 요청했지만 함경 병사 이일李鎰이 들어주지 않아 패전한 것이라고 항변하여 죽음은 면했다. 대신 백의종군하는 신세가 되었다가 1588년에 여진족 정벌의 공으로 백의종군에서 풀려난 후, 전라도 관찰사 이광에게 발탁되어 전라도 조방장과 선전관을 지냈고, 1589년엔 정읍 현감이 되었던 것이다. 이후 1590년 7월에는 고사리진 첨사(병마첨절제사)로 임명되었으나 언관들의 반대로 무산되었고, 다시 8월에 만포진 첨사로 임명되었지만 역시 언관들의 반대로 무산되어 정읍 현감에 머물러야 했다. 그러다 1591년 2월에 진도 군수로 발령 났다가 다시 가리포진 첨사에 제수되었는데, 아직 임지로 가기도 전에 전라 좌수사로 전격 임명되었다.

이는 선조와 비변사가 왜군의 침입에 대비하기 위해 뛰어난 무장들을 특별 승진시킨 결과였다. 이때 이순신을 천거한 인물은 유성룡이었다. 이순신보다 세 살 위인 유성룡은 어린 시절부터 이순신과 인연이 있었다. 한양의 같은 동네에서 어린 시절을 보냈는데, 유성룡은 그때부터 이순신을 예사롭지 않은 인물이라고 생각했다고 한다.

전라 좌수사에 임명된 이순신은 좌수영에 도착하자마자 1년여 동안 차근차근 전쟁에 대비했다. 각종 병기와 화기를 점검하고 거북선을 제작하였으며, 부하들에게 실전과 같은 훈련을 시켰다. 훈련 기간 동안 이순신은 매우 엄격하게 부하들을 관리했지만 그 과정에서 평화롭고 즐거운 날들도 있었다.

2월 1일: 부둣가 선창에 나가 쓸 만한 널빤지를 고르는데, 때마침 어장 안에 잔고기 떼가 몰려들기에 그물을 쳐서 2,000여 마리를 잡았다. 참으로 장관이었다. 그대로 배 위에 앉아서 우후 이몽구와 술을 마시며 함께 새봄의 경치를 구경하였다.

2월 12일: 해운대(여수 수정동)로 자리를 옮겨 활을 쏘았는데, 꿩 사냥 구경하기에 빠져 매우 조용했다. 군관들은 모두 일어나 춤을 추고 조이립이 시를 읊었다.

《난중일기》 전체 내용 중에 가장 행복하고 평화로운 기록은 전쟁을 두 달여 앞둔 이 두 날뿐이었다.

다른 모든 기록은 훈련 과정과 전쟁 상황에 관한 것들이다. 2월 12일

이후 이순신에게 다시는 이와 같은 평화로운 시간은 돌아오지 않는다. 사실 이순신은 무장이기 이전에 자연의 아름다움을 좋아하고 삶의 평화와 행복을 추구하던 인물이었다. 그의 이런 면모를 엿볼 수 있는 내용이 있다. 아직 전쟁이 발발하기 전인 2월 20일에 이순신은 아침부터 각종 장비와 새로 만든 전함을 점검하고, 무기도 완비되었음을 확신하며 좌수영 관할인 영주(고흥)로 향한다. 그곳의 경치에 대한 소감을 그는 이렇게 적고 있다.

"좌우의 산꽃과 교외의 봄풀이 그림과 같았다. 옛날의 영주(중국 전설에 신선이 산다는 삼신산 중의 하나)처럼 아름다웠다."

비록 두 문장으로 된 짧은 내용이지만 《난중일기》를 통틀어 이순신이 산천의 아름다움을 표현한 거의 유일한 내용이다. 전쟁을 앞둔 장수지만 산야에 핀 꽃과 막 피어오르는 봄풀들이 너무나 아름답게 보여 마치 신선이 사는 삼신산의 한 장면이 이렇지 않을까 하는 감탄을 자아내고 있는 대목이다.

우리는 이순신이라는 이름 뒤에 반드시 장군이라는 호칭을 붙이고, 다음으로는 임진왜란을 승리로 이끈 불세출의 영웅으로 묘사하기 십상이다. 하지만 영웅이기 이전에 그는 산야에 지천으로 피는 들꽃과 봄풀을 보고 신선이 사는 곳을 떠올리며 감상에 젖어 시를 읊을 줄 아는 낭만적인 인간이었다. 또한 전함 위에 앉아 부하들과 함께 생선회를 곁들인 술잔을 기울이며 흥겨워하고, 춤을 추며 시를 읊는 부하들의 흥겨운 몸짓만으로도 행복감에 사로잡히는 그저 평화를 사랑하고 사람답게 사는 것을 좋아하는 그런 사람이었다.

조선의 마지막 보루 이순신

1592년 4월 13일, 일본군은 바다를 건너와 부산진을 공격했다. 부산진을 공격한 일본 장수는 선봉장 고니시 유키나가였다. 오사카 옆의 무역도시 사카이 출신의 장수 고니시는 왜군 제1군 18,700명을 이끌고 부산진을 들이쳤다. 당시 부산진에는 첨사 정발이 이끌던 정규군 800명밖에 없었다. 하지만 정발은 부산성에 의지하여 부산진 백성 2,200명과 함께 고니시 부대를 맞아 처절하게 싸웠다. 하지만 중과부적이었다. 부산진은 하루 만에 함락되었고, 첨사 정발은 왜군의 신형 무기인 조총에서 발사된 탄환에 맞아 전사했다. 부산성 함락에 이어 다대포진성도 함락되었다. 다대포진성을 사수하고 있던 첨사 윤흥신은 아우 윤흥제와 함께 800명의 부하들을 이끌며 결사적으로 항전하여 첫 싸움에서 가까스로 성을 지켜냈으나 병력 부족과 물자 고갈로 결국 다대포를 내주고 전사하였다. 부산성과 다대포성을 무너뜨린 고니시는 곧장 동래성을 공략하였다. 동래 부사 송상현은 동래성을 사수하기 위해 처절한 저항을 했으나 역시 중과부적으로 성을 내주고 왜군에게 피살되었다.

동래성이 무너지던 4월 15일에서야 이순신은 왜군의 침입 소식을 들었다. 이날은 성종의 첫 번째 왕비인 공혜왕후 한씨의 제삿날이라 이순신은 공무를 보지 않았다. 그런데 경상 우수사 원균과 경상 좌수사 박홍이 공문을 보내와 왜군의 침입 사실을 알렸다. 16일에는 부산이 함락된 것을 전해왔고, 18일에는 동래, 양산, 울산이 차례로 함락되었다는 공문이 날아왔다.

이순신은 곧 전라도로 닥칠 왜군에 대비하여 각 진영의 장수들을 불러 모았다. 5월 1일엔 모든 수군을 좌수영으로 끌어모아 결의를 다졌다.

> 수군들이 모두 앞바다에 모였다. 진해루에 앉아서 방답 첨사(이순신), 흥양 현감(배흥립), 녹도 만호(정운) 등을 불러들였다. 모두 격분하여 제 한 몸을 생각하지 않으니 실로 의사들이라 할 만하다.

5월 1일의 일기다. 하지만 다음 날엔 남해 현령 기효근과 미조항 첨사 김승룡이 왜적이 쳐들어왔다는 소식만 듣고 달아났고 병기와 물자도 모두 남은 것이 없다는 보고가 들어왔다. 좌수영 휘하의 낙안 군수 신호는 우선 몸을 피하자고 해서 이순신이 군법을 앞세워 도망치지 못하도록 막았다. 또한 전라 우수사 이억기에게 사람을 보내 병력을 합쳐 함께 대비할 것을 제의했지만 이억기는 대답이 없었다. 그때, 이순신 휘하의 부하들 중에도 탈영병이 생겼다. 이순신은 탈영한 수군 황옥천을 잡아 와 목을 베고 군중 앞에 내다 걸며 군율의 위엄을 보였다.

그리고 5월 7일, 마침내 이순신은 더 이상 이억기의 부대를 기다리지 않고 전라 좌수영 군대를 이끌고 왜선이 정박한 거제도의 옥포항을 들이쳤다. 이순신이 거느린 함대는 전선 24척, 협선 15척, 포작선 46척을 합쳐 도합 85척이었다. 이순신의 함대가 옥포에 도착했을 때 왜군은 배를 정박해놓고 거제도의 백성들을 상대로 노략질을 하고 있었다. 그러다 순식간에 급습을 당한 왜군은 당황하여 달아나기에 바빴다. 이 싸움에서 30여 척의 왜선 중 26척이 격파되었고, 왜군에게 붙잡혀 있던 조선군 3명을 구출함으로써 임진왜란 발발 이래 첫 승전을 거뒀다. 그날 오후엔 웅천현의 합포(마산포) 앞바다에서 대형 전선 1대를 만나

격침시켰고, 이튿날에도 적진포에서 왜선 13척을 격침시키는 개가를 올렸다. 이것이 이른바 이순신에게 첫 승리를 안겨준 옥포해전이다.

하지만 불행히도 《난중일기》엔 옥포해전에 대한 기록이 빠져 있다. 옥포로 출항한 5월 5일부터 28일까지의 일기는 남아 있지 않다. 전쟁을 수행하느라 미처 기록을 하지 못한 것인지 아니면 유실된 것인지 알 수는 없다.

이순신의 일기는 5월 29일의 사천해전으로 이어진다. 이날까지도 전라 우수사 이억기는 합류하지 않았다. 대신 원균의 경상 우수영군이 합류했다. 원균의 부대는 전선 3척이 전부였다. 이순신 부대는 전선 23척으로 형성되었는데, 그 속에는 거북선도 있었다. 조선 함대는 사천으로 가던 중에 왜선 하나를 발견하고 격침시켰다. 그리고 사천에 이르렀는데, 당시 왜군은 사천 선창에 12척의 전선을 정박해두고 산봉우리에 진을 치고 있었다. 왜군의 방비는 삼엄했고, 조수 때문에 바다 상황도 공격에 여의치 않자, 이순신은 적을 유인하기 위해 퇴각하는 모양새를 취했다. 그러자 왜군은 함대를 이끌고 뒤쫓아 왔고, 이순신은 뱃머리를 돌려 거북선을 적진으로 돌진시켰다. 그리고 나머지 전선들이 거북선을 쫓아 공격을 감행한 끝에 12척 전부를 격침시켰다. 거북선을 실전에 처음 투입하여 완벽한 승리를 낚은 것이다.

하지만 이 전투에서 이순신은 조총 탄환에 맞아 어깨가 관통되는 부상을 입었다. 그럼에도 전투는 지속되었다. 사천에서 다시 6월 8일까지 전투가 계속되었다. 그런 상황에서 6월 4일에 이억기의 부대가 합류하였다. 덕분에 병사들의 사기가 하늘을 찔렀다. 이후 적선 33척과 전투를 벌여 다시 승리하였다. 이 과정에서 왜군 장수 7명의 머리를 베고 3척의 적선을 사로잡는 개가를 올렸다.

사천해전 이후,《난중일기》는 6월 11일부터 8월 23일까지 2개월 이상 기록되지 못했다. 진주성대첩, 행주대첩과 더불어 임진왜란 3대 대첩 중 하나인 한산도대첩이 7월 8일부터 7월 10일 사이에 있었으니, 《난중일기》속에서는 한산도대첩의 정황을 찾을 수 없는 것이다.

한산도대첩의 상황을 살펴보면, 우선 7월 5일에 이순신 함대와 이억기 함대가 결합하여 전선 48척을 좌수영 본영인 여수 앞바다에 집결시켜 합동 훈련을 실시하였고, 6일에 노량(경상남도 남해군 설천면 노량리) 앞바다에 이르러 원균의 전선 7척과 합세하여 모두 55척이 되었다. 그리고 당시 왜군은 와키사카가 이끄는 함대로 대선 36척, 중선 24척, 소선 13척 등 모두 73척이었다. 와키사카는 견내량(거제시 사등면 덕호리)에 함대를 정박하고 있었는데, 견내량 주변에는 암초가 많고 폭이 좁아 함부로 공격할 수 없는 곳이었다. 조선 함대는 전선 5, 6척을 내보내 왜군을 공격하는 척하다가 반격을 가해오면 한산도 쪽으로 유인하여 역공을 가할 계획을 세웠다. 다행히 와키사카는 유인책에 말려들었고, 모든 함대를 동원하여 기세 좋게 조선 함대를 뒤쫓았다. 그러다 한순간에 이순신이 펼친 학익진 속으로 들어왔다. 순식간에 조선 함대에 둘러싸인 와키사카 함대는 각종 포탄에 시달리며 퇴각하기에 바빴지만, 이미 함정에 빠진 터라 쉽게 빠져나가지 못했다. 그 결과, 왜선 12척이 나포되고, 47척이 부서졌다. 와키사카는 남은 14척을 이끌고 김해 쪽으로 달아나 가까스로 목숨을 구했다. 전투 중에 조선 전함은 한 척도 손실되지 않았다.

한산도대첩 이후 남해안 일대의 제해권은 조선 수군이 완전히 장악했다. 이후로 왜군 수군은 몸을 사리고 싸움에 나서지 않았다. 이때 육지에서는 선조가 도성을 버리고 의주로 달아났고, 왜군이 한성을 함락한 후 고니시는 평양성을 함락하고, 가토는 함경도를 장악했다. 또 구로다는 해주성을 함락한 후 황해도를 거의 장악한 상태였다. 다행히 6월부터 전국 각지에서 3만 명 이상의 의병이 일어나 왜군과 치열한 전투를 벌이며 후방을 교란시켰다. 여기에 이순신이 이끄는 조선 함대가 바닷길을 장악하자, 왜군은 식량 보급에 어려움을 겪게 되었다. 설상가상으로 그해 10월엔 진주성에서 김시민이 이끄는 조선군과 백성이 왜군 장수 나가오카 다다오키가 이끌던 왜군 3만을 상대로 수성전을 벌여 대승을 거둔 진주성대첩이 있었고, 12월엔 이여송의 명나라 원군 4만이 조선에 들어와 1593년 1월에 평양에서 고니시 부대를 격파했다.

이후에도 왜군은 고전을 면치 못하고 있었다. 명나라 군대는 평양성을 탈환한 후 벽제관싸움에서 대패하여 한성 수복에 실패했지만 권율이 1593년 2월에 행주대첩에서 승리하여 승기를 잡았다.

이 무렵, 명나라는 심유경을 한양의 일본군 진영에 보내 화의를 진행했고, 화의에 따라 일본군은 4월 18일에 한양에서 물러나 남쪽으로 퇴각하였다. 이후 서생포(울산)에서 웅천(창원) 사이에 성을 쌓고 주둔하며 화의를 지속했다.

일본군은 화의를 진행하던 중에 갑자기 10만의 전 병력 중 4만 3,000을 동원하여 진주성을 공격했다. 진주성대첩의 패배를 설욕하려는 의도였다. 진주성을 포위한 일본군은 항복을 강요했으나 진주성의 의병과 조선군은 진주가 적의 손에 들어가면 전라도가 공격당할 것이라고 판단하고 결사 항전했지만 몰살당하고 말았다. 이때 진주성에서 몰살된 조선군과 백성의 수는 수만 명이었다. (일본은 2만 명이라고 했고, 조선 측에서는 6만 명이라고 했다.) 진주성을 무너뜨린 일본군은 다시 주둔지로 회군하였고, 이후로 명나라와 일본 사이에 화의가 진행되면서 휴전 상태가 유지되었다. (이순신은 진주성 함락에 대해 1593년 6월 23일의 일기에 '소문에 진주에는 성이 포위되었는데, 감히 아무도 진격해 오지 못했다고 한다'는 짧은 기록을 남기고 있다.)

원균을 몹시 싫어한 이순신

이순신은 옥포해전에서 한산도대첩까지 연전연승을 거듭했지만, 전쟁이 지속되자, 병사들도 지칠 대로 지쳤다. 그런 까닭에 1593년(계사년)에 이르러 노 젓는 격군들이 대거 달아나는 사태가 일어났다. 그해 2월 3일에 격군 80여 명이 도망갔다는 보고가 올라왔다. 그럼에도 나장들은 뇌물을 받아 챙기고 격군들을 잡아 오지 않았다. 이순신은 군관 이봉수와 정사립으로 하여금 도주한 격군 70여 명을 찾아 잡아 오도록 하고, 그들에게 뇌물을 받은 김호걸과 김수남을 처형했다. 그리고 며칠 뒤 이억기와 원균의 부대와 함께 이순신은 다시 출병했으며 18일에는 웅천까지 진출하여 수일 동안 적진을 휘저었다.

   이 무렵부터 이순신은 경상 우수사 원균과 심한 갈등을 일으켰다. 원균은 1540년생으로 이순신보다 나이가 다섯 살 많았고 무과도 이순신보다 9년 빠른 1567년에 급제했다. 말하자면 이순신보다 나이도 많고 무과 선배이기도 했다. 또한 1583년에 부령 부사에 올랐고, 이어 종성 부사를 지냈으니 관직에서도 훨씬 선배였다. 비록 수사(수군절제사)에 임명된 시기는 이순신보다 11개월 늦은 1592년 1월이었지만 원균은 나이와 경력에 있어서는 이순신보다 위였다. 그런 까닭에 비록 같은 벼슬의 수군절도사 위치에 있긴 했지만, 이순신에겐 상대하기 버거운 선배였던 것이다.

이순신은 그런 원균을 좋아하지 않았다. 이순신이 처음부터 원균을 싫어했던 것은 아니었다. 두 사람의 갈등은 옥포해전과 한산대첩 이후에 장계를 올리는 과정에서 시작되었다. 이때 원균은 이순신에게 연명으로 함께 왕에게 장계를 올리자고 했지만 이순신은 이를 기절하고 먼저 단독으로 장계를 올렸다. 이 때문에 원균은 벼슬이 더해지지 않고 이순신의 벼슬만 더해졌다. 그 내용을 담은 《선조실록》의 기록은 이렇다.

비변사가 아뢰기를, "경상 수사 원균의 승첩을 알리는 계본은 바로 얼마 전 이순신이 한산도 등에서 승리한 것과 한때의 일입니다. 싸움에 임해서는 수종彬이 있고 공에는 대소가 있는 것이어서 그 사이에 차등이 있기 마련입니다. 그러나 이곳에서는 확실히 알기가 어려운 일입니다. 적을 벤 것으로써 대략을 논하면, 힘을 다하여 혈전했음에는 의심이 없습니다. 다시 1등에 참여된 이는 마땅히 별도로 포상을 하여야 할 듯합니다. 첨사 김승룡, 현령 기효근은 특별히 당상에 올리고, 현감 김준계는 3품으로 승서陞敍하고, 주부 원전은 5품으로 승서하고, 우치적 등 4인은 6품으로 승서하고, 이효가 등 13인은 공에 맞는 관직을 제수하소서. 만호 한백록은 전후 공이 가장 많은데 탄환을 맞은 뒤에도 나아가 싸우다가 싸움이 끝나고 오래지 아니하여 끝내 죽음에 이르렀습니다. 극히 슬프고 애처로운 일이니, 또한 당상으로 추증하소서. 박치공은 3급을 베고 왜적 한 명을 사로잡았으니 6품으로 승서함이 어떠하겠습니까?"
하니, 답하기를,

"이에 의하여 조처해야 한다. 원균에게는 가자를 하지 않는가?"

하였는데, 회계回啓하기를,

"원균은 이미 높은 가자를 받았고 지금 이 전첩戰捷의 공은 이순신이 으뜸이므로 원균에게는 가자할 필요가 없을 듯합니다."

하였다.

이렇듯 원균의 벼슬이 오르지 않자, 원균은 이를 모두 이순신의 탓으로 돌렸고, 이후로 두 사람의 감정의 골은 더욱 깊어졌다.

이와 관련하여 이순신은《난중일기》곳곳에 원균에 대해 비난하는 글을 남겨놓았다.

(계사년, 1593년) 2월 22일: 진도의 지휘선이 적에게 포위되어 위태롭게 되자, 우후가 바로 들어가 구해냈다. 경상 좌위장과 우부장은 보고도 못 본 체하고 끝내 구하지 않았으니, 그 어이없는 짓을 말로 다 할 수 없다. 모두 원균의 책임이므로 그를 꾸짖었다.

2월 28일: 새벽에 출발하여 가덕에 이르니, 웅천의 적들은 움츠리고 있어 조금도 나와서 대항할 생각이 없는 듯했다. 우리 배가 바로 김해강(부산 서낙동강) 아래쪽 독사리목으로 향하는데, 우부장이 변고를 알리므로 여러 배들이 곧장 가서 작은 섬을 에워쌌다. 경상 수사의 군관과 가덕 첨사의 정탐선 2척이 섬 사이를 들락날락하는데, 그 하는 꼴이 황당하므로 묶어서 원균에게 보냈더니 크게 화를 냈다. 그의 본뜻은 전공을 위해 어부가 건진 사람의 머리들을 찾아내는 데 있었기 때문이다.

3월 2일: 온종일 비가 왔다. 배의 뜸 아래에 웅크리고 앉았으니, 온갖 생각이 가슴속에 치밀어 올라 마음이 어지럽다. 이영남과 이여염이 와서 원균의 비리를 전하니 더욱더 한탄스러울 뿐이었다. 이영남에게서 들으니 강진에 사는 사람 2명이 살아 돌아왔는데, 고성(경남 고성)으로 붙들려 가서 문초를 받고 왔다고 한다.

이 3가지 내용을 종합해보면 원균은 아군이 위험에 처해도 못 본 척하면서 자신의 전공을 높이기 위해 부하들을 시켜 죽은 적의 시신을 건지기에 혈안이 된 인물이다. 또한 자신의 공을 높이기 위해 조선 백성을 죽여 왜적의 머리라고 보고하는 짓도 서슴지 않았다. 이순신은 자신이 직접 원균의 그런 행동을 목격한 바도 있고, 부하들에 의해 그의 파렴치한 행위들을 보고 받았다. 말하자면 이순신이 원균을 싫어한 것은 단순한 인간관계 때문이 아니라 원균의 비리 때문이었다.

원균의 그런 행동은 지속적으로 반복된다.

5월 8일: 곧바로 당포에 이르니 이영남이 와서 원균의 망령된 짓이 많음을 상세히 말했다.

5월 14일: 이억기의 배에 옮겨 타서 선전관과 대화하며 술을 여러 잔 마셨는데, 원균이 와서 몹시 술주정을 하니 배 안의 모든 장병이 놀라고 분개하였다. 그의 거짓된 짓을 차마 말로 할 수 없다.

5월 15일: 윤동구가 그의 대장 원균이 올린 장계의 초본을 가지고 왔는데, 그의 거짓됨은 이루 말할 수 없다.

5월 21일: 대금산의 정탐군이 유자도 앞바다에 와서 왜적의 출몰이 전과 같다고 보고하였다. 오후 2시경에 비가 내리니 작물이 조금 소생하여 농사를 기대할 수 있게 되었다. 원균이 거짓 내용으로 공문을 돌려 대군을 동요하게 했다. 군중에서 속임이 이러하니, 그 흉포하고 패악함을 이루 말할 수가 없다.

5월 27일: 경상 우병사(최경회)의 답장이 왔는데, 원균이 송응창이 보낸 불화살을 혼자 쓰려고 계책을 꾸몄다고 한다.

5월 30일: 원수사가 송응창이 보낸 불화살을 혼자만 쓰려고 꾀하기에 병사의 공문을 통해 나누어 보내라고 하니, 그는 공문을 내는 것을 심히 못마땅해하고 무리한 말만 많이 했다. 가소롭다. 명나라의 신하가 보낸 불화살 1,530개를 나누어 보내지 않고 혼자서 모두 쓰려고 하니, 그 잔꾀는 심히 다 말로 할 수가 없다. 남해 현령 기효근의 배가 내 배 옆에 댔는데, 그배에 어린 계집을 태우고 남이 알까 두려워했다. 가소롭다. 이처럼 나라가 위급한 때를 당해서도 예쁜 여인을 태우기까지 하니 그 마음 씀씀이는 무어라 형용할 수가 없다. 그러나 그 대장이라는 원균 또한 이와 같으니, 어찌하겠는가?

6월 5일: 경상 수사(원균)가 웅천의 적들이 혹 감동포(부산 감천동)로 들어올지도 모른다면서 공문을 보내어 토벌하자고 했다. 그 흉계가 가소롭다.

6월 9일: 원균의 공문이 왔는데 '내일 새벽에 나아가 싸우자'는 것이었다. 그 흉악하고 음험하고 시기하는 마음은 이루 말로 하지 못하겠다. 이날 밤바로 대답하지 않았다.

6월 11일: 아침에 왜적을 토벌한다는 공문을 작성하여 원균에게 보냈더니, 취기에 정신이 없다고 핑계 대며 대답이 없었다.

이순신의 원균에 대한 비난 섞인 글들은 이외에도 여러 곳에서 발견된다. 그가 원균을 싫어한 가장 큰 이유는 원균이 공을 세우는 것에만 관심이 있고 백성과 나라는 안중에 없다고 판단했기 때문이다. 또한 원균의 인간성에 대해서도 혐오감을 감추지 않는다. 원균의 행동

하나하나를 모두 자신의 출세만을 위한 것으로 판단했고, 그래서 행동들이 모두 가소롭게 여겨졌던 것이다.

이렇듯 원균을 싫어하는 마음이 강했으나 이순신은 그와 군사 문제를 함께 의논하고, 때론 같이 술을 마시고 이야기를 나누곤 하였다. 속으론 원균을 몹시 싫어했지만 겉으론 표현하지 않은 것이다. 그러나 원균이 그런 이순신의 속내를 모를 리 없었다. 원균도 이순신처럼 진쟁 일기를 남겼다면 이순신을 몹시 비난하는 글을 썼을 가능성이 농후하다.

어쨌든 두 사람의 갈등은 점차 심화되었고, 이것은 조정의 당파 싸움에도 영향을 끼치게 된다. 그리고 급기야 전세를 뒤바꿔놓는 결과를 낳기도 한다. 때문에 이순신과 원균의 갈등은 단순한 개인적 차원의 문제는 아니었다. 나라와 백성의 안위가 걸린 중차대하고 국가적인 문제였던 것이다. 오늘날 이순신과 원균에 대한 평가가 엇갈리는 것도 이런 이유 때문일 것이다.

하지만 원균에 대한 이순신의 증오감을 단순히 개인적인 감정으로 처리할 수 없는 부분들이 있다.

7월 28일: 원균이 음흉하게 속임수를 쓰는 것은 아주 형편없다 …… 사도 첨사(김완)가 복병했을 때 사로잡은 포작(바다에서 포획한 해산물을 소금물에 절여 진상하는 어민) 10명이 왜군 옷으로 변장하여 한 짓은 계획된 것이었다. 어떤 이유가 있을 듯하더니 경상 우수사(원균)가 시킨 것이라고 하였다. 발바닥을 10여 대씩 때리고 놓아주었다.

당시 전라도에서는 조선 백성들이 왜적 차림을 하고 민가를 약탈하는 일이 많았다. 전라도 광양에서는 왜적 100여 명이 출몰하여 여염집을 약탈했다는 소문도 있었는데, 알고 보니 진주의 피난민들이 왜적 차림을 하고 광양으로 들어가서 민가를 약탈한 것이었다. 하지만 광양과 순천 백성들은 진짜 왜군이 쳐들어온 것으로 믿고 두려움에 떨며마을을 버리고 산속으로 달아난 상태였다. 그 때문에 순천과 광양 마을에서 사람 그림자도 찾기 힘들었다. 이순신은 이 일에 대해 그나마왜적이 아니라서 다행이라고 쓰고 있다. 이렇듯 가짜 왜군이 출몰하여민심을 공포에 떨게 만드는 가운데 원균의 명령을 받은 어민들이 왜적복장을 하고 다닌 것에 대해 이순신은 통탄을 금하지 못한다. 순천과광양 백성들에게 왜군 복장을 한 자들은 피난민들이지 왜군이 아니라는 사실을 알려 다시 마을로 돌아오게 해도 시원찮을 판이었다. 그런데 오히려 어민들에게 왜군 복장을 하도록 시킨 원균의 행동을 이순신은 도저히 납득할 수 없었다. 당시 왜군들은 조선군 복장을 하고 조선수군 진영을 정탐하기도 했는데, 이순신은 수하들을 풀어 그들을 철저히 수색해서 잡아 오라고 명령을 내린 터였다. 때문에 원균의 이런 행동은 이순신의 왜군 수색 작전에 혼란을 가중하고 백성들을 공포에 떨게 하여 마을을 비우게 함으로써 이순신의 지휘력을 약화시키려는 의도를 드러낸 것이었다. 이후로 이순신과 원균의 관계는 극도로 악화되고 있었다.

이순신의 통제를 거부하는 원균

원균과 이순신의 관계 악화는 날이 갈수록 심해지는데, 그런 상황에서 이순신이 수군통제사에 임명된다. 말하자면 원균은 이순신의 지휘를 받아야 하는 처지가 된 것이다. 이에 관한 기록이 실록에 보인다.

> 이순신을 삼도 수군통제사에 겸임시키고 본직은 그대로 두었다. 조정의 의논에서 삼도 수사가 서로 통섭할 수 없다고 하여 특별히 통제사를 두어 주관케 하였다. 원균은 선배로서 그의 밑에 있게 됨을 부끄럽게 여겨 틈이 벌어지기 시작했다.

이것은《선조수정실록》의 26년(1593년) 8월 1일의 기사다. 이 기사는《선조실록》에는 없다. 이 기사의 요점은 2가지다. 하나는 이순신이 전라 좌수사의 직을 그대로 수행하면서 수군통제사를 겸직한다는 내용이고, 다른 하나는 원균과 이순신의 사이가 나빠진 이유다. 그런데 원균과 이순신의 틈이 벌어진 이유로 선배인 원균이 후배인 이순신의 지휘를 받는 처지가 된 점을 쓰고 있다. 이는 원균이 공사를 구분하지 못한 점을 비판한 것이다.

사실, 원균은 이순신이 통제사가 된 이후에도 거의 명령을 따르지 않았다. 1593년 8월 4일의《난중일기》에 이순신은 '원균이 하는 말은 매번 모순이 되니, 참으로 가소롭다'는 글을 남기고 있다. 또 8월 7일의 일기에서도 '적의 형세를 살피려고 우수사(이억기)가 유포로 가서 원균을 만났다고 하니 우습다'고 쓰고 있다. 임진왜란 당시 원균은 같은 수군절도사의 입장이었지만 자신이 제일 선배라는 이유로 이억기와 이순신을 수하처럼 여겼다. 이억기는 원균, 이순신과 함께 수군절도사 자리에 있었지만 원균보다 스무 살이 어렸고, 이순신보다는 열다섯 살이 어렸다. 말하자면 이억기는 두 사람에겐 아들뻘밖에 되지 않는 젊은 친구였던 것이다. 때문에 원균이 이억기를 수하 부리듯 하는 것은 당연한 일이었던지도 모른다. 또한 이순신 역시 자신보다 9년이나 후배였으니 선배 행세를 하려 했던 것이다. 하지만 이순신은 호락호락하지 않았고, 그 때문에 원균은 이순신에 대해 매우 괘씸하게 여겼다. 이는 이순신이 통제사가 된 뒤로도 별반 다르지 않았다. 그래서 통제사인 이순신을 제쳐두고 이억기를 자기 진영으로 불러들여 왜적을 칠 방도를 모색했다는 것인데, 이 보고를 받고 이순신은 '우습다'고 표현하고 있다. 지휘 계통으로 보면 당연히 통제사 진영으로 와서 함께 논의해야 할 일을 이순신을 제쳐놓고 이억기만 불러 자신이 상관인 것처럼 지휘하고 있었던 것이다.

8월 25일에 원균은 이순신을 찾아와서 술을 내놓게 한 뒤, 잔뜩 취하자 이순신에게 행패를 부린다. 이에 대한 구체적인 내용은 기록되지 않았지만 이순신은 이날 일기에 '원균이 술을 마시자고 하여 조금 주었더니, 잔뜩 취하여 흉악하고 도리에 어긋나는 말을 함부로 지껄였다. 매우 해괴하였다'고 적고 있다. 흉악하고 도리에 어긋나는 말이란 무엇일까? 흉악하다는 것은 욕설과 악담을 퍼부었다는 뜻일 테고, 도리에 어긋난다는 것은 상관인 자신을 후배 다루듯 했다는 뜻일 게다. 이런 행동을 이순신은 해괴하다고 표현한 것이다.

현대에 와서도 위계질서를 가장 중시하는 조직이 군대인데, 조선시대 당시 무장 계통의 선후배 위계는 더욱 엄격하였다. 또한 선배들이 후배들에게 온갖 횡포와 무자비와 폭행을 감행하기도 했다. 이런 행동은 무관으로 처음 발령될 때부터 시작된다. 이른바 신고식에 해당하는 신례와 허참례에서부터 선배들은 후배들을 거칠고 무섭게 다룬다. 상다리가 부러지도록 융숭한 음식 대접을 요구하는 것은 기본이고, 얼차려와 온갖 모욕을 안기는 일도 서슴지 않고 행한다. 심지어 선배들이 후배를 진창에 빠트리고 질질 끌고 다녔다는 기록도 곧잘 보인다. 이런 허참례의 패악을 막기 위해 어명으로 금지령까지 내리지만 쉽게 사라지지 않았다. 허참례를 가장 심하게 하는 무리는 바로 무관들이었다. 때문에 선배와 후배 사이의 위계는 매우 중시되었다. 이순신 역시 그 과정을 다 거치고 무관 생활을 하였기 때문에 원균이 어떤 패악을 보여도 참을 수밖에 없었던 것이다.

원균을 미워한 것은 비단 이순신만은 아니었다. 이억기도 원균의 패악을 몹시 비난하였다. 원균이 이억기를 불러들여 왜군 칠 일을 논의했다는 보고를 받은 날로부터 한 달쯤 뒤인 9월 6일에 이순신은 일기 속에 '식후에 내가 이억기의 배로 가서 종일 이야기하고 그를 통해 원균의 흉포하고 패악한 일을 들었다'고 쓰고 있다. 또 다음 날에 순찰사 이정암에게 폐단을 아뢰는 공문과 군대 개편하는 일에 대한 공문을 작성하여 보냈는데, 이 내용이 몹시 마음에 걸렸던 것 같았다.

종일 홀로 앉아 있으니 마음이 편치 않았다. 해가 저무니 가슴이 답답하고 열이 나서 창문을 열고 잤더니, 바람을 많이 쐬어 머리가 몹시 아플 것 같다. 걱정스럽다.

이순신은 이날의 심정을 이렇게 토로하고 있다. 순찰사 이정암은 당시 병조참판으로 있다가 순찰사로 내려온 인물이었다. 비록 의병을 일으켜 왜군과 싸운 전공이 있는 인물이었으나 군사 조직 내부 사정을 속속들이 알지는 못했다. 그런 까닭에 이순신에게 군사들의 가족 일까지 간섭하지 말라는 명령을 하기도 했다. 이런 명령을 한 배경에는 수

하인 제만춘을 문초한 일이 있었다. 하지만 이순신은 이 일에 대해 현장의 사정을 전혀 모르고 하는 말이라고 일기에 적고 있다. 당시 이순신은 이정암에게 공문을 올리며 군사와 그 가족들의 폐단을 알리면서 제만춘을 문초한 사연에 대해서도 적었다고 쓰고 있다. 또한 군대 개편 문제와 관련해서는 원균과 밀접한 관련이 있었을 것으로 보인다. 원균은 당시 지속적으로 이순신을 비난하는 상황이었고, 이순신은 이 비난 때문에 몹시 시달렸던 것으로 보인다. 그런 내면을 표현한 것이 바로 9월 7일의 일기였던 것이다.

원균이 이순신을 비난한 내용은 구체적으로 기록되지 않았으니 짐작건대, 이순신이 적이 근처에 있음을 알고 몸을 사려 적을 공격하지 않는다는 내용이 중심이었을 것으로 보인다. 또한 자신이 한참이나 선배인데, 이순신이 통제사에 올라 있는 것은 매우 불합리한 조치라고 불만을 늘어놓고 다녔을 것으로 보이며, 심지어 이순신의 면전에서 그런 말들을 해댔던 것으로 보인다. 당시 원균은 통제사 이순신이 통제할 수 있는 인물이 아니었던 것이다.

떠나는 원균, 되살아난 수군의 위계

이순신과 원균의 갈등은 결국 조정에까지 알려지게 되었고, 급기야 조정은 이를 해결하기 위해 1594년 12월에 원균을 충청 절도사로 전출시켰다. 이에 대해 실록은 그 속사정을 이렇게 기록하고 있다.

경상 우수사 원균을 충청 절도사로 옮겨 제수하였다. 균이 이순신의 차장次將

이 된 점을 부끄럽게 여기고서 절제節制를 받지 않으니 순신은 여러 차례 글을 올려 사면을 청하였다. 이에 조정에서는 누차 도원수로 하여금 공죄功罪를 조사하게 하였는데, 균은 더욱 거침없이 욕지거리를 내뱉어 하는 말이 모두 추악하였으며, 순신 또한 균이 공상功狀이 없음을 말하는 가운데 실상과 다른 한 조목이 끼어 있었다. 그런데 조정에서는 대부분 원균을 편들었으므로 마침내 모두 탄핵을 당했다.

상이 다시 비변사로 하여금 조정하게 하였는데, 단지 균은 체차시켜 육군 장수를 삼고 순신은 병사로 죄책감을 가지고 스스로 공을 세우게 하였다. 균은 서울과 가까운 진鎭에 부임하여 총애받는 권신權臣과 결탁해 날마다 허황된 말로 순신을 헐뜯었는데, 순신은 성품이 곧고 굳세어 조정 안에서 대부분 순신을 미워하고 균을 칭찬하였으므로 명실名實이 도치되었다.

하지만 원균은 자신을 충청도 육군 장수로 보내는 것에 대해 매우 불만스러워했다.

당시 상황을 이순신은 1595년 2월 27일의 일기에 이렇게 남겼다.

원균이 포구에 있는 수사 배설과 교대하려 여기에 왔다. 교서에 숙배하라고 했더니, 불평하는 기색이 많아 두세 번 타이른 후에 힘써 따르고 마지못해 행했다고 한다. 그 무지함이 심한 것이 우습다.

원균은 충청 병마사로 가는 것을 이순신에게 밀려 쫓겨나는 것으로 여겼던 모양이다. 사실, 당시 충청 병마사 지휘 아래 있는 군대는 2,000명도 되지 않았고, 그중에 1,500은 새로 뽑은 자들이었다. 게다가 그마저도 수하 관리나 장수들이 나눠 지휘하고 있어 정작 충청 병마사가 지휘할 군대는 100명도 되지 않았다. 말이 병마사지 이름뿐인 직책이었다. 당시 충청도의 병력 상황은 1595년 3월 18일에 영의정 유성룡이 시무 대책을 건의하면서 선조에게 아뢴 다음의 내용을 통해 확인된다.

청주는 바로 추풍·황간·영동으로 이어지는 길로 병사兵使가 주둔해야 하는데 원균이 부임했는지의 여부를 아직 알 수가 없어 역시 염려가 됩니다. 이 역시 급히 재촉하여 미리 대비하여야 합니다.

청안 현감 전유형이 신에게 서장을 보냈는데, 청주에 속한 고을은 모두 난리에 불타버린 고을이라 뽑은 군사가 겨우 1,500명이며 장정은 300명에 불과한데 또다시 제장들에게 분속하고 나면 나머지는 100여 명에 불과하니 모두 자신에게 전속시켜 일을 그르치지 않게 해달라고 했고, 또 군기와 화약을 달라고 하였는데, 이것 역시 그의 소청대로 분속하지 말아서 책임지고 일로를 방수하도록 하며 활과 화살·화약도 많이 내려보내는 것이 합당할 것 같습니다. 그리고 선전관 한 사람을 가려 보내 그곳으로 가서 조치한 일들을 물어보고 오게 하는 것이 합당하겠습니다.

그리고 김응서는 왜적의 달콤한 말을 깊이 믿고 있어 적의 술수에 빠질 우려가 없지 않은 듯하니, 고언백의 계장啓狀의 내용과 같이 역시 선전관을 보내어 급히 유문을 전하여 군병을 정리하여 수습하게 하고 새로운 각오로 만일의 사태에 대비하게 하되 적의 동태를 상세히 정탐하고 한편으로는 급속히 보고하라는 것도 명령서를 내리는 것이 합당하겠습니다.

유성룡의 이 글은 원균을 충청 병마사로 임명한 뒤의 보고서다. 조정에서는 원균이 청주 병마영에 부임했는지도 파악되지 않는 상황이었고, 그 때문에 선전관을 보내 충청도 병영의 상황을 파악해야 한다고 요청하고 있다.

원균이 충청 병마사 제수를 달가워하지 않았던 것은 그런 사정을 훤히 알고 있었기 때문이다. 충청 병마사로 가봤자 공을 세우기는커녕 자칫하면 전사하거나 패전 장수가 되어 죽기 딱 알맞은 자리였던 것이다. 그에 비해 경상 수사는 안전한 직책일 뿐 아니라 공을 세울 가능성도 크고 자신이 마음대로 행동할 수 있는 곳이었다. 비록 이순신이 통제사로 있어 그의 지휘를 받아야 했지만 한참 후배인 이순신의 명령 따위를 어긴다고 누구 하나 뭐라고 할 위인도 없었다. 더구나 이순신은 전라 좌수사를 겸직하고 있는 터라 그 통제사라는 직책은 별다른 위력을 발휘하지도 못했다. 게다가 자신이 갈 자리는 김응서가 병마때문에 어쩔 수 없이 자리를 비우는 곳이라 전혀 달가운 자리가 아니었다.

충청 병마사로 제수한다는 선조의 교서가 왔는데도 원균이 교서를 아예 받으려고도 하지 않았던 것은 바로 그런 이유들 때문이었다. 이를 두고 이순신은 원균에 대해 무지하고 우습다고 쓰고 있다. 요즘 말로 '기본적인 예의도 모르는 웃긴 인간'이라는 뜻일 게다.

어쨌든 이순신에겐 원균이 육군 병마사가 되어 떠나는 것 자체가 반가운 일이었다. 더 이상 꼴 보기 싫은 선배를 보지 않아도 되었고, 그로 인해 마음의 상처를 입는 일도 사라질 것이기 때문이다. 그런 심정은 이억기도 마찬가지였을 것이다.

원균을 대신하여 선거이가 새로운 경상도 수사가 되었는데, 선거이는 병으로 면직서를 올렸고, 선거이 대신에 배설이 원균의 후임으로 오게 되었다. 선거이는 병이 나은 뒤에 충청 수사가 되었다. 그래서 통제사 이순신 휘하에 충청 수사 선거이, 경상 수사 배설, 전라 우수사 이억기 등이 포진하게 되었다. 배설은 이순신보다 여섯 살이 어렸고, 무과도 이순신보다 뒤에 급제했다. 선거이는 무과는 이순신보다 빨리 급제했으나 나이가 이순신보다 다섯 살 어렸다. 또한 북방에 있을 때 이순신과 함께 근무한 전우이기도 했다. 덕분에 나이가 가장 어리고 한참 후배인 이억기를 비롯해 배설, 선거이는 모두 이순신의 지휘를 잘 따랐다. 이순신이 통제사가 된 이후 모처럼 조선 수군의 위계가 제대로 서게 된 것이다. 하지만 배설은 경상 수사가 된 지 몇 개월 만에 조정으로 압송되었고, 권준이 그 자리를 대신하였다. 권준은 순천 부사로 있으면서 이순신의 중위장으로 활약하던 인물이라 이순신과 말이 잘 통했다.

백의종군 신세가 된 이순신

원균이 수군에서 떠난 뒤로 이순신의 일기엔 더 이상 원균을 비판하는 글이 보이지 않는다. 하지만 이순신의 적은 원균만이 아니었다. 삼도 순변사 이일도 이순신을 못 잡아먹어서 안달이었다. 당시 이일은 조선을 대표하는 용장으로 이름이 높았지만 이순신에 대해서만큼은 악감정을 가지고 있었다. 이순신이 녹둔도에서 여진족의 침입을 받아 패전할 당시에 이순신의 지원 요청을 받고도 묵살한 함경도 북병사가 바로 이일이었다. 당시 이순신은 이일의 그런 처사를 비판하며 스스로 자신을 변호한 덕에 죽음을 면했었다. 하지만 이일은 이 사건에 대한 앙심을 품고 있었는데, 마침 삼도 순변사가 되자, 이순신을 헐뜯고 다녔던 것이다. 이순신은 이일에 대해 1595년 1월 21일 일기에 이렇게 썼다.

> 장흥 부사(전봉)가 와서 만났다. 그에게 들으니 순변사 이일의 처사가 지
> 극히 형편없고 나를 해치려고 몹시 애쓴다고 한다. 참으로 가소롭다. 그의
> 서울에 있는 첩들을 자기의 관부에 거느리고 왔다고 하니, 더욱 놀랍다.

순변사는 군국기무를 순찰하기 위해 왕명을 띠고 파견되는 특사
다. 이일이 삼도 순변사의 직책을 맡고 파견되었으니 충청도, 전라도,
경상도 삼도의 장수들을 사찰하는 것이 그의 주된 임무였다. 물론 이
순신도 그의 사찰을 받아야 했다. 이일은 이미 오래전부터 이순신과
악연이 있었기 때문에 쉽게 넘어가지 않으리라는 것을 이순신도 짐작
하고 있었다.

사실, 이순신은 상관들과의 관계가 매끄럽지 않았다. 도원수 권율
에 대해서도 이순신은 불만이 많았다. 1595년 3월 30일의 일기에 이
순신은 권율에 대해 이렇게 썼다.

> 아침에 권율의 보고 문서와 기씨와 이씨 두 죄인의 진술 초안을 보니, 원
> 수가 근거 없이 망령되게 고한 일들이 매우 많았다. 반드시 실수에 대한
> 문책이 있을 것이다. 이와 같은데도 원수의 지위에 눌러앉아 있을 수 있는
> 것인가? 괴이하다.

이순신의 예측대로 권율은 그해 도원수에서 해직되었다. 하지만
이내 한성부 판윤을 거쳐 다시 도원수에 기용된다.

한편, 충청도 병마사로 간 원균은 여전히 이순신에 대한 비난을 지

속하고 있었다. 그 때문에 도체찰사 이원익이 이순신을 감찰하기 위해 왔지만 이순신의 인물 됨을 알아보고 오히려 원균을 비판하는 입장이 되기도 했다.

하지만 원균과의 악연은 끝나지 않았다. 1597년 정유년에 명나라와 일본의 협상은 결렬되었고, 일본은 대군을 형성하고 다시 공격을 감행했다. 일본은 공격을 재개하면서 어떻게 해서든 이순신을 제거해야 승산이 있다는 판단을 했다. 일본 장수 고니시 유키나가는 수하 요시라를 첩자로 파견하여 이간책을 구사했다. 고니시는 요시라로 하여금 경상 우병사 김응서에게 접근하여 일본으로 돌아갔던 가토 기요마사가 다시 배를 타고 건너올 날짜를 알려주며 수군을 시켜 가토를 사로잡으라고 했다. 이 말을 믿고 조정에서는 통제사 이순신에게 수군을 출동시켜 가토를 잡아 오라고 명령했다. 하지만 이순신은 이것이 왜군의 흉계라는 사실을 간파하고 망설이다가 부득이 출동하였다. 하지만 그때 이미 가토는 일찌감치 울산 서생포에 도착해 있는 상태였다. 이 일과 관련하여 원균은 이순신이 왕명을 어기고 출동을 망설이다가 일을 그르쳤다는 상소를 올렸고, 결국 선조는 이 상소를 믿고 크게 진노하여 이순신을 왕명 거역죄로 한양으로 압송하라는 지시를 내렸다. 선조의 지시가 내려지기까지 유성룡이 극력으로 이순신을 변호했지만 별 소용이 없었다. 결국, 선조는 1597년 1월 28일에 원균을 수군통제사로 삼으라는 교지를 내리고, 이순신을 전라 좌수사로 유임시키도록 했다가 이순신에 대한 사헌부의 탄핵이 계속되자, 2월 6일에 다시 전교했다.

"이순신을 잡아 올 때에 선전관에게 표신과 밀부를 주어 보내 잡아오도록 하고, 원균과 교대한 뒤에 잡아 올 것으로 말해 보내라. 또 이순신이 만약 군사를 거느리고 적과 대치하고 있다면 잡아 오기에 온당하지 못할 것이니, 전투가 끝난 틈을 타서 잡아 올 것도 말해 보내라."

이 명령에 따라 이순신은 한양으로 압송되어 왔다. 그리고 3월에 옥에 갇혔다가 정탁의 상소로 특별 사면되었다. 이후 백의종군에 처해졌는데, 이 과정은 일기에 기록되지 않았다. 이순신이 다시 일기를 쓴 것은 김옥에서 나온 1597년 4월 1일부터였다. 이날 유성룡과 정탁을 비롯한 여러 대신들이 사람을 보내 이순신을 문안했는데, 수하로 있던 이순신이 술을 가져와 그와 함께 술을 많이 마셔 땀으로 온몸을 적셨다는 기록을 남기고 있다.

그날 이후로 가는 곳마다 지인들과 술을 마셨고, 5일에는 아산 선영에 이르러 곡을 하고 6일에는 친척과 친구들이 모두 와서 모였다. 고향에서도 친구들이 너도나도 술을 가지고 찾아와서 위로한 까닭에 이순신은 며칠 동안 계속 술에 취해 지냈다. 그렇듯 아픔을 달래고 있는 사이 13일에는 모친의 부고를 접했다. 그는 모친상을 치르고 4월 19일에 길을 떠나 6월 8일에 경상도 초계에서 도원수 권율 휘하로 들어가 백의종군하였다.

원균의 전사, 일어서는 이순신

백의종군 중에도 이순신은 동료와 수하들에게 편지를 보내 전쟁 상황을 파악했다. 승려 처영은 이순신을 찾아와 전황에 대해 자세하게 전하고 원균의 행동들을 알려주기도 했다. 도원수 권율은 곧잘 수하를 보내 전쟁에 관한 조언을 구하기도 했다. 그는 때론 원균의 문제점을 지적하며 비판하기도 했다. 권율은 원균이 수하 장수들과 뜻이 달라 왜군과의 싸움을 그르칠 것이라는 장계를 올렸다는 말도 하였으며, 원균이 말을 듣지 않으므로 나머지 세 수사를 독촉하여 적을 칠 것이라는 말도 하였다.

이순신은 그런 말들을 들을 때마다 앞날을 걱정하였고, 때론 수하 장수들이 죽었다는 말을 들으면 슬픔에 사로잡히기도 했다.

1597년 6월 20일경에 도원수 권율은 도체찰사 이원익과 상의한 후 원균에게 출전 명령을 내렸다. 이 역시 왜군의 교란 작전에 말려든 일이었다. 당시 왜군 수장 가토는 간첩 요시라를 조선 진영에 파견하여 조선군의 움직임을 훤히 꿰뚫고 있었다. 하지만 권율은 그런 사실을 모르고 원균을 재촉했다. 원균은 명령을 어긴 죄로 이순신 꼴이 날까 두려워 공격을 감행했다. 하지만 첫 전투에서 적진을 공격하다 보성 군수 안홍국을 잃고 본진인 한산도로 돌아왔다. 이순신은 이 소식을 접하고 슬픈 마음을 이길 수 없다고 일기에 썼다. 이후 경상 우수사 배설이 원균의 명령을 받고 웅천을 기습하여 왜군을 공격하였으나 오히려 수십 척의 배를 잃고 퇴각하였다. 권율이 이에 대한 책임을 물어 원균에게 태형을 쳤다.

이후 원균은 급한 마음에 적 본진 부산을 급습하기 위해 삼도 수군 전함 160여 척을 이끌고 한산도를 떠났다. 하지만 부산에 채 이르기도 전에 적의 교란 작전에 말려 퇴각하였다. 퇴각 중에 가덕도에서 적의 복병을 만나 400여 명의 수하를 잃고 물러났다. 그리고 원균은 칠천량(거제 하청면)으로 이동하여 휴식을 취했다. 이때 왜군은 원균의 부대를 기습할 계획을 세우고 거제도 북쪽으로 이동하여 틈을 엿보고 있었다. 그리고 7월 15일 밤에 수륙 양면 작전으로 기습을 해왔다. 불시에 들이닥친 왜군의 대병에 당황한 원균은 수하들을 지휘하며 응전했으나 왜군의 기세를 당해낼 수 없었다.

이른바 칠천량해전으로 불리는 이 싸움에 대해 이순신은 7월 18일의 일기에 이렇게 기록하고 있다.

세벽에 이덕필, 번홍달이 외서 전하기를 16일 세벽에 수군이 기습을 받아 통제사 원균과 전라 우수사 이억기, 충청 수사(최호) 및 여러 장수들이 다수의 피해를 입고 수군이 크게 패했다는 것이었다. 듣자 하니 통곡함을 참지 못했다. 얼마 뒤 원수가 와서 말했다.

"일이 이미 여기까지 이르렀으니 어쩔 수 없다."

그러면서 오전 10시까지 이야기를 나누었으나 마음을 정하지 못했다. 나는 '내가 직접 해안 지방으로 가서 듣고 본 뒤에 방책을 정하겠다'고 말했더니 원수가 기뻐하기를 마지않았다. 나는 송대립, 유황, 윤선각, 방응원, 현응진, 임영립, 이원룡, 이희남, 홍우공과 함께 길을 떠나 삼가현에 이르니, 새로 부임한 수령이 나와서 기다리고 있었다.

이후로 이순신은 진주를 거쳐 21일에 노량에 이르렀다. 그곳엔 경상 수사 배설은 도망가서 보이지 않았고 우후 이의득이 찾아와 칠천량 전투 상황을 알려주며 울었다.

"대장 원균이 적을 보고 먼저 뭍으로 달아나고 여러 장수들도 모두 그를 따라 뭍으로 올라갔다가 이 지경에 이르렀습니다."

이의득과 영등포 만호 조계종, 거제 현령 안위를 비롯한 여러 장수들은 원균은 물론이고 전라 우수사 이억기를 비롯한 다수의 장수들이 모두 전사했다는 내용을 전하면서 대장 원균의 살점이라도 뜯어먹고 싶은 심정이라고 말했다. 다만 경상 수사 배설은 자기 휘하의 전선을 이끌고 먼저 달아났다고 했다.

배설은 이순신이 거제도에 와 있다는 소식을 듣고 22일에 찾아왔다. 조선 수군에 남아 있는 전선이라곤 배설과 함께 후퇴한 12척이 전부였다. 이순신은 통탄을 금하지 못했지만 냉정을 되찾고 다시 왜적과의 일전을 준비했다.

세계 해전사에 길이 남을 대사건, 명량대첩

며칠 뒤인 8월 3일, 선전관 양호가 달려와 왕의 교서와 유서를 전달했다. 다시 삼도 수군통제사가 되라는 내용이었다. 7월 22일에 선조는 이항복의 주장에 따라 그를 다시 전라좌도 수군절도사 겸 경상, 전라, 충청 삼도 통제사로 임명했는데, 이 교서와 명령서가 전달된 것이다. 이순신은 곧 흩어져 있던 패잔병들을 끌어모으고 숨어 있던 수하 관리와 장수들을 집결시켰다. 명령을 듣지 않는 자는 매를 쳐서 다스리고, 숨어 있던 자들은 스스로 나오게 하여 군사를 꾸리게 하였다. 군량을 훔쳐낸 자들은 형벌을 가하고 왜적이 왔다고 헛소문을 퍼뜨린 자들은 잡아다 효수하니, 비로소 민심이 안정되었다. 이순신은 벽파진에 머물면서 군비를 점검하고 왜군의 동태를 파악했다. 그때 경상 수사 배설은 군영을 이탈하여 도주해버렸다.

9월 7일에 정탐꾼 임중형이 와서 보고하였다.

"적선 55척 가운데 13척이 이미 어란 앞바다에 이르렀는데, 그 목적이 우리 수군에 있습니다."

임중형의 말대로 적선 13척이 오후에 공격을 가해왔다. 이순신이 망설이지 않고 맞서서 공격하니 적선이 배를 돌려 달아났다. 이순신은 야밤에 다시 적군이 공격해올 것으로 예상하고 만반의 준비를 했다. 예상대로 밤 10시경에 적선이 포를 쏘면서 습격해왔다. 휘하 군사들이 겁을 먹고 허둥대자, 이순신은 한 치의 물러섬도 있어서는 안 된다며 억공을 가하여 적선을 내쫓았다.

그로부터 며칠 동안은 왜적의 침입이 없었다. 왜적은 염탐선을 보내 조선 수군의 상황만 살피고 달아나곤 했다. 그런데 14일에 정탐꾼 임준영이 적선 55척이 어란 앞바다에까지 들어왔다고 보고했다. 또 적진에 붙잡혔다 살아온 김중걸이 왜장들이 조선 수군을 모조리 죽인 뒤 북진하여 한강으로 올라가려 한다고 보고했다. 이순신은 김중걸의 말을 믿을 수도 믿지 않을 수도 없다고 판단하여 일단 피난민들을 육지로 올라가게 하고, 전투 준비를 하였다.

이순신은 15일에 배를 거느리고 우수영 앞바다로 갔다. 휘하 전선은 13척이 전부였다. 칠천량의 패전 소식이 있을 때 선조는 조선 수군을 폐지하려고 했는데, 이때 이순신은 선조에게 장계를 올려 수군 폐지 불가론을 펼쳤다.

"지금 신에게는 아직도 전선 12척이 남아 있나이다. 죽을힘을 다하여 막아 싸운다면 능히 대적할 수 있습니다. 비록 전선의 수는 적지만 신이 죽지 않는 한 적은 감히 우리를 업신여기지 못할 것입니다."

당시 12척은 병을 핑계로 도주한 경상 수사 배설 휘하의 배였고, 이후에 한 척을 보태 13척이 된 것이다.

이순신은 명량을 앞에 두고 조류를 이용하여 적을 치기로 작정했는데, 명량의 물살이 빠르기 때문에 적은 숫자로 명량을 등지고 진을 칠 수 없었기 때문이라고 적고 있다.

16일 아침에 망보는 군사가 전하기를 200여 척의 적선이 명량을 거쳐 곧 조선 수군 진영으로 쳐들어올 것이라고 보고했다. 이순신은 이미 전날 밤에 적군이 침입해올 것을 예상하며 수하들에게 죽기를 각오하고 싸울 것을 다짐했다.

"병법에 이르기를 반드시 죽고자 하면 살고 반드시 살고자 하면 죽는다고 하였다. 한 사람이 길목을 지키면 천 명을 두렵게 할 수 있다고도 했는데, 이는 오늘의 우리를 두고 하는 말이다. 너희 여러 장수들이 조금이라도 명령을 어기는 일이 있다면 즉시 군율을 적용하여 조금도 용서치 않을 것이다."

이순신은 다시 한번 제장들을 불러 결의를 다진 후 출전 명령을 내렸다. 이른바 명량대첩의 시작이었다. 이 상황을 이순신은 이렇게 적고 있다.

여러 장수들을 불러 거듭 약속하고 닻을 올려 바다로 나가니 133척이 우리의 배를 에워쌌다. 지휘선이 홀로 적선 속으로 들어가 포탄과 화살을 비바람같이 쏘아댔지만 여러 배들은 바라만 보고서 진군하지 않아 일을 장차 헤아릴 수 없었다. 배 위에 있는 군사들이 서로 돌아보며 놀란 얼굴빛이 질려 있었다.

나는 부드럽게 타이르면서 '적이 비록 천 척이라도 감히 우리 배에는 곧바로 덤벼들지 못할 것이니, 조금도 동요하지 말고 힘을 다해 적을 쏘아라'라고 말했다. 그러고서 여러 배들을 돌아보니, 1마장쯤 물러나 있었고, 우수사 김억추가 탄 배는 2마장 밖에 떨어져 있었다.

배를 돌려 곧장 중군 김응함의 배로 가서 먼저 목을 베어 효시하고자 했으나 내 배가 머리를 돌리면 여러 배들이 차츰 더 멀리 물러나고 적선이 점차 다가와서 사세가 낭패될 것이다. 중군의 군령 내리는 기와 초요기를 세우니 김응함의 배가 점차 내 배로 가까이 오고 거제 현령 안위의 배도 왔다. 내가 뱃전에 서서 직접 안위를 불러 말하기를 '네가 억지를 부리다 죽고 싶으냐?'고 하였고, 다시 불러 '안위야, 군법에 죽고 싶으냐? 물러나 도망가면 살 것 같으냐?'고 했다. 이에 안위가 황급히 적과 교전하는 사이를 곧장 들어갔다. 또 김응함을 불러서 말하기를 '너는 중군장이 되어서 멀리 피하고 대장을 구하지 않으니, 그 죄를 어찌 면할 것이냐? 당장 처형하고 싶지만 적의 형세가 또한 급하므로 우선 공을 세우게 해주마'라고 하였다.

그리하여 두 배가 먼저 교전하고 있을 때 적장의 배가 그 휘하의 배 2척에 지령하니, 한꺼번에 안위의 배에 개처럼 달라붙어서 기어가며 다투어 올라갔다. 이에 안위와 그 배에 탄 군사들이 각기 죽을힘을 다해서 혹 몽둥이를 들거나 혹 긴 창을 잡거나 혹 반들거리는 돌로 무수히 난격하였다. 배 위의 군사들이 거의 힘을 다하고, 안위의 격군 7, 8명은 물에 뛰어들어 헤엄치니 거의 구할 수 없었다. 나는 배를 돌려 곧장 안위의 배가 있는 곳으로 들어갔다. 안위의 배 위에 있는 군사들은 죽기를 각오한 채 마구 쏘아대고 내가 탄 배의 군관들도 빗발치듯 어지러이 쏘아댔다.

적선 3척이 거의 뒤집혔을 때 녹도 만호 송여종, 평산포 대장 정응두의 배가 잇달아 와서 협력하여 적을 쏘아 죽이니 한 놈도 살아남지 못하였다.

항복한 왜인 준사는 안골에 있는 적진에서 투항해 온 자인데, 내 배 위에 있다가 바다를 굽어보며 말하기를 '무늬 놓인 붉은 비단옷 입은 자가 바로 안골진에 있던 적장 마다시馬多時입니다'라고 말했다. 내가 선원 김돌손을 시켜 갈구리로 낚아 뱃머리에 올리게 하니, 준사가 날뛰면서 '이자가 마다

시입니다'라고 말하였다. 그래서 바로 시체를 토막 내라고 명령하니, 적의 기세가 크게 꺾였다. 우리의 여러 배들은 적이 침범하지 못할 것을 알고 일시에 북을 울리고 함성을 지르며 일제히 나아가 각기 지자, 현자총통을 쏘니 소리가 산천을 뒤흔들었고, 화살을 빗발처럼 쏘아대어 적선 31척을 쳐부수자 적선들은 후퇴하여서 다시는 가까이 오지 못하였다.

이것이 《난중일기》에 기록된 명량대첩의 내용이다. 명량대첩에 대해 《선조실록》엔 그해 11월 10일의 기사에 다음과 같은 기록이 보인다.

삼도 수군통제사 이순신의 치계에 의하면 '한산도가 무너진 이후 병선과 병기가 거의 다 유실되었습니다. 신이 전라우도 수군절도사 김억추 등과 전선 13척, 초탐선 32척을 수습하여 해남현 해로의 요구要口를 차단하고 있었는데, 적의 전선 130여 척이 이진포 앞바다로 들어오기에 신이 수사 김억추, 조방장 배흥립, 거제 현령 안위 등과 함께 각기 병선을 정돈하여 진도 벽파정 앞바다에서 적을 맞아 죽음을 무릅쓰고 힘껏 싸운바, 대포로 적선 20여 척을 깨뜨리니 사살이 매우 많아 적들이 모두 바다 속으로 가라앉았으며, 머리를 벤 것도 8급이나 되었습니다. 적선 중 큰 배 한 척이 우보羽葆(새털로 만든 의장)와 홍기紅旗를 세우고 청라장靑羅帳(푸른 비단 휘장)을 두르고서 여러 적선을 지휘하여 우리 전선을 에워싸는 것을 녹도 만호 송여종·영등 만호 정응두가 잇따라 와서 힘껏 싸워 또 적선 11척을 깨뜨리자 적이 크게 꺾였고 나머지 적들도 멀리 물러갔는데, 진중에 투항해 온 왜적이 홍기의 적선을 가리켜 안골포의 적장 마다시라고 하였습니다. 노획한 적의 물건은 화문의畫文衣·금의錦衣·칠함漆函·칠목기漆木器와 장창長槍 두 자루입니다' 하였는데, 이미 절차대로 자보咨報하고 사실을 확인하였습니다. 지금 앞서의 연유에 따르면, 한산도가 무너진 이후부터 남쪽의 수로에 적선이 종횡하여 충돌이 우려되었으나 현재 소방의 수군이 다행히 작은 승리를 거두어서 적봉賊鋒이 조금 좌절되었으니, 이로 인하여 적선이 서해에는 진입하지 못할 것입니다.

실록의 이 기록이 '조금', '작은 승리' 등으로 기록하여 평가기 미진하다고 여겼는지, 《선조수정실록》 1597년 9월 기사에 다음과 같이 실려 있다. (《선조실록》의 기록에서 새롭게 확인할 수 있는 내용은 13척의 전선 외에 초탐선 32척이 있었다는 사실이다.)

통제사 이순신이 진도 벽파정 아래에서 적을 격파하여 왜장 마다시를 죽였다.
순신이 진도에 도착해 병선을 수습하여 10여 척을 얻었다. 이때 배를 타고 피난해 있던 연해의 사민士民들이 순신이 왔다는 말을 듣고는 기뻐하였다. 순신은 길을 나누어 그들을 불러 모아 군대 후면에 있으면서 군사의 형세를 돕도록 했다. 적장 마다시는 수전을 잘한다고 소문난 자인데, 200여 척을 거느리고 서해를 범하려고 하여, 벽파정 아래에서 접전하게 되었다. 순신은 12척의 배에다 대포를 싣고는 조수를 타고 순류順流하여 공격하니, 적이 패주하였으므로, 수군의 명성이 크게 진동하였다.

명량대첩은 13척의 배로 133척을 상대하여 완벽하게 이긴 전투였다. 왜선 31척이 부서지는 동안 조선 수군의 배는 단 한 척도 부서지지 않았으니, 세계 해전사에 길이 남을 대사건이었다.
(이 싸움에서 죽은 적장 마다시의 진짜 이름은 구루시마라고 한다. 이순신은

'명량대첩'이 기록된 정유년 일기를 두 번 작성했다. 첫 번째 작성한 것은 1597년 4월 1일부터 10월 8일까지의 기록이고, 두 번째 수정하여 작성한 것은 8월 4일부터 12월 30일까지의 기록이다. 그리고 명량대첩의 내용도 일부 수정했다. 첫 번째 작성한 부분에선 주로 자신의 전선을 포함한 안위와 김응함의 전선을 합쳐 세 전선이 대개 싸운 것으로 기록하고 있고, 두 번째 교정한 일기에서는 나머지 전선들이 협공하여 적을 궤멸시키는 과정까지 기록하고 있다. 아마도 처음 일기 내용 중에 빠트린 것이 있다는 판단 아래 두 번째 수정 일기를 남긴 듯하다. 여기에서는 두 내용이 겹치는 부분과 겹치지 않는 부분을 살펴서 양쪽 일기의 주요 부분을 합쳐서 옮겨 적었다.)

울음소리로 가득 채운 노량 앞바다

명량대첩 이후 일본 수군은 함부로 준동하지 못했다. 그리고 이순신 진영으로 주변 고을의 양반들이 찾아와 양식을 지원하고 축하했다. 또한 300여 척의 피난선도 합류했다.

　그 무렵, 일본군은 육지에서 민가를 습격하여 약탈을 일삼고 있었다. 이순신의 아산 본가도 왜적에게 침탈당해 잿더미가 되었다고 했다. 이순신은 이 때문에 몹시 불안한 심정을 일기에 쓰고 있다. 그리고 10월 14일 새벽에 이순신은 불길한 꿈을 꾸었다. 꿈속에 그는 말을 타고 가다가 냇물에 떨어졌는데, 갑자기 막내아들 면의 모습을 보고 놀라 깨어났다. 그날 그의 막내아들 면이 전사했다는 통보가 왔다. 이순신은 목 놓아 통곡하며 자신의 심정을 글로 남겼다.

하늘이 어찌 이다지도 인자하지 못하신고. 간담이 타고 찢어지는 듯하다. 내가 죽고 네가 사는 것이 이치에 마땅하거늘, 네가 죽고 내가 살았으니, 이런 어긋난 이치가 어디 있겠는가? 천지가 캄캄하고 해조차도 빛이 변했구나. 슬프다, 내 아들아! 나를 버리고 어디로 갔느냐? 영특한 기질이 남달라서 하늘이 이 세상에 머물러 두지 않는 것이냐. 내가 지은 죄 때문에 화가 네 몸에 미친 것이냐, 이제 내가 세상에 살아 있은들 누구에게 의지할 것인가. 너를 따라 죽어 지하에서 함께 지내고 함께 울고 싶건만, 네 형, 네 누이, 네 어미가 의지할 곳이 없어 아직은 참고 연명한다마는 내 마음은 죽고 형상만 남은 채 부르짖어 통곡할 따름이다. 하룻밤 지내기가 한 해를 지내는 것 같구나.

전쟁 중에 무수한 적들을 죽이고, 무수한 수하와 백성들의 죽음을 보았지만 막상 사랑하는 아들이 죽었다는 소식을 듣고 아비의 마음으로 돌아가 이순신은 꺼이꺼이 울며 통곡하였다. 전쟁 통에 어머니와 아들까지 잃었으니, 그 비통한 마음이야 무엇으로 표현하겠는가? 《난중일기》의 그 어느 문장을 살펴봐도 이순신이 이처럼 비통해하는 심정을 담은 곳은 없었다. 그 원통하고 비통한 심정이 얼마나 심했던지 며칠 뒤에는 코피를 한 되나 쏟아냈다. 이순신은 모친상을 당한 이후로 일절 육식을 하지 않았는데, 그 때문에 건강이 크게 악화된 상태였다. 설상가상으로 아들을 잃은 슬픔까지 겹치자 코피가 쏟아졌던 것이다.

하지만 아들의 죽음을 슬퍼할 겨를도 없이 전장과 관련한 보고들이 계속 쌓였다. 달아난 관리들을 처결하고, 왜군에게 붙어먹던 자들을 잡아 와 처형해야 했다.

그 무렵 명나라 수군이 강화도에 도착했다는 소식이 들렸다. 명나라 수군은 곧 조선 수군과 합류할 예정이라고 하면서 선전관을 통해 전선을 정박할 곳을 물색하고 있었다. 이후 진린이 이끄는 명나라 함대가 이순신이 머물고 있는 완도군 고금도로 와서 합류했다.

1598년 무술년의 《난중일기》는 1월 2일, 4일에 한 문장씩 기록을 남겼고, 바로 9월 15일로 이어진다. 이때 이순신은 명나라 도독 진린과 함께 왜군을 협공할 계획을 세우고 있었다. 처음에 진린은 이순신에 대한 감정이 좋지 않았으나 이순신이 전공을 양보하고 여러 면에서 덕을 베풀자 관계가 돈독해졌다. 일본군의 수장 고니시는 이순신과 진린을 이간시키기 위해 진린에게 뇌물을 써서 퇴각을 요청하기도 했는데, 이순신의 강한 반발로 진린이 마음을 돌렸다. 이후로 이순신과 진린은 왜적을 상대로 치열한 싸움을 전개했다. 그런 가운데 10월 6일에 도원수 권율로부터 명나라 육군 제독 유정이 달아나려 한다는 편지를 받고 몹시 통분할 일이라는 글을 남기고 있다. 이후 유정은 정말 군대를 철수해버렸다.

하지만 진린은 이순신에게 일본군이 철수하여 도주하려 한다면서 함께 진군하여 길을 막자고 제의했다. 이순신은 이 제의를 받아들여 진린과 연합하여 11월 10일에 여수 앞바다에 진을 쳤다. 일본군은 그해 8월 18일에 도요토미 히데요시가 사망하자, 철군을 결정했지만 이순신이 바다를 가로막고 있어 쉽게 돌아갈 수 없었다. 11월 14일에 마음이 급해진 적장 고니시가 보낸 왜군 장수가 두 척의 배에 나눠 타고 진린을 찾아와서 강화하자는 뜻을 전했다. 고니시는 이후에도 여러 차례에 걸쳐 진린에게 돼지를 잡아다 바치면서 계속 강화하자고 하였다. 그래서 진린은 왜군 통신선 한 척을 빠져나가게 한 뒤, 이순신에게 뒤늦게 알렸다.

진린이 빠져나가게 한 통신선은 주변에 흩어져 있던 왜군들을 결집하여 조선과 명나라 연합 수군을 공격하면서 퇴각하려는 계획을 알리는 임무를 띠고 있었다. 때문에 진린이 내보내준 통신선은 조명 연합 함대를 위험에 빠트리는 결과를 낳는다.

이후, 이순신의 《난중일기》는 11월 17일까지 이어진다. 이 11월 17일의 일기가 이순신이 남긴 마지막 일기였다. 이순신은 왜군 통신선이 빠져나갔다는 말을 듣고, 왜군 함대가 대대적인 공격을 해올 것으로 예상했다. 그의 예상대로 11월 18일 밤 500여 척의 왜선이 집결하여 공격을 가해왔다. 이에 대항하여 이순신과 진린의 함대 200여 척은 그들의 공격을 막아내고 퇴로를 차단하고자 했다. 양쪽 함대가 맞부딪친 곳은 경상남도 남해도와 하동 사이의 해협인 노량 앞바다였다.

전투는 밤새도록 이어졌다. 19일 새벽에 이르러서는 왜선 200여 척이 침몰하거나 파손되었고, 100척은 나포되었다. 그리고 나머지 200여 척은 남해도의 관음포 쪽으로 도주했다. 이순신은 대장기를 앞세우고 달아나는 왜선을 추격하였다. 조선군은 불화살과 화포로 왜선을 집중 공략하였고, 왜선은 조총으로 강력하게 저항하며 달아났다. 그 와중에 이순신이 왜군이 쏘아대던 탄환에 몸을 내주고 쓰러졌다. 이순신은 죽음이 임박했지만 자신의 죽음 소식이 알려지면 수하들의 사기가 떨어질까 염려하여 이런 말을 남겼다.

"싸움이 급하니 내가 죽었다는 말을 하지 말라."

이것이 그의 마지막 유언이었다. 전쟁 영웅 이순신은 그렇게 갔다. 이순신이 죽은 뒤의 상황에 대해 서애 유성룡은 《징비록》에 다음과 같은 기록을 남겼다.

이순신은 부하들에게 이렇게 말하고 숨을 거뒀다. 이순신의 형의 아들 이완은 평소에 겁이 없고 용감하며 마음이 넓은 사람이었다. 그는 이순신의 죽음을 숨기고 이순신의 명령이라고 하며 더욱 열심히 싸움을 감독하고 격려했다. 그래서 싸우고 있던 군사들은 아무도 이순신의 죽음을 몰랐다. 이때 진린이 탄 배가 일본군에게 포위당했다. 이완은 이것을 보고 군사들을 지휘하여 진린을 구해냈다. 일본군이 흩어져 달아난 뒤에 진린은 사람을 이순신에게 보내 자기를 구해준 것에 대해 감사의 인사를 했다. 그런데 이때 비로소 이순신이 죽은 것을 알고서 앉아 있던 의자에서 펄썩 바닥으로 주저앉으며 말했다.

"나는 장군이 와서 나를 구해준 것으로 알았는데, 어쩌다가 돌아가셨단 말입니까?"

진린이 가슴을 치며 통곡하니 모든 군사가 다 울어 그 울음소리가 바다 가운데 진동하였다.

그때 순천 예교鬼橋에서 봉쇄당한 채 머물러 있던 고니시 부대는 남해도 남쪽을 지나 퇴로를 확보하고 시마쓰의 군대와 함께 부산에 결집한 뒤, 가까스로 철수했다. 그렇게 이순신의 죽음과 함께 7년간 지속되던 조일전쟁도 종결되었다. 이순신이 1545년생이니, 이때 그의 나이 54세였다.

그의 죽음에 대한 애석한 심정을 《선조실록》을 편찬한 사관의 글로 대신한다.

이순신은 사람됨이 충성스럽고 용맹스러우며 재주와 방략도 있었다. 기율紀律을 밝히고 군졸을 사랑하니 사람들이 모두 즐겨 따랐다. 전일 통제사 원균은 비할 데 없이 탐학하여 크게 군사들의 인심을 잃고 사람들이 모두 그를 배반하여 마침내 정유년 한산의 패전을 가져왔다. 원균이 죽은 뒤에 이순신으로 대체하자 순신이 처음 한산에 이르러 남은 군졸들을 수합하고 무기를 준비하며 둔전을 개척하고 생선과 소금을 판매하여 군량을 넉넉하게 하니 불과 몇 개월 만에 군대의 명성이 크게 떨쳐 범이 산에 있는 듯한 형세를 지녔다. 지금 예교의 전투에서 육군은 바라보고 전진하지 못하는데, 순신이 중국의 수군과 밤낮으로 혈전하여 많은 왜적을 참수하고 획득하였다. 어느 날 저녁 왜적 4명이 배를 타고 나갔는데, 순신이 진린에게 고하기를 '이는 반드시 구원병을 요청하려고 나간 왜적일 것이다. 나간 지가 벌써 4일이 되었으니 내일쯤은 많은 군사가 반드시 이를 것이다. 우리 군사가 먼저 나아가 맞이해 싸우면 아마도 성공할 것이다' 하니, 진린이 처음에는 허락하지 않다가 순신이 눈물을 흘리며 굳이 청하자 진린이 허락하였다. 그래서 중국군과 노를 저어 밤새도록 나아가 날이 밝기 전에 노량에 도착하니 과연 많은 왜적이 이르렀다. 불의에 진격하여 한참 혈전을 하던 중 순신이 몸소 왜적에게 활을 쏘다가 왜적의 탄환에 가슴을 맞아 선상에 쓰러지니 순신의 아들이 울려고 하고 군사들은 당황하였다. 이문욱이 곁에 있다가 울음을 멈추게 하고 옷으로 시체를 가려놓은 다음 북을 치며 진격하니 모든 군사가 순신이 죽지 않았다고 여겨 용기를 내어 공격하였다. 왜적이 마침내 대패하니 사람들은 모두 '죽은 순신이 산 왜적을 물리쳤다'고 하였다.

부음이 전파되자 호남의 사람들이 모두 통곡하여 노파와 아이들까지도 슬피 울지 않는 자가 없었다. 국가를 위하는 충성과 몸을 잊고 전사한 의리는 비록 옛날의 어진 장수라 하더라도 이보다 더할 수 없다. 조정에서 사람을 잘못 써서 순신으로 하여금 그 재능을 다 펴지 못하게 한 것이 참으로 애석하다. 만약 순신을 병신년(1596년)과 정유 연간에 통제사에서 체직시키지 않았더라면 어찌 한산의 패전을 가져왔겠으며 양호兩湖(호남과 충청)가 왜적의 소굴이 되겠는가. 아, 애석하다.

조선 역사서의 실질적 최고봉
이긍익의《연려실기술》

조선사를 익히는 데 가장 요긴한 책

처음에 이 책을 만들 때에 가까운 친구들이 남에게 보이지 말라고 권고하는 이들이 간혹 있었다. 나는 '남이 이 책을 알지 못하기를 바란다면 만들지 않는 것이 옳고, 만들어놓고서 남이 알까 두려워한다면 도道를 좋아하는 것이 아니다'라고 답했다.

이긍익의《연려실기술練藜室記述》서문 격인 '의례'에 나오는 내용이다. 왜 그의 지인들은 이 책을 보고 남에게 보이지 말라고 했을까? 그것은 이 책이 조선 시대 당대의 역사였기 때문이다. 그것도 태조로부터 숙종에 이르는 역사를 총 59권이라는 방대한 분량으로 편찬했다. 편찬자 이긍익은 영조 12년인 1736년에 태어나 순조 6년인 1806년까지 살았던 인물인데,《연려실기술》은 그가 마흔한 살 되던 해인 영조

52년(1776년)에 완성된 책이다. 영조가 누구인가? 바로 현종의 손자이고 숙종의 아들 아닌가? 그런데 그 아들이 왕위에 있는 상황에서 숙종의 역사까지 책에 담았으니, 위험천만한 일이 아니겠는가? 숙종 재위 기간은 붕당 간의 엄청난 정쟁이 있었던 시대였다. 더구나 이긍익의 집안은 소론 집안이었다. 또한 그의 아버지 이광사는 나주괘서 사건에 연루되어 유배지에서 생을 마감했다. 나주괘서 사건은 흔히 '윤지의 난'이라고 불리는데, 1755년에 발생한 일종의 역모 사건이었다. 이 사건으로 소론의 명문가들이 상당수 몰락했다. 이긍익 집안 또한 이 사건의 피해자였다. 나주 사건 이후 노론이 득세하여 소론 가문들이 몸을 사리고 있었던 사실을 고려한다면 소론 출신의 이긍익이 서인이 노론과 소론으로 갈려 치열하게 싸우던 숙종 대의 역사서를 낸다는 것은 목숨을 건 일이나 다름없었다. 그래서 주변 친구들이 남에게 보이지 말라고 했던 것이다.

하지만 이긍익은 이 책을 출간하는 데 조금의 망설임도 없었다. 남에게 보이지 않을 것 같으면 아예 책을 만들지 말아야 하고, 책을 만들었으면 당연히 남에게 보여야 한다는 것이 그의 소신이었다.

필자는 이 책을 처음 접했을 때, 대단히 놀랍고 신기했다. 필자가 접한 《연려실기술》은 1966년 12월 30일에 민족문화추진회 이름으로 초판이 발행된 뒤, 1977년에 수정 3판으로 발행된 것이었다. 12권으로 된 이 책은 원문과 번역문을 모두 담고 있으며, 분량은 권당 700페이지 정도 된다. 이 책을 읽으면서 필자는 이긍익이 매우 독특한 편찬 방식을 택한 사실을 알았다. 《연려실기술》 속에 이긍익이 직접 쓴 글은 서문에 해당하는 '《연려실기술》 의례'밖에 없다. 그리고 본문은 모두 다른 사람의 저서에서 옮겨온 것이었다. 옮기는 과정에서 필요에 따라 요약하기도 하였으나 그 내용의 끝에는 반드시 출전을 밝히고 있다. 이런 작업을 위해 이긍익이 인용한 책은 무려 400권이 넘는다. 그중에는 일기도 있고, 문집도 있으며, 야사와 정사도 있다.

필자는 이 책을 읽어가면서 차라리 직접 서술하는 것이 더 쉽겠다는 생각을 했다. 이긍익은 '기사본말체記事本末體'라는 독특한 서술 방식을 택했는데, 기사본말체란 역대의 중요 사건별로 항목을 만들어놓고, 그 전말에 관한 사료를 채워 내용을 알려주는 방식이다. 말하자면 다른 사람이 쓴 사료를 인용하는 방식으로 사건의 전말을 소개하는 필법인 것이다. 이 글들을 읽어가면서 필자는 차라리 직접 쓰는 편이 쉽겠다는 생각을 했다. 사건의 시작과 전개 과정 그리고 결말을 수백 권의 사료를 인용하여 객관화하는 것보다는 차라리 그 사료들을 보고 쓰는 것이 낫겠다고 생각한 것이다. 수백 권의 책 속에서 일일이 그 사료를 찾아내고, 그것을 다시 사건의 순서대로 정리하고, 또 시각이 다른 것을 별도로 모아 정리하여 일일이 베껴서 편집하는 것보다 직접 자신의 문장으로 정리하는 편이 훨씬 수월할 것이기 때문이다.

이런 방식을 취한 이유에 대해 이긍익은 스스로 '의례'에서 밝히고 있다.

"각 조마다 인용한 책 이름을 밝혔으며, 말을 깎아 줄인 것은 비록 많았으나, 감히 내 의견을 붙여 논평하지는 아니하였으며 '술이부작述而不作'의 공자의 뜻을 따랐다."

술이부작, 즉 '기술하지만 지어내지는 않는다'는 말은 공자가 《춘추》를 편찬할 때 세운 원칙이었다. 이는 철저히 자신의 시각을 배제하고 사료에만 의존하여 객관성을 확보하기 위한 것이다.

이긍익은 또 객관성을 유지하기 위해 자신의 사상과 당색을 철저히 배제했다면서 이렇게 말한다.

"동서 당파가 나눠진 뒤로 이편저편의 기록에 헐뜯는 것, 칭찬한 것이 서로 반대되어 있는데, 편찬하는 이들이 한편에만 치우친 이가 많았다. 나는 모두 사실 그대로 수록하여 뒤에 독자들이 각기 옳고 그른 것을 판단하기에 맡긴다."

조선 시대뿐 아니라 현대에 와서도 좌우 논쟁을 중심으로 학자들은 물론이고 정치인, 시민 단체, 심지어 개인에 이르기까지 편이 갈라져 극렬한 다툼을 지속하고 있다. 그 때문에 어떤 역사 사건이라도 자기편에 유리한 것만 보고 자기편에 필요한 만큼만 이용하려는 경향이 짙다. 특히 일제강점사와 해방 이후의 현대사를 해석하는 데 있어서는 감정을 앞세우고 첨예하게 대립하고 있다. 그런 의미에서 보자면 이긍익의 이런 정신이 가장 필요한 시대가 아닌가 싶다. 역사서를 쓰는 사람에게 가장 중요한 태도는 어느 한쪽으로 치우치지 않고 객관적 사실을 바탕으로 균형을 유지하는 것이기 때문이다.

이긍익의《연려실기술》이전에도 기사본말체를 사용하여 객관적 기술을 시도한 역사서가 없었던 것은 아니었다. 서문중의《조야기문》이 바로 그 책인데,《연려실기술》이전에 기사본말체로 편찬된 유일한 책이었다.《조야기문》은 태조에서 인조까지의 역사를 다루고 있는데,《연려실기술》에 비해 내용이 부족하고, 전체적으로 부실한 부분이 많아 완성도에 있어서는《연려실기술》에 한참 못 미친다.

비록 기사본말체는 아니더라도 이긍익 이전에 조선사를 다룬 서적들이 있었는데,《연려실기술》에 비할 바가 못 되는 책들이다. 이에 대해 이긍익은 그 책들에 이런 평가를 내리고 있다.

"《대동야승》이나《소대수언》같은 것은 여러 사람들이 지은 책을 모으기만 하였기 때문에 산만하여 계통이 없고 또 말이 중복된 것이 많아 열람하거나 상고하기가 어렵다.《춘파일월록》과《조야첨재》같은 것은 편년체로 썼는데, 자료 수집은 다 하지 않고 빨리 책을 만들어 냈으므로 상세한 곳은 지나치게 상세하고, 허술한 곳은 너무 허술하여 조리가 서지 않는다.《청야만집》은 사실史實이 상세하지 않고 다른 문집에 있는 역사 인물에 관한 논평을 많이 실었기 때문에 그 논평만 중시되고 사실을 빠트린 것이 많다.”

《대동야승》은 영조 초에 편찬된 것으로 각종 야사 59종의 모음집인데, 편찬자는 알려지지 않았다. 필자도 색인을 포함하여 원문 영인본과 번역본으로 된 18권의《대동야승》을 소장하고 읽은 바 있는데, 이긍익의 말처럼 그저 야사 모음집에 지나지 않는다.《소대수언》은 현종 시대에 정도응이 편찬한 것인데 역시 야사 모음집이고《대동야승》에 모두 수록된 책들로 구성되었다.《춘파일월록》은 효종 대에 이성령이 쓴 편년체 역사서인데, 필사본만 남아 있어 구해 보기가 쉽지 않은 책이다.《조야첨재》는 영조 초에 편찬된 책인데 편찬자는 알 수 없고, 태조부터 숙종까지의 사실史實만 기록하고 역사 인물이나 사건에 대한 상세한 기록은 없다.《청야만집》은 영조 때 이희겸이 편찬한 것인데, 야사를 뽑아 연대순으로 엮은 책이다.

언급한 책들은 이긍익의 평가대로 한계가 뚜렷하고 여러 면에서 역사서로는 미진한 책들이다. 하지만《연려실기술》은 조선 시대에 출간된 역사서 중에 최고봉이라 할 만하다.

조선 역사서의 최고봉이라 하면 누구나《조선왕조실록》을 거론할 것이다. 문화적 위상이나 자료적 가치 측면에서 보자면 이를 부정할 사람은 없다. 하지만 책으로서는 그렇지 않다. 책을 읽는 독자의 입장에서 보자면《조선왕조실록》은 너무나 방대한 분량이고, 편년체라는 형식 때문에 읽기 어려운 체계를 가지고 있다. 거기다 승자 위주로 기술된 부분이 많아 사건에 따라서는 그 내막을 알기가 어렵다.

《연려실기술》은《조선왕조실록》의 이런 문제점들을 보완하기에 딱 좋은 책이다. 더구나《조선왕조실록》은 국가가 수백 년에 걸쳐 만든 기록 중심의 보관용 책인 데 반해《연려실기술》은 개인이 객관적 자료를 바탕으로 사건마다 기승전결을 뚜렷하게 드러낸 독자 중심의 책이다. 그런 의미에서 보자면《연려실기술》이 조선 역사서의 실질적 최고봉이라고 해도 과언이 아니다. 또한 필자 같은 역사 학도가 조선사를 파악하는 데도 이 책만큼 요긴한 책을 보지 못했다. 거기다《조선왕조실록》에 없는 내용도 많기 때문에 조선사에 대한 새로운 시각을 형성하거나 당시의 민심을 파악하는 데도 매우 요긴하다. 또 하나 요긴한 점이 있다면 사건에 등장하는 인물의 이름을 직접 썼기 때문에 관련 인물을 파악하기가 매우 쉽다는 점이다. 조선 시대 대부분의 야사나 문집에서는 사건 당사자의 이름을 직접 쓰지 않고 호나 자字로 대신하는데, 이 때문에 호나 자를 모르면 그 인물이 누구인지 다시 찾아봐야 하는 수고로움이 있다. 그런데 이긍익은 '인물의 호칭에 있어서 비록 이름난 재상과 큰 선비일지라도 모두 이름을 그대로 썼으니, 독자는 그것을 외람되다 하지 말고 용서할지어다'라고 하면서 신분 고하를 막론하고 이름을 사용하여 서술한 덕분에 읽기가 매우 수월했다.

하지만《연려실기술》은 평균 700페이지의 책으로 11권이나 되는 방대한 분량이므로 전문적으로 역사 공부를 하는 사람이 아니라면 쉽게 탐독하기 힘들다. 또한 그 방대한 분량으로 인해 내용들을 일일이 소개하기도 쉽지 않다. 그래서《조선왕조실록》과《연려실기술》의 차이를 보여주는 몇 가지 이야기를 서술한 뒤,《연려실기술》의 탁월한 구성과 효용성을 설명하는 것으로 소개를 대신하고자 한다.

정도전에 대한 엇갈린 평가

《연려실기술》을 읽는 즐거움은 무엇보다 야사를 풍성하게 접할 수 있다는 데 있다.《조선왕조실록》에서는 볼 수 없는 야사들을 통해 역사 인물이나 사건에 대해 실록에서 보지 못했던 이면들을 만날 수 있었으며, 그 이면들을 통해 조선사를 다른 눈으로 볼 수 있는 시각을 가질 수 있었다. 하지만 때론 한 인물을 두고 야사와 정사가 전혀 다른 평가를 내리기도 한다. 야사에서 상당히 긍정적으로 묘사된 덕분에 많은 국민에게 사랑을 받는 역사 인물들이 막상 실록 속에서는 매우 부정적인 일들을 저지른 경우도 있고, 실록에서는 아주 형편없는 인물로 묘사된 사람이 야사에서는 아주 도량 넓은 인물로 서술된 경우도 있기 때문이다. 따라서 역사를 공부하는 사람은《연려실기술》의 내용을 실록에서도 반드시 확인하여 양쪽의 평가를 대조할 필요가 있다.

실록은 조선 개국의 1등 공신이자 조선의 설계자로 불리는 정도전의 졸기에 '도량이 좁고 시기가 많았으며, 또한 겁이 많아서 반드시 자기보다 나은 사람들을 해쳐서 그 묵은 감정을 보복하고자 매양 임금에게 사람을 죽여 위엄을 세우기를 권고하였다'면서 정도전의 인격을 매우 비판적으로 서술하고 있다.《연려실기술》은 서거정의《필원잡기》의 내용을 인용하여 정도전을 다음과 같이 묘사하고 있다.

일찍이 공이 관청에 나오는데, 한쪽은 흰 신을 신고 한쪽은 검은 신을 신었다. 공석에 앉자, 따라온 아전이 그 사실을 고하니, 공이 내려다보며 한 번 웃고, 집으로 돌아올 때에 말에 앉아 웃으면서 하인에게 말했다.

"너는 내 신의 검고 흰 것을 괴상하게 여기지 말라. 왼쪽에서는 흰 것만 보고 검은 것은 보지 못할 것이며, 오른쪽에서는 검은 것만 보고 흰 것은 보지 못할 것이니 걱정할 것 없다."

그가 겉치레를 아니 하는 것이 이러하였다.

《필원잡기》의 이 내용은 정도전이 형식을 중시하지 않고 도량이 넓은 인물이었음을 이 일화를 통해 전하고자 했던 것이다. 또 《연려실기술》은 《행록》을 인용하여 정도전에 대해 '문학을 잘하므로 명성이 있었고, 후진을 가르치고 이단을 물리치는 것을 자신의 책무로 알았다. 문집이 있어 세상에 퍼지고 있다'며 매우 긍정적으로 평가하였다. 또 실록에서는 정도전의 죽음에 대해 '남은 등과 더불어 어린 서자의 세력을 믿고 자기의 뜻을 마음대로 행하고자 종친을 해치려고 모의하다가 자신과 세 아들이 모두 죽음에 이르렀다'고 쓰고 있었다. 《연려실기술》은 '아들 유, 영과 함께 태종에게 죽임을 당하고 진은 형조판서까지 하였다'고 씀으로써 정도전이 역적모의를 하다가 죽은 것으로 묘사하고 있지 않다. 그저 사실관계만 썼을 뿐 정도전이 역모를 꾀했다고 보지 않은 것이다. 필자는 실록의 내용은 태종의 입장에서만 서술되어 역사를 왜곡한 측면이 있고 이긍익은 이 점을 바로잡은 것이라고 판단했다.

황희의 너그러운 성정을 확인할 수 있는 일화들

황희는 관후하고 침중하여 재상의 식견과 도량이 있었으며, 기풍이 있고 후덕한 자질이 크고 훌륭하며 총명이 남보다 뛰어났다. 집을 다스림에 있어 검소하고 기쁨과 노여움을 안색에 드러내지 않았으며, 일을 의논할 때엔 공명정대하여 대체를 보존하기에 힘쓰고 번거롭게 변경하는 것을 좋아하지 않았다. …… 재상이 된 지 24년 동안에 중앙과 지방에서 우러러 바라보면서 모두 말하기를 어진 재상이라 하였다. 늙었는데도 기력이 강건하여 홍안백발紅顏白髮을 바라다보면 신선과 같았으므로, 세상에서 그를 송宋나라 문 노공에 비하였다. 그러나 성품이 지나치게 관대하여 집안을 다스리는 일에 단점이 있었으며, 청렴결백한 지조가 모자라서 정권을 오랫동안 잡고 있었으므로, 자못 청렴하지 못하다는 비난이 있었다. 처의 형제인 양수와 양치의 법에 어긋난 일이 발각되자 황희는 이 일이 풍문에서 나왔다고 글을 올려 구구하게 변명하였다. 또 그 아들 황치신에게 관청에서 몰수한 과전을 바꾸어 주려고 하여 또한 글을 올려 청하기도 하였다. 또 황중생이란 사람을 서자로 삼아서 집안에 드나들게 했다가, 후에 황중생이 죽을죄를 범하니, 곧 자기 아들이 아니라 하고는 그의 성을 바꿔 조씨라고 하니, 애석하게 여기는 사람이 많았다.

이 내용은《문종실록》에 실려 있는 황희의 졸기에서 발췌한 것이다. 이 기록은 황희의 넓은 도량에 대해 매우 간단하게 서술하고 있으나《연려실기술》에서는 그 구체적인 내용들을 확인할 수 있다. 먼저 그의 총명함에 대해서는 묘비를 인용하여 다음과 같이 표현하고 있다.

나이가 구십이 되어서도 총명이 조금도 쇠퇴하지 않아서 조정의 법 조목이나 경전과 사서의 내용들을 마치 촛불로 비추는 듯이 산가지로 세는 듯이 하였고, 비록 기억 잘하는 장년으로도 감히 따르지 못하였다.

또 그의 너그러운 성품에 대해서는 《필원잡기》를 인용하여 다음 일화를 전하고 있다.

공이 평시에는 거처가 담박하고 비록 손자들과 동복들이 앞에서 울부짖고 희롱하여도 조금도 꾸지람하지 않았으며 심지어 수염을 뽑는가 하면 뺨을 치는 놈까지 있어도 역시 제멋대로 하게 두었다. 일찍이 부하 관리들과 함께 일을 의논할 때, 붓을 풀어 글을 쓰려 하는데 종의 아이가 종이 위에 오줌을 싸도 그는 아무런 노여워하는 빛이 없이 다만 손으로 훔쳤을 뿐이었다.

또 《용재총화》의 다음 구절을 인용하며 황희의 어진 성품을 전해 주고 있다.

공은 나이가 많고 벼슬이 무거워질수록 더욱 스스로 겸손하여 나이가 구십여 세나 되었으니, 늘 고요한 방에 앉아서 종일토록 말이 없이 두 눈을 감았다 떴다 하며 글을 읽을 따름이었다. 창 밖에 늦복숭아가 무르익어서 이웃 아이들이 다 따는데도 공은 나직한 목소리로 '다 따 먹지는 말아라. 나도 맛 좀 보아야지' 하고 조금 있다가 나가봤더니 나무에 가득하던 열매가 다 없어졌다. 매양 아침저녁으로 밥 먹을 때에 아이들이 모두 모여들어 그가 밥을 덜어서 주면 지껄이며 먹기를 다투곤 하는데 공은 다만 웃을 뿐이었다.

황희는 노비에 대해서도 매우 관대했던 모양이다. 이긍익은《청파
극담》에 실린 일화를 통해 황희가 노비를 어떻게 대했는지 전해주고
있다.

공은 기쁨이나 노여움을 일찍이 얼굴에 나타내지 않고, 종들을 은혜로써
대우하여 매를 대지 않았으며, 그가 사랑하는 여종이 작은 종과 희롱하기
를 지나치게 하였으나, 그는 볼 때마다 웃을 뿐이었다. 그가 일찍이 이런
말을 하였다.

"노예도 역시 하늘 백성이니 어찌 함부로 부리겠는가."

그는 그런 뜻으로 훈계하는 글을 써서 그 자손들에게 전해주기까지 했다.
정언 이석형이 뵈러 갔더니 그가 강목과 통감을 내어서 책 표지에 제목을
쓰게 하였다. 얼마 되지 않아 추하게 생긴 여종 한 사람이 약간의 안주를
갖고 벽에 기대고 서서 이석형을 내려다보면서 공에게 물었다.

"곧 술을 드리리까?"

그러자 공은 '조금 있다가'라고 하였다. 여종이 한참을 기다리다가 고함을
질렀다.

"어찌 그리 꾸물거리누!"

공은 웃으면서 말했다.

"그럼, 들여오려무나."

그러자 술상이 들어오매, 아이들이 모두 남루한 차림에다 맨발로 들어와
서 혹은 공의 수염을 잡아당기기도 하고, 더러는 공의 옷을 밟고 안주를
다 집어 먹고 또 공을 두들기곤 하였다. 공은 '아야 아야' 하였다. 그 아이
들은 모두 노비의 자식들이었다.

《연려실기술》을 읽는 즐거움은 실록에서 '성품이 지나치게 관대하다'라고만 표현된 부분을 이렇듯 여러 일화를 통해서 확인할 수 있다는 데 있다.

문종의 어진

필자는 《세조실록》 재위 5년(1459년) 11월 27일의 다음 기사를 읽고 문종의 어진이 있었음을 알았다.

"영응대군 이염과 도승지 윤자운에게 명하여 선원전璿源殿(역대 제왕의 어진을 모신 궁전)에 가서 태조·태종·공순왕恭順王의 영정影幀을 받들고 내전으로 들어오게 하였다."

이 기사에서 말하는 공순왕이 곧 문종이다. 하지만 역대 조선 왕들의 어진은 임진왜란 중에 거의 소실되었다. 이와 관련한 내용이 《광해군일기》 재위 9년(1617년) 3월 20일의 기사에 보인다.

열성列聖들의 영정이, 변란을 겪은 뒤에는 단지 태조와 세조 두 분만 이이첨·홍여율·오희길 등이 영정전의 참봉으로 있을 때 죽음을 무릅쓰고 모시고 나와 완전하게 되었습니다. 이 이외의 열성들의 영정은 완전하게 남아 있는 것이 하나도 없습니다. 난리 뒤에 어떤 사람이 왜적들 속에서 파괴된 영정 몇 조각을 얻어서 바쳤으므로 궤 하나에 담아서 종묘에 봉안하였습니다. 그런데 지난번에 제조 유근과 예조판서 이이첨 등이 종묘를 봉심할 때 궤를 열고 봉심해보니 세 조각이 모두 훼손되어서 차마 눈뜨고 볼수가 없었습니다. 오로지 문종의 신상神像만 용안이 분명하고 또 바깥 봉투에 '현릉顯陵'이란 두 글자가 쓰여 있어서 지금 뒤미처 모사할 만하였습니다. 바라건대 예관으로 하여금 대신들에게 의논하여 결정해서 모사하여 봉안하게 하소서. 그럴 경우 성상께서 선조를 받들고 조상을 추모하는 정성이 이보다 더할 수 없을 것입니다. 신들은 가까이서 모시는 자리에 있으므로 구구한 소회를 감히 진달드리지 않을 수 없습니다.

광해군은 이때 신하들의 건의에 따라 문종의 영정을 모사하도록 하였다. 하지만 뒤에 정묘호란이 발생하고 다시 청나라가 공격해 올 기미가 있자, 조정에서는 왕들의 어진을 강화도로 옮겨 모시려 하였다. 그런데 그 어진들 중에 어느 왕인지 알 수 없는 것이 있었다. 그런데 그 어진은 문종의 것이었다. 그에 대한 기록이 인조 13년(1635년) 5월 14일의 기사에 보인다.

열성의 수용睟容(정면을 바라보는 얼굴) 중 어느 왕인지 분간되지 않는 것이 있어서 강화도로 옮겨 모시려 하였다. 행 사직 강선이 상소하기를,
"신이 임진년에 종묘서 직장으로 있으면서 묘사廟社의 신주를 모시고 영유永柔로 호종하여 가는데, 어떤 사람이 서울에서 수용 한 위를 모시고 왔기에 신이 제조 최유원·윤자신 등과 살펴보았더니, 용안은 완연히 의구하고 뒷면에 습기가 차서 썩기는 하였으나 '문종' 두 글자는 자획이 분명하였습니다. 이에 계문하고 종이에 싸서 모셔두었으나, 환도할 때 와서는 신이 본직을 그만두었기 때문에 어느 감실에 봉안하였는지 모르겠습니다. 지금 조정에서 어느 왕인지 분간되지 않는 수용을 강화도로 옮겨 모시는 조처가 있을 것이라고 하는데, 이는 반드시 세월이 오래됨에 따라 뒷면이 마멸되어 분간할 길이 없어서 그러는 것입니다. 신이 그 당시의 묘관廟官(종묘를

담당한 관원)으로서 그것이 분명히 문종의 수용이라는 것을 알고 있는 이상 감히 상달하지 않을 수 없습니다."

하였는데, 상이 대신에게 의논하라고 명하였다. 영의정 윤방이 아뢰기를, "강선이 이른바 수용 뒷면의 두 글자는 비록 햇수가 오래되어도 마멸될 리가 없을 듯합니다. 또 신이 지난가을에 종묘를 봉심하고 나서 열어본바, 얇은 생초生綃 한 조각으로 되어 있는데, 길이와 너비는 한 자에 불과하고 뒷면의 표지도 전혀 없었습니다. 그리고 먼지가 끼었으며 색깔도 퇴색해 있었습니다. 정자程子의 말에 '영정이란 털끝 하나가 맞지 않아도 이는 딴 사람이므로 털끝 하나도 착오가 없어야 영정이라 할 수 있다'고 하였습니다. 이로 본다면 비록 문종의 수용이라는 것을 알더라도 함부로 논의하기는 어려울 듯합니다. 종전 의논대로 강화도에 모시는 것만 같지 못하겠습니다."

하니, 상이 따랐다.

그런데 당시 상황에 대해 보다 분명한 내용을 전하는 기록을《연려실기술》에서 발견했다. 이긍익은 그 내용을 김시양이 쓴《하담록》의 기록을 인용하여 남겨놓았다.

임금(문종)의 화상 한 장이 있었는데, 후에 잃어버렸다.

신익성이 하담에 살던 김시양을 방문하고 조용히 말하였다. 병자호란 뒤에 비로소 열성의 화상 한 점을 얻었는데, 조정의 의논은 모두 인종의 화상이라 하였는데, 익성은 그 화상이 수염이 길다는 말을 듣고 홀로 문종의 화상이라고 하였다 한다. 대신들이 그 말을 듣고서 낭청을 보내 상세한 내용을 들려달라고 하므로 익성은《소문쇄록》속에 기록된 문종의 수염이 매우 길었다고 한 책장에 표를 붙여 보냈다. 대신들이 그래도 믿지 아니하더니, 표고의 장식을 고쳐 만들 때 묵은 배접을 벗겨본즉, 그 뒷면에 '문종의 진眞'이란 글자가 쓰여 있었다. 그런 까닭에 의논이 드디어 정해졌다고 한다. 시양이 생각하기를 우리나라 사람들의 야록 중에 문종의 의표가 웅위하고 수염이 매우 길었다는 구절이 있는 것은 기억되었지만《소문쇄록》을 지은 조신은 곧 연산군 시대의 조위의 서출 동생으로서 문종을 뵈었다는 것은 있을 수 없는 일인 듯해서 쇄록을 가져다 참고해본즉, 그런 기록이 없고 그 말이 쓰여 있는 책은《용재총화》였다 하였다.

《하담록》을 쓴 김시양은 선조 대에서 인조 대까지 살았던 인물로 인조 대에 병조판서와 도원수를 지냈으며,《하담파적록》과《부계기문》을 남긴 인물이다. 또한 신익성 역시 같은 시대 인물이며,《낙전당집》과,《청백당일기》 등의 저서를 남겼다. 그리고 문종에 관한 기록을 담은《용재총화》는 세종 조에서 연산군 대의 인물인 성현의 저작이다.

단종 죽음의 전모

《세조실록》에 단종의 죽음에 관한 내용은 '노산군이 스스로 목매어서 졸하니, 예로써 장사 지냈다'는 한 구절뿐이다. 당시 단종이 스스로 목을 매게 된 경위에 대해서는 그의 장인 송현수가 교수형에 처해지고 금성대군이 사약을 받았다는 말을 들었기 때문이라고 쓰고 있는데, 실록의 이 기록은 왜곡 그 자체였다.《연려실기술》은 단종의 죽음에 대한 전모를 여러 책들의 기록을 통해 전하고 있는데, 우선 연산군과 중종 대의 문신 이자가 쓴《음애일기》의 내용을 통해 '사기에서 말하기를 노산이 영월에 있어서 금성군의 실패함을 듣고, 자진하였다고 하였는데, 이것은 당시의 여우나 쥐 같은 놈들의 간악하고 아첨하는 붓장난이다'라고 전하고 있다. 또 '후일에 실록을 편수한 자들이 모두 당시에 세조를 종용하던 자들이다. 계유실록이라는 것은 대개 이러한 기록이 많다'며《세조실록》의 단종 관련 기사들이 대부분 왜곡되었다고 비판하고 있다.

《연려실기술》은 단종의 죽음에 얽힌 비화들을 여러 야사들에서 들춰내고 있는데, 우선《대동운부군옥》을 인용하여 '수상 정인지가 백관을 거느리고 노산을 제거하자고 청하였는데, 인심이 지금까지 분하게 여긴다'고 하였다.《대동운부군옥》은 명종, 선조 대의 문신 권문해가 지은 책이다. 말하자면 선조 대에까지 백성들이 단종의 죽음을 애도하며 정인지를 원망하고 있었다는 것이다. 또 이긍익은 선조, 광해군 대의 문신 이덕형의《죽창한화》를 통해 단종의 죽음에 대한 '죄를 논한다면 정인지가 으뜸이고 신숙주가 그다음이다'라고 직설하고 있다.

이긍익은 단종의 자살 과정을《병자록》을 인용하여 다음과 같이 전하고 있다.

금부도사 왕방연이 사약을 받들고 영월에 이르러 감히 들어가지 못하고 머뭇거리고 있으니, 나장이 시각이 늦어진다고 발을 굴렀다. 도사가 하는 수 없이 들어가 뜰 가운데 엎드려 있으니, 단종이 익선관과 곤룡포를 갖춰 입고 나와서 온 까닭을 물었으나 도사가 대답을 못 하였다. 통인通引(지방 관아에 딸린 심부름꾼) 하나가 항상 노산을 모시고 있었는데, 스스로 할 것을 자청하고 활줄에 긴 노끈을 이어서 노산이 앉은 뒤의 창구멍을 통해 그 끈

을 잡아당겼다. 그때 단종의 나이 17세였다. 통인은 미처 문밖으로 나오지
못하고 아홉 구멍에서 피가 흘러 즉사하였다.

이 내용을 보면 세조가 단종을 죽이기 위해 금부도사를 파견하였
고, 통인 하나가 단종의 목에 줄을 감아 잡아당겨 죽음에 이르게 한 것
이다. 이것을 자살로 볼 것인지 타살로 볼 것인지는 매우 애매한 구석
이 있다. 통인이 평소에 단종을 모시던 자였고, 스스로 자청하여 이 일
을 하였다고 했는데, 그렇다면 이 일을 시킨 자는 누구인가 하는 것이
다. 세조의 명을 받고 온 금부도사인가, 아니면 단종인가 하는 것이 관
건이다. 그런데 단종의 목을 조여 죽인 통인이 밖으로 나오지 못하고
아홉 구멍에서 피가 흘러 죽었다는 것은 일종의 천벌을 받아 죽었다는
의미로 보인다. 그렇다면 통인에게 그 일을 시킨 자를 금부도사로 보
는 것이 서술 구조상 맞지 않을까 싶다. 그렇게 보자면 단종의 죽음은
자살이 아닌 타살이 되는 셈이다. 이는 실록에서 단종이 스스로 목을
매어 죽었다고 한 것이 거짓이라는 것이다.

그렇다면 이 광경을 목격했던 시녀와 시종들은 어떻게 되었을까?
이에 대해 《연려실기술》은 이런 기록을 남기고 있다.

시녀와 시종들이 다투어 고을 동강에 몸을 던져 죽어서 뜬 시체가 강에 가
득하였고, 이날에 뇌우가 대작하여 지척에서도 사람과 물건을 분별할 수
없고 강력한 바람이 나무를 뽑고 검은 안개가 공중에 가득하여 밤이 지나
도록 걷히지 않았다.

단종의 죽음을 목도했던 시종과 시녀들은 모두 죽었다. 이 기록에

서는 동강에 몸을 던져 죽었다고 했으나 아마도 살해되었을 것으로 보인다. 단종이 죽은 관풍헌은 원래 영월의 동헌으로 쓰던 건물이다. 왕방연 일행이 이곳으로 사약을 가지고 왔으나 단종은 이를 거부했던 것으로 보인다. 이에 왕방연은 어찌할 바를 모르다 통인을 시켜 끈으로 단종의 목을 졸라 죽음에 이르게 했고, 시녀와 시종들이 이 광경을 목도했으니, 살해 사실을 숨기기 위해 죽였을 것으로 보인다.

그렇다면 단종이 죽은 뒤에 그 시신은 어떻게 처리되었을까? 이에 대해 이긍익은 《영남야언》을 인용하여 다음과 같은 기록을 전하고 있다.

> 호장 엄홍도가 감옥이 있는 거리를 왕래하며 통곡하면서 관을 갖추어 이튿날에 아전과 백성들을 거느리고 군 북쪽 5리 되는 동을지에 무덤을 만들어서 장사 지냈다고 한다. 이때 홍도의 족당들이 화가 미칠까 두려워서 다투어 만류하매 홍도가 '옳은 일을 하고 해를 당하는 것은 내가 달게 생각하는 바다'라고 하였다.

호장이라고 하면 향리직의 우두머리를 일컫는다. 그런 직책을 맡은 엄홍도가 단종의 시신을 거둬 아전과 백성들과 함께 단종을 장사 지냈다는 내용이다.

하지만 이긍익은 《아성잡설》과 《축수록》에 있는 다른 기록도 소개하고 있다.

> 노산이 해를 당하자, 명하여 강물에 던졌는데, 육체가 둥둥 떠서 빙빙 돌아다니다가 다시 돌아오곤 하는데, 옥 같은 가는 열 손가락이 수면에 떠 있었다. 아전의 이름은 잊었으나 그 아전이 집에 노모를 위하여 만들어두

었던 칠한 관이 있어서 가만히 옥체를 거둬 염하여 장사 지냈다. 그런데 얼마 되지 않아 소릉(단종의 모후 현덕왕후 권씨의 능)의 변이 있어 또 파서 물에 던지라고 명령하였다. 아전이 차마 파지 못하고 거짓으로 파는 척하다가 도로 묻었다.

이 기록에 따르면 단종은 죽은 뒤 강물에 던져졌다는 것인데, 이는 다소 과장된 것으로 보인다. 쫓겨난 왕이지만 왕족의 시신을 강물에 던진 예는 없기 때문이다. 이긍익도 그런 기록을 믿을 수 없었던지《송와잡기》의 기록을 그 아래에 실었다.

노산이 영월에서 죽으매, 관과 염습을 갖추지 못하고 다만 거적으로 말아 초빈을 하였다. 하루는 나이 젊은 중이 와서 슬피 울고 스스로 말하기를 '이름을 통하고 구휼을 받은 정분이 있다'고 하며 며칠을 묵다가 하루 저녁에 시체를 지고 도망하였다. 혹자는 산골에서 불태웠다 하고 혹자는 강에 던졌다 하였다. 지금의 무덤은 빈탕이요, 가짜라 하니, 두 소문 중 어떤 것이 옳은지 알 수 없다. 만일 점필재(김종직)의 글로 본다면 강에 던졌다는 말이 의심 없는 것이다. 그러면 중은 여진족 승려 양련의 무리로서 간신들의 지휘를 받은 자인가? 하늘은 길고 땅은 오래니, 한이 있으랴. 혼이 지금까지 떠돌아다닐 것이니 참으로 슬픈 일이다.

이렇듯 이긍익은 단종의 죽음과 장례에 대해 여러 기록을 동시에 실었다. 그런데 단종의 무덤을 조성한 영월 호장 엄흥도가 단종이 복위된 숙종 대에 공조참의에 증직된 것으로 봐서《영남야언》의 기록이 맞지 않나 싶다.

이긍익은 《장릉속지》를 인용하여 단종의 복위 과정도 실었다. 노산군으로 강등된 채 죽은 단종이 복위되어 묘호를 얻은 것은 숙종 24년(1698년)이었다. 1457년에 살해되었으니, 241년 만에 묘호를 되찾은 것이다. 이후 《노산군일기》는 《단종실록》으로 표지가 바뀌지만, 본문에는 여전히 《노산군일기》로 적혀 있다.

윤원형과 정난정의 최후는?

명종 대에 최고의 권력자라 하면 단연 문정왕후의 동생이자 명종의 외삼촌 윤원형이었다. 또한 그의 첩 정난정은 천인 출신으로 윤원형의 본처를 독살하고 자신이 본처가 되어 정경부인의 자리에까지 오른 악녀의 대명사였다. 하지만 이들의 말로는 비참했는데, 그 말로에 대해 실록은 명종 20년(1565년) 11월 18일 기사에 이렇게 기록하고 있다.

> 윤원형이 강음江陰(황해도 금천군의 옛 지명)에서 죽었다. 처음 윤원형은 뭇 신하들의 비판을 받아 재상에서 파면되었는데도 며칠을 지체하며 머물러 있다가 동문 교외로 나갔다. 많은 사람의 분노가 그치지 않고 공론이 더욱 격렬함을 듣고 끝내 면하기 어려움을 알았으나, 또 가산이 흩어질 것을 염려해 어둠을 틈타 부인의 행색처럼 밤에 교자를 타고 도성에 들어와 집으로 돌아왔다. 이어 그의 첩 정난정과 더불어 강음 전사田舍에 가서 거처하였는데, 정난정의 죽음을 보고 드디어 분울해하다가 또한 죽었다.

실록은 정난정과 윤원형의 죽음에 대해 간단하게 기록하고 있지만,《연려실기술》은 이이의 《석담일기》와 김시양의 《자해필담》의 내용을 섞어서 보다 상세하게 당시의 속사정을 전해주고 있다.

문정왕후가 승하하자, 임금(명종)이 윤원형을 죽이려 하고, 조정의 의논이 흉흉했다. 그러나 임금의 뜻을 알지 못하여 역시 공격하는 자가 없었다. 임금이 이를 깨닫고 하루는 경연에서 한나라 문제가 박소(문제의 외삼촌)를 죽인 것에 대한 시비를 물으므로 신하들이 비로소 임금의 뜻을 알고 원형이 나라를 그르치고 권력을 부린 죄를 논박하여 문외출송 시키니, 대사관 박순이 양사에 의논하고 합계하여 멀리 귀양 보내기를 청했다. 이후 여러 날을 복합하여 위로 삼정승에서 아래로 낮은 벼슬아치에 이르도록 한결같이 죄줄 것을 청하니, 이에 삭직을 명하고 전리로 방출하여 보냈다.

윤원형이 쫓겨나자, 백성들이 거리에 모여 욕질하며 돌과 기와 조각을 던지고 심지어 쏘아 죽이려는 자까지 있었다. 원형이 몰래 교하로 갔으나 또 원한을 품은 집에서 찾아올 것을 두려워하여 몰래 강음으로 옮겨 그 첩 난정과 날마다 분함을 머금고 마주 보고 울기만 하였다.

이때의 원형의 전처의 계모 강씨가 형조에 글을 올려 정난정이 김씨를 독살한 것을 고발하였다. 형조에서 이는 강상대변이니 형조에서 처결할 수 없는 것이라면서 의금부에 넘겨 연루자들을 잡도록 임금에게 아뢨다. 그래서 양사와 홍문관에서 난정을 금부에 하옥시키자고 요청하였으나 임금이 차마 처벌할 수 없어서 오래도록 허락하지 않았다. 난정이 이 말을 듣고 몹시 겁을 먹고 있던 차에 어떤 사람이 금부도사가 온다고 잘못 전하자, 난정이 약을 먹고 자살하였다. 윤원형이 몹시 원통해하다가 오래지 않아 죽으니 듣는 사람들이 서로 축하해마지 않았다.

일설에는 조정에서 원형을 공격하는 것이 당연시되었으나 임금이 다만 삭직하여 시골로 돌려보낸 것은 사사로운 정을 보전하려는 뜻이었다 한다. 노비들이 다 흩어져서 따르지 않으니, 원형이 다만 늙은 종 2, 3명과 난정만을 데리고 황해도로 갔다가 혹 밤을 타서 도성에 들어와 몰래 조정에서 자기를 공격하는 사태를 듣고, 자살할 계획으로 작은 병에 짐독을 탄 술을 가지고 다니며 항상 난정에게 이런 말을 하였다.

"만약 들리는 말이 있거든 이것을 나에게 마시게 하라."

우연히 벽제의 역리를 알았는데, 하루는 그 역리를 찾아가서 부탁하였다.

"만약 나를 잡으라는 명이 있거든 꼭 나에게 먼저 알려달라."

역리가 금부도사가 황해도로 간다고 잘못 알고 급히 알렸다.

"잡으라는 명이 내려서 도사가 온다는 소식이 왔습니다."

그 말을 듣고 이날 저녁에 원형이 짐독이 든 술을 마시고 자살하였다. 대체 죄가 하늘에 통하면 스스로 천벌을 받는 법이니, 짐주를 마시고 죽은 것은 신명이 그 마음을 꼬드긴 것이다. 난정은 도로 천한 기생의 신분으로 만들었다.

이렇듯 정난정은 시골구석에서 죽었으나 그녀의 오빠 정담은 무사했다 한다. 그는 정난정이 화근이 될 것이라고 판단하고 평소에 거의 만나지 않고 지냈는데, 혹 정난정이 올까 봐 집 입구에 꼬불꼬불한 담을 만들어 가마가 드나들지 못하게 해놓았다. 그 때문에 정난정은 정담의 집을 방문할 수 없었다. 덕분에 정담은 정난정으로 인한 화를 면할 수 있었다고 한다.

《연려실기술》의 탁월한 구성과 효용성

《연려실기술》의 '연려실'은 이긍익의 호다. 이긍익은 '완산'이라는 호를 사용했는데, 연려실은 원래 그의 호가 아니라 아버지 이광사가 직접 써준 이긍익의 서실, 즉 서재의 이름이다. '연려燃藜'라는 말은 '연기 나는 명아주'라는 뜻인데, 한나라의 유명한 역사학자였던 유향이 고서를 교정할 때 태일선인이 나타나 청려장(명아주로 만든 지팡이)에 불을 붙여 비춰줬다는 고사에서 비롯된 것이다.

《연려실기술》은 원집, 속집, 별집으로 구성되어 있다. 원집은 태조부터 현종까지 역사를 다루고 있고, 속집은 숙종 대의 역사를 다루고 있으며, 별집은 조선 시대의 대외관계나 천문, 지리, 관직 등 행정 및 문화, 외교 등을 분류별로 나눠 담고 있다.

속집이 원집에 속하지 못한 것은 애초에 현종 대까지의 역사만 담았기 때문이다. 그런데 후에 숙종 대의 역사를 사실史實을 중심으로 덧붙였는데, 이는 숙종 대의 여러 사건들이 붕당 투쟁과 밀접한 관련이 있어 매우 민감한 사안들이었기 때문이다.

원집과 속집을 합쳐서 1대 태조로부터 19대 숙종에 이르는 역사를 담고 있는데, 이긍익은 자신이 죽기 전이나 또는 죽은 이후라도 숙종 이후의 역사 기록들이 덧붙여져도 무방하다고 쓰고 있다.

각 왕들의 역사는 '태조조 고사본말', '정종조 고사본말', '태종조 고사본말' 같은 큰 제목을 달고 있다. 각 고사본말의 첫머리는 '태조강헌지인계운성문신무정의광덕대왕', '태종공정성덕신공문무예철성렬광효대왕'과 같이 각 왕들의 묘호와 시호, 존호를 모두 나열한 정식 칭호로 시작된다. 이어 태어난 시기와 왕위에 오른 과정을 요약하고, 재위 연수, 승하한 연도와 날짜를 기록하는 것으로 첫 단락이 끝난다. 이 부분은 대개 반 페이지 정도로 짧다. 이어 왕비에 대해 소개하고 자녀를 소개한다. 역시 이 부분도 핵심만 간단하게 소개되어 있다.

필자가 이 부분을 읽었을 때 무척 편하게 느꼈던 것은 왕의 생년월일과 재위 기간, 사망 연월일, 왕비와 자녀들, 또 그 자녀들의 혼인 관련 사항을 매우 간단명료하게 서술한 덕에 한눈에 파악할 수 있었다는 점이었다. 사실, 이런 부분을 개별적으로 파악하려면 아주 많은 시간이 소요되기 때문이다. (가끔은 틀린 부분이 없지 않아 《조선왕조 선원록》과 일일이 대조하는 수고를 하는 경우도 있었지만, 아주 좋은 길잡이가 되었다.)

이 단락이 끝나면 바로 왕의 성품과 자질을 평가할 수 있는 기록들이 배치되고, 이어서 그 시대의 주요 사건들이 이어진다. 주요 사건은 사건마다 제목을 붙이고, 그 사건에 관련된 여러 사료를 다각도로 배치했다. 주요 사건이 끝나면 그 시대를 풍미한 주요 인물 편으로 이어진다. 이 인물 편에서는 각 왕의 묘정에 배향된 인물을 소개하고 그 시대의 상신相臣, 문형, 명신名臣 순서로 정리되어 있다. 상신이란 영의정, 좌의정, 우의정과 같은 정승들을 일컫고, 문형이란 그 시대의 학문을 책임지고 있던 예문관 대제학을 지칭하고, 명신이란 그 시대에 이름을 날린 신하를 일컫는다.

각 왕의 고사본말의 체계는 모두 이렇게 구성되었는데, 이런 구성은 필자가 1996년에 출간한 《한권으로 읽는 조선왕조실록》을 쓸 때 아주 좋은 참고 자료가 되었다. 필자도 이 책을 구성할 때 왕의 생년과 재위 기간으로부터 시작하여 치세를 요약하고, 왕의 가족과 가계도를 소개한 뒤, 주요 사건과 주요 인물 순서로 서술했다. 이러한 구성은 필자의 책이 나올 당시에도 세간에 거의 없던 역사 서술 방식이었다. 그런데 필자의 책보다 220년이나 앞서 만들어진《연려실기술》이 이런 편집 체계를 가졌다는 것은 정말 놀라운 일이 아닐 수 없었다.

이렇게 각 왕들의 고사본말이 끝난 뒤에는 별집이 이어지는데, 이 별집 19권을 통해 조선왕조에 대한 기본적인 정보를 대부분 얻을 수 있었다.

별집은 모두 선고典故라는 이름을 단 10개 제목으로 이뤄져 있다.

첫 번째 국조國朝전고는 재위 연표, 묘호와 시호, 휘피諱避(왕의 이름을 기입할 때 그 이름을 직접 쓰지 않고 대신 다른 글자를 쓰는 것), 비와 빈, 왕세자, 공주, 부마, 종실, 외척 등으로 구성되어 있다. 한마디로 왕실 구성원들에 대한 기본 정보를 모아놓은 것이다.

사전祀典전고는 사직, 종묘에서부터 국상, 산릉, 복제, 문무관을 모신 사당에 이르는 내용으로 주로 제례에 관한 기록들을 모아놓았다.

사대事大전고는 명나라와 청나라에 대한 사대 외교에 관한 내용을 다루고 있는데, 중국 조정의 상사喪事, 중국 조정에서 내리는 조칙이나 축문, 사신, 역관, 북경 가는 도로 등에 관한 기록을 열거하고 있다.

관직官職전고는 말 그대로 관직의 변천사에 대한 기록으로 별집에서 가장 많은 분량을 차지하고 있다. 의정부, 육조, 삼사는 물론이고 지방직과 군직 과거, 서리와 관노비에 이르기까지 광범위한 내용을 담고 있다.

정교政敎전고는 관직전고 다음으로 많은 분량을 차지하고 있는데, 토지제도와 세금 등의 경제, 호적과 군역, 서얼과 노비 등의 신분, 불교와 음악 같은 문화 등에 관한 기록들을 담고 있다.

문예文藝전고는 학문과 예술을 주축으로《경국대전》이나 문집, 야사류, 병서류 등의 책에 대한 기록을 싣고 있다.

천문天文전고는 역법과 천문 기기, 기후와 재변에 대한 기록을 담고 있다.

지리地理 전고는 조선의 지리와 영역을 기술하고, 역대 왕조에서 도읍으로 정했던 곳을 소개한 후, 곤륜산으로 뻗어내린 백두대간의 산맥들을 열거하면서 전국 팔도의 주요 지역에 대한 특징과 강역을 서술하고 있다.

변어邊圉전고는 성곽이나 산성, 봉수, 특이한 지역에 대한 기록을 싣고 있다.

역대歷代전고는 단군조선에서 기자조선, 위만조선 등의 상고사로부터 예국, 맥국, 동옥저, 한사군, 삼한, 신라, 고구려, 백제, 후백제, 태봉, 발해 등에 이르는 고대 국가들에 대한 역사를 간략하게 소개하고 있는 내용이다.

이 10개의 전고 중에 필자가 가장 요긴하게 사용한 것은 '관직전고'와 '정교전고'였다. 사실, 조선의 관청과 관직의 변천사를 알려면 상당히 많은 책을 뒤져야 한다. 《조선왕조실록》을 뒤진다고 해도 쉽게 알아낼 수 없는 것이 바로 관청과 관직에 관한 것이다. 또한 순조 대에 만든 《만기요람》을 다 살펴도 쉽게 한눈에 파악되지 않는 것이 관청과 관직이다. 그런 까닭에 시중에 나와 있는 책 중에 조선의 관청에 대한 책이라곤 필자가 어린이 책으로 낸 《조선 시대에는 어떤 관청이 있었을까?》가 유일한 실정이다. 그만큼 전공자도 없고, 저술자도 없는 형편이다. 하지만 조선의 관직 체계를 제대로 모르면 조선의 행정조직을 이해하기 힘들고, 행정의 면밀한 구석을 모르면 조선 관리들의 삶을 제대로 이해하기 힘들다. 그나마 정약용의 《목민심서》라도 있어 지방 관들의 삶과 애환은 어느 정도 파악할 수 있는 수준이다. 《연려실기술》

'관직전교'는 이런 애로를 해결하는 데 아주 요긴한 기록이다.

　'정교전고' 또한 세금 제도의 변천사나 토지제도, 신분 관계나 호적 관계를 이해하는 데 많은 도움이 되었다. 이 부분은 관청이나 관직에 비해서 연구자도 많고 관련 논문이나 서적도 많은 편이지만 그래도 '정교전고'의 내용들은 당시 사람들이 직접 기록한 것들이기 때문에 시대의 형편이나 상황을 파악하는 데 많은 도움이 되었다.

발해사를 우리 역사로 인식시킨 최대 공신
유득공의 《발해고》

왜 '발해사'가 아닌 '발해고'인가?

고려가 발해사를 만들지 않았으니, 고려의 국력이 떨치지 못하였음을 알수 있다. 옛날에 고씨가 북쪽에 거주하여 고구려라 하였고, 부여씨가 서남쪽에 거주하여 백제라 하였으며, 박·석·김씨가 동남쪽에 거주하여 신라라 하였다. 이것이 삼국으로 마땅히 삼국사가 있어야 했는데, 고려가 이를 편찬하였으니 옳은 일이다. 부여씨가 망하고 고씨가 망하자 김씨가 그 남쪽을 영유하였고, 대씨가 그 북쪽을 영유하여 발해라 하였다. 이것이 남북국이라 부르는 것으로 마땅히 남북국사가 있어야 했음에도 고려가 이를 편찬하지 않은 것은 잘못이다.

혜풍 유득공의 《발해고渤海考》 서문의 첫머리다. 우리가 흔히 통일신라 시대를 '남북국시대'라고 부르는 것도 바로 여기에서 비롯된 것이다. 필자도 《발해고》의 서문을 보기 전까지는 '남북국시대'라는 용어가 유득공으로부터 비롯된 것을 몰랐다. 그만큼 《발해고》의 서문은 우리 역사에서 중요한 의미를 갖는다.

유득공은 발해사를 엮으면서 그 사료가 제대로 남아 있지 않은 것을 한탄하며 이런 말을 하였다.

아, 문헌이 흩어진 지 수백 년이 지난 뒤에 역사서를 만들려 해도 자료를 얻을 수가 없구나. 내가 내각(규장각)의 관료로 있으면서 궁중 도서를 많이 읽었으므로 발해 역사를 편찬하여 군君, 신臣, 지리, 직관, 의장, 물산, 국어, 국서, 속국의 9고考를 만들었다. 이를 세가, 전傳, 지志로 삼지 않고 고考라 부른 것은 아직 역사서로 완성하지 못하여 정식 역사서로 감히 자처할 수 없기 때문이다.

유득공이 발해사를 쓰면서 《발해사》로 지칭하지 못하고 《발해고》라고 제목을 붙인 이유를 밝힌 대목이다. 그는 발해사를 쓰고 싶었으나 사료가 너무 없어서 '발해를 고찰한다'란 뜻의 '발해고'라는 제목을 붙였다. 그리고 그 목록에도 모두 '고考'를 붙였다. 발해의 왕들을 다룬 '군君고'로부터 신하를 다룬 '신臣고', 지리를 다룬 '지리地理고', 관직을 다룬 '직관職官고', 의식이나 복장을 다룬 '의장儀章고', 발해 지역에서 생산되는 물산을 다룬 '물산物産고', 발해에서 쓰던 용어를 다룬 '국어國語고', 발해가 일본에 보낸 국서를 나열한 '국서國書고', 발해가 멸망한 이후로 그 후예 국가를 다룬 '속국屬國고' 등 모두 9가지 주제로 《발해고》를 서술했다. 주로 《구당서》와 《신당서》에 있는 '발해' 편을 중심으로 하여 《삼국사기》, 《고려사》, 《동국통감》 등의 한국사서와 《속일본기》,

《일본일사》등 일본사를 합쳐 총 22종의 역사서를 참조하여 썼다.

발해 왕조와 왕들

《발해고》의 내용은 모두 소소하고 부족하여 이 책으론 발해사를 제대로 파악할 수 없다. 그나마 왕들의 호칭과 치세에 대한 간단한 내용이 전부다. 아홉 분야로 나뉜 모든 내용을 합쳐도 현재 번역본으로 100페이지 정도밖에 되지 않는다. 그러나 불행히도 우리가 알 수 있는 발해사는 이것이 거의 전부다.

《발해고》첫 장인 '군고'에서는 대조영의 아버지 진국공 대걸걸중상으로부터 14대 대인선까지 15명의 왕과 발해 멸망 후 발해의 명맥을 이어간 흥료국과 오사성국까지 다루고 있다. 《발해고》에는 빠져 있지만 대인선 앞에 대위해가 있었으므로 대인선은 15대 왕이고 대위해가 14대 왕이다.) 발해의 15 왕 중에서 그나마 가장 풍부한 기록을 남긴 왕은 발해를 세운 고조 대조영과 발해의 전성기를 이룩한 무왕과 문왕이다. 하지만 이들에 대한 기록도 3페이지를 넘지 못한다. 유득공이 자료란 자료는 모두 모아 기술했지만 그 이상의 내용을 얻을 수 없었던 것이다.

발해 왕들의 호칭을 거론하자면 대조영의 아버지 걸걸중상은 진국공으로 불리었고, 나라를 세운 대조영은 고왕, 대조영의 아들이자 2대왕인 대무예는 무왕, 무왕의 아들 대흠무는 3대 왕으로서 문왕, 4대 왕은 이름이 원의인데 문왕의 왕실 아우였으며 폐위되었으므로 폐왕으로 불리었다. 5대는 성왕으로 이름은 화여이고, 대굉림의 아들이다. 그는 반정을 일으킨 신하들에 의해 추대된 왕이었다. 6대는 강왕인데 문왕의 아들이었고, 이름은 숭린이었다. 7대는 정왕인데, 강왕의 아들이었으며 이름은 원유였다. 8대는 희왕으로 정왕의 동생이며 이름은 언의였고, 9대는 간왕으로 희왕의 동생이며, 이름은 명충이었다. 10대는 선왕으로 간왕의 숙부이며 이름은 인수였고, 11대는 선왕의 손자 이진인데, 왕호는 전하지 않는다. 12대는 왕호는 전하지 않고 이름이 건황이며, 이진의 동생이었다. 13대 역시 왕호는 전하지 않고 이름은 현석이며, 건황의 아들이었고, 14대 위해는 왕호가 전하지 않으며 계보도 알 수 없다. 그리고 15대 마지막 왕 인선 역시 왕호는 전하지 않고 계보도 전하지 않는다.

발해는 고구려가 멸망한 때로부터 30년이 되던 해인 698년에 건국되어 고왕 대조영으로부터 15대 대인선까지 228년 동안 지속된 왕조다. 발해의 전성기는 무왕과 문왕 때였으며, 이때는 해동성국으로 불리었다. 발해는 독자적인 연호를 사용하였으며, 3장 '지리고'에 따르면 행정 구역을 5경 15부 62주로 나누었다. 가장 번성했을 때의 영토는 동쪽으로는 연해주, 서쪽으로는 랴오허강, 남쪽으로는 대동강에 이르는 광활한 지역을 차지하고 있었다.

발해 인물과 관직 제도

《발해고》의 인물지에 해당하는 2장 '신고'에서는 무왕의 동생 대문예를 비롯하여 대일하, 마문궤, 총물아 등 77명의 인물에 대해 소개하고 있다. 이들 중 23명이 대씨 성을 쓰는 왕족들이다. 또한 고구려의 왕족인 고씨도 고원고, 고재덕, 고인의 등 17명이나 된다. 고씨들이 대씨에 이어 많은 수를 차지한다는 것은 발해에서 고씨들이 매우 우대를 받았다는 것을 의미한다. 이는 발해가 고구려를 계승하는 나라였음을 증명하고 있다. 무왕이 일본 성무천황에게 보낸 국서에도 '고구려의 옛 터전을 수복하고 부여의 풍속을 소유하게 되었다'는 구절이 나오는데, 이 역시 발해가 고구려를 계승했음을 밝히고 있는 내용이다.

4장 '직관고'에서는 국가의 행정조직을 소개하고 있는데, 선조성·중대성·정당성 등의 3성과 충부·인부·의부·지부·예부·신부 등 6부를 중심으로 중앙 조직이 형성되어 있었다. 이는 당나라의 3성省 6부部 제도를 본받은 것으로 보인다.

3성 중 선조성에는 좌상, 좌평장사, 시중, 좌상시, 간의 등의 관직을 두었고, 중대성에는 우상, 우평장사, 내사, 조고사인 등의 관직을 뒀으며, 정당성에는 대내상(조선의 영의정에 해당됨)과 좌사정과 우사정(조선 의정부의 좌찬성과 우찬성에 해당됨), 좌윤과 우윤(당나라의 좌승과 우승에 해당됨)을 두었다.

이러한 3성 구조는 고려에도 수입되어 중서성, 문하성, 상서성과 이부, 병부, 호부, 형부, 예부, 공부를 두게 되었다. 하지만 조선에 와서는 의정부에 모두 결합되었다. 조선은 당나라나 발해처럼 큰 나라가 아니었기 때문에 조선의 현실에 맞게끔 변화시켰다. 선조성의 좌상은 좌의정, 중대성의 우상은 우의정, 정당성의 대내상은 영의정에 해당된다. 조선의 의정부에서는 시중 제도나 평장사 제도는 사라지고 좌사정과 우사정을 좌찬성과 우찬성, 좌윤과 우윤은 좌참찬과 우참찬으로 대신하였다. 또한 선조성에 있는 간의는 사간원으로 독립시켜 간관의 임무에 전념토록 했다. 발해의 6부는 조선의 6조처럼 둘로 나뉘진다. 충부·인부·의부를 좌육사라 하고 지부·예부·신부를 우육사라 불렀다.

또 6부 아래에는 작부, 창부, 선부, 융부, 계부, 수부 등의 산하 기관을 두었는데, 이 역시 당나라의 제도를 본받은 것이었다.

삼성 6부 외에 발해는 1대 7시 1원 1국을 두었다. 1대臺는 고려의 어사대 또는 당나라의 어사대부에 해당하는 감찰 기관이자 언론 기능을 하는 중정대를 일컫는다. 이는 조선의 사헌부에 해당한다.

7시寺(여기서 寺는 시侍를 의미한다)는 궁중 업무를 담당하는 기관인데, 왕실의 옷을 담당하는 전중시, 종친의 부서인 종속시, 국가의 제사를 맡아보는 태상시, 외국 사신을 접대하는 사빈시, 국가의 창고와 조세 운반을 담당하는 대농시, 재물의 보관과 외국과의 무역을 담당하는 사장시, 왕실에서 쓰는 술과 음식을 담당하는 사선시 등이 있었다. 또 책과 문서를 담당하는 문적원과 국학인 주자감, 후궁을 관리하는 항백국 등의 기관이 있었다.

발해의 군사의 편제는 좌·우맹분위를 비롯하여 좌·우웅위, 좌·우비위, 남좌위와 남우위, 북좌위와 북우위 등 모두 10위로 구성되었고, 각 위의 수장은 대장군이었다. 이들 장군의 명칭은 영원장군, 충무장군, 운위장군, 보국장군, 귀덕장군 등으로 불리었는데, 이 명칭들이 구체적으로 어떤 기능을 하는지는 기록되지 않았다. 또한 10위는 중앙군대의 편제인데, 지방군의 편제는 기록되지 않았다.

관복, 토산물, 용어, 국서

5장 '의장고'에서는 발해의 관복에 대해 다음과 같이 기록하고 있다.

3질秩 이상은 자줏빛 관복을 입고, 상아홀과 금어대金魚袋를 휴대한다.

5질 이상은 주홍빛 관복을 입고, 상아홀과 은어대를 휴대한다.

6질과 7질은 옅은 주홍빛 관복을 입고, 나무홀笏을 휴대한다.

8질은 녹색 관복을 입고, 나무홀을 휴대한다.

'질'은 발해에서 독자적으로 사용하던 벼슬 품계를 지칭하는데, 질은 품에 해당한다. 발해도 조선처럼 18등급 체제였으며, 조선처럼 정과 종으로 구분된 9등급 체제였다. 여기서 3질은 3품에 해당된다. 말하자면 1품부터 3품 벼슬은 자줏빛 관복을 입었다는 것이고, 4품과 5품은 주홍빛, 6품과 7품은 옅은 주홍빛, 8품은 녹색을 입었다는 것이다. 여기에 9품은 기록되어 있지 않았지만 발해 역시 당나라처럼 9품 제도를 실시했을 것으로 판단되며 9품은 8품과 같은 녹색을 입었을 것으로 보인다. '어대'는 부절符節을 넣던 물고기 모양의 주머니를 말하는데, 당나라 고종 때 처음 시행된 복제다. 부절이란 왕으로부터 받는 권한을 상징하는 징표다. 병력에 관한 권한을 표시한 것을 병부라고 하고, 사신이나 지방 감찰관에게 내린 징표를 부절이라고 하였다. 금어대는 금실로 짠 부절 주머니이고 은어대는 은실로 짠 부절 주머니다. '홀'은 신하가 임금을 뵐 때 지는 직사각형 형태의 판인데, 원래는 대나무로 만들어 썼으며 임금의 명령을 기록하는 용도였다. 하지만 후에는 형식적인 의례 도구로 바뀌었다.

6장인 '물산고'에서는 각 지역의 특산물을 소개하고 있는데, 다음 내용이 기록의 전부다.

태백산의 토끼, 남해부의 다시마, 책성부의 된장, 부여부의 사슴, 막힐부의 돼지, 솔빈부의 말, 현주의 배, 옥주의 면, 용주의 명주, 위성의 철, 노성의 벼, 미타호의 붕어, 환도의 오얏(자두), 악유의 배, 부주의 은.

여기서 말하는 태백산은 백두산을 가리키며 토끼가 특산물이었던 모양이다. 다시마를 특산물로 하고 있는 남부는 옥저 땅으로 지금의 함경북도 바닷가 지역에 해당된다. 이곳은 거란의 요나라 때엔 해주로 불리었다. 된장이 유명한 책성부는 지금의 중국 지린성 훈춘 일대에 해당되며, 사슴이 특산물인 부여부는 옛 부여 땅에 해당되는 곳으로 지린성 일대를 가리키지만 정확한 위치는 알 수 없다. 돼지가 특산물인 막힐부 역시 부여 땅인데, 막주와 고주 2개 주를 관할하고 있었다. 말이 특산물인 솔빈부는 헤이룽성 우수리스크 주변으로 추측되며, 배가 유명한 현주는 현덕부의 6주 중 하나인데 지린성 서고성자 일대일 것으로 추측하고 있다. 면이 유명한 옥주는 남해 3주의 하나로 지금의 함경북도 일대로 추측되며, 명주가 유명한 용주는 용전부 3주의 하나로 지린성 동쪽 지역일 것으로 추측된다. 철이 유명한 위성은 현덕부 철주에 속하는 땅으로 지린성 일대에 있던 지명이며, 벼가 유명한 노성은 그 위치를 정확하게 알 수 없다. 붕어가 유명한 미타호 역시 어느 지역인지 알 수 없으며, 오얏이 유명한 환도는 고구려의 국내성을 지칭하는 것으로서 대개 지린성 지안을 지칭한다. 그리고 배가 유명한 악유도 위치가 분명치 않고, 은이 유명한 부주는 부여부의 2주 중 하나다.

7장 '국어고'의 내용은 다음이 전부다.

왕을 가독부可毒夫, 성왕, 기하基下라 호칭하며 왕의 명령을 교敎라 한다. 왕의 아버지를 노왕老王, 어머니를 태비, 처를 귀비라 하고, 맏아들을 부왕副王,

나머지 아들을 왕자라 한다. 관품은 질秩이라고 한다.

이 내용에서 특이한 점은 맏아들 즉, 태자를 두 번째 왕을 의미하는 부왕으로 불렀다는 점이다. 나머지 내용은 다른 나라와 대동소이하다.

8장 '국서고'에는 일본 왕에게 보낸 국서 6편이 전부다. 일본에 국서를 보낸 시기는 무왕, 문왕, 강왕 시대인데, 6편의 국서 중 무왕이 1편, 문왕이 1편, 강왕이 4편을 보냈다. 강왕의 국서 중에는 발해 왕의 죽음을 알리는 내용도 있어 일본과 발해의 왕래가 잦았음을 알 수 있다. 또한 발해 왕이 자신의 이름을 거명하며 스스로를 낮추고 일본 왕을 대왕으로 명시한 점을 볼 때, 양국의 관계는 대등했던 것으로 보인다.

발해 부흥 운동

9장인 '속국고'에서는 발해 멸망 이후 938년에 발해 유민들에 의해 건국된 정안국을 다루고 있다. 주요 내용은 정안국 왕 열만화가 970년에 송나라 태조 조광윤에게 표문을 올리고 갖옷을 바쳤다는 것과 981년에 정안국 왕 오현명이 여진 사신을 통해 송나라 태종에게 올린 표문의 내용이 담겨 있다. 이 표문에서 오현명은 자신을 고구려 땅에 살던 발해 유민이라고 소개하고 있으며, 거란을 함께 공격하자고 제의한다. 또 부여부를 차지한 내용을 담고 있으며 자신을 정안국 왕이라고 칭하고 있다. 이 내용으로 볼 때 정안국은 938년경에 세워져 980년경까지 열씨가 왕위를 차지하고 있다가 오씨에게 왕위를 뺏긴 것으로 보인다. 정안국은 이후 986년까지 유지되다가 결국 거란에 의해 무너졌다. 그런데《발해고》에서는 고려 현종 9년인 1018년에 정안국 사람 골수가 고려로 망명했다는 기록을 남기고 있는데, 이는 정안국이 망한 뒤에도 오랫동안 그 지역 사람들을 정안국 사람으로 불렀음을 알려주고 있다.

비록《발해고》에서는 사료 부족으로 세세한 내용을 다루지 못하고 두루뭉술하게 넘어가고 있지만 정안국 외에도 발해 유민이 세운 국가는 또 있다. 이른바 '오사성 발해국'을 비롯한 발해 유민들이 세운 몇 개의 나라다.

오사성 발해국 왕은 981년에 송나라에 보낸 국서에 '오사성 부유부 발해 담부왕'이라고 자신을 표현하고 있다. 오사성 발해국도 정안국과 마찬가지로 부여부 땅을 차지하고 있었던 모양인데, 아마도 발해 멸망 직후에 세워졌을 것으로 보인다. 오사성 발해국의 성씨도 정안국과 마찬가지로 오씨였다. 오사성 발해국이 언제 멸망했는지는 분명치 않지만 995년에 요나라 성종이 해족의 왕 화석노를 보내 침입하였지만 그들을 물리친 기록이 남아 있는 것으로 보아 이때까지는 유지되었던 것으로 보인다. 하지만 이후로 여진의 힘이 점차 강화되어 금나라를 세우자, 오사성 발해는 금나라에 귀속된 것으로 보인다.

그러나 발해 유민의 건국 운동은 거기서 그치지 않았다. 1029년에는 요나라 라오양 지역에서 발해 군민들이 흥료국을 세웠다. 흥료국을 세운 인물은 발해 왕족 출신인 대연림이었다. 대연림은 고려에 사신을 보내 함께 요나라를 공격하자고 제의했으나 고려는 후환이 두려워 거절했다. 이후 흥료국은 라오양을 중심으로 1년여를 버티다가 몰락했다.

흥료국이 무너진 후 80년이 지난 1115년에 다시 발해 유민들이 봉기했다. 봉기를 주도한 인물은 고욕이었다. 그는 발해인들로 구성된 군대의 지휘관으로 있다가 3만 명의 군대를 일으켜 요주를 장악했다. 하지만 거란 장수 소도소알의 군대에 포위된 채 저항하다가 소도소알의 이간계에 말려 무너지고 말았다. 이후 거란의 동경요양부에서 다시 발해인들이 봉기했다. 봉기를 주도한 인물은 고영창이었다. 그는 봉기에 앞서 자객을 보내 요나라 동경유수 소보선을 처단하고, 유민들을 결속하여 랴오양성을 장악했다. 그리고 스스로를 황제라 칭하고 국호를 대발해국이라고 하였다. 이후 거란은 30여 차례 넘게 대발해국을 공격했으나 고영창은 무너지지 않았다. 전투가 계속되는 가운데 고영창은 금나라 왕 아골타에게 연합 전선을 제의했다. 하지만 아골타는 고영창에게 속국이 될 것을 제의했고, 이 때문에 발해 유민들은 금나라도 요나라와 똑같다며 적으로 간주했다. 이후 아골타는 대군을 동원하여 거란을 무너뜨리고 다시 고영창의 랴오양성을 공격하여 무너뜨렸다. 이로써 멸망 이후 200여 년간 지속되던 발해 부흥 운동은 막을 내렸다.

이렇듯 《발해고》는 9장 '속국고'를 마지막으로 끝을 맺는다. 《발해고》를 저술할 당시 유득공은 박지원, 이덕무, 박제가 등과 실사구시의 학문을 추구하며 북학으로 불리던 청나라의 문명을 적극적으로 수용할 것을 주장하였다. 또한 당시 실학자들은 우리 역사에 대한 새로운 인식을 가지고 역사 탐구에 몰입하였는데, 유득공의 《발해고》 역시 실학자들 사이에서 우리 역사에 대한 새로운 인식을 불러일으킨 명저였다.

《발해고》의 저자 유득공은 서자 출신으로 1749년에 태어났으며, 생원시와 진사시를 합격하고 1779년에 규장각의 초대 검서관으로 특별 채용되었다. 북학의 거장 박지원의 제자였던 그는 검서관이 된 이후로 정조의 혁신 정책을 보좌하며 이덕무, 박제가, 서이수와 함께 정조 시대 규장각에서 근무한 '사검서四檢書'로 유명했다. 《발해고》는 그

가 검서관으로 재직할 때인 1784년에 저술되었다. 이후 검서관을 겸
직하며 포천 현감, 제천 군수, 양근 군수, 가평 군수 등의 지방관 생활
을 하였다.

또 다른 역사 명저

임진왜란 참상의 비망록, 유성룡의 《징비록》

《난중일기》와 함께 임진왜란을 기록한 또 하나의 명저로 불리는 책이
유성룡의 《징비록》이다. 이 책은 서애 유성룡이 벼슬에서 물러난 뒤
고향 안동의 하회마을에 은거하면서 쓴 것이다. 책 제목인 '징비懲毖'
라는 말은 《시경》의 소비 편 '予其懲而毖後患여기징이비후환'이라는 구절
에서 따온 것이다. 이 구절의 뜻은 '내가 징계해서 후환을 경계한다'는
뜻이다. 따라서 징비록이라는 책은 임진왜란에 대해 스스로 징계하여
반성하고 후환을 경계하기 위해 쓴 책임을 알 수 있다.

    이 책은 총 16권 7책으로 되어 있는데, 그중에 14권은 장계나 상소
문, 공문서 등이고 본문 내용은 《징비록》 2권에 실려 있다.

    《징비록》이 처음 간행된 것은 인조 11년인 1633년이며, 간행한 인
물은 유성룡의 아들 유진이었다. 당시 유진은 유성룡의 문집인 《서애

집》을 간행했는데, 그 속에 《징비록》을 수록하였다. 이후 10년 뒤에 《징비록》을 별도로 다시 간행했다. 간행될 당시 총 16권 7책이었는데, 《징비록》 2권, 《근포집》 2권, 《진사록》 9권, 《군문등록》 2권, 《녹후잡기》 1권으로 구성되었다. 《징비록》 2권은 임진왜란의 원인과 전개 과정, 결말을 적은 것이고, 《녹후잡기》는 전란 중에 유성룡이 듣거나 경험한 내용을 적은 수필이다. 이 외에 《근포집》은 유성룡이 왕에게 올린 보고서나 장계를 싣고 있고, 《진사록》은 전란 중에 종군하면서 올린 장계를 수록하고 있다. 또한 가장 많은 양을 차지하는 《군문등록》은 유성룡이 1595년부터 1598년까지 도체찰사로 있을 때 옮겨 적은 글들을 모은 것이다.

《징비록》 본문은 임진왜란이 발발하기 이전 상황부터 기술되어 있는데, 이는 전쟁이 일어나게 된 배경과 당시 조선 조정의 대처 상황을 설명하기 위함이었다. 임진왜란의 배경을 쓰면서 유성룡은 도요토미 히데요시가 66개로 쪼개진 일본을 통일한 과정을 간단하게 설명한 뒤, 그가 조선에 통신사를 요구하는 과정과 이에 대한 조선의 반응을 간결하게 서술하고 있다.

《징비록》 속에는 전쟁으로 인해 고통받는 백성들의 모습을 그린 내용들도 보이는데, 그 참상이 그야말로 지옥이라고 해도 과언이 아닐 정도다.

마을은 온통 쑥대밭이 되고 인가는 모두 불탔으며, 골목마다 시체가 널려 있어 코를 막지 않으면 지나갈 수도 없는 상황이었다. 설상가상으로 전염병까지 번져 온 들판이 시체 태우는 냄새로 가득하고, 빠져 죽은 군사와 백성의 시체가 강을 가득 메울 정도였으며, 들판에는 농사를 짓지 않아 잡초만 무성하고 산은 온통 불에 타 나무 구경하기가 힘들었다고 한다. 먹을 것이 없어 사람이 사람을 잡아먹는 일이 생기고 심지어 자식이 아버지를 잡아먹는 일도 있었으며, 산이고 들이고 강이고 마을이고 썩은 시체로 가득하니 지옥도 그런 지옥이 없을 것이다.

유성룡은 임진왜란 당시 영의정과 도체찰사 자리에 있었기 때문에 전쟁 전후 상황과 전개 과정을 누구보다 잘 알고 있던 인물이다. 때문에《징비록》의 내용들은 그의 사실적 경험을 토대로 서술되었다는 측면에서 매우 가치 있는 기록이다. 특히 당시 원군을 이끌고 온 명나라 장수 이여송의 태도나 일본과 강화 협약을 진행하던 심유경에 대한 기록들은 그 어느 책보다 매우 사실적으로 서술되어 있어 사료로서의 가치가 매우 높다.

유성룡은 심유경에 대해 군대의 전투력 대신에 입담 하나만 가지고 왜적을 쫓아내 수천 리 강토를 되찾을 수 있도록 한 타고난 유세객이라고 평가하고 있다. 하지만 이여송에 대해서는 황제의 명령 때문에 마지못해 원군을 이끌고 와서 전쟁을 치르긴 했지만 기회만 나면 돌아가려고 한 인물로 묘사하고 있다. 사실, 당시 명나라 군대는 가급적 빨리 전쟁을 끝내고 돌아가려는 생각뿐이었다. 일본군의 기세가 대단하기도 했지만 그들이 굳이 조선에 와서 목숨을 버릴 이유가 없다고 판단했기 때문이다. 하지만 명나라 조정은 조선이 무너지면 다음은 명나라에 20만 일본군이 들이닥칠 것으로 판단하고 어떻게 해서든 조선 땅에서 전쟁을 종결지어야 한다는 의견이 강했다. 그 때문에 명나라 군대는 쉽게 돌아갈 수 없었고, 이여송 역시 그 때문에 억지로 전투를 치러야 했던 것이다. 유성룡은 그런 상황을 정확하게 인지하고 있던 몇 안 되는 인물 중의 하나였다.

그런 유성룡이 임진왜란 당시에 활약한 장수들 중에 가장 높게 평가한 인물은 단연 이순신이었다. 유성룡은 일찍이 이순신의 능력과 자질을 간파하고 그를 추천하여 전라 좌수사가 되도록 했는데, 그 내용을 《징비록》에 소개하고 있다.

> 이순신은 겁이 없고 용감하며 싸울 때는 꾀를 잘 써서 이겼다. 또 말을 잘 타고 활도 잘 쏘았다. …… 그는 뛰어난 장수였지만 조정에서 중요한 자리에 오르도록 소개해주는 사람이 없었다. 그래서 무과에 합격한 지 10년이 넘도록 낮은 벼슬자리에만 있다가 가까스로 정읍 현감이 되었다.
>
> 이때 일본군이 쳐들어온다는 목소리가 나날이 높아져 임금의 귀에도 들려오게 되었다. 임금께서는 비변사에 명령해 뛰어난 장수를 찾아서 뽑아 올리라고 했다. 내가 이순신을 뽑아 올려 드디어 정읍 현감에서 해군 대장인 수군절도사로 벼슬이 크게 올랐다. 이순신의 벼슬이 갑자기 높아지고 중요한 자리를 맡게 되자, 사람들은 이상하게 생각했다.

유성룡이 전쟁이라는 비상시국을 맞이하여 이순신을 천거하여 갑자기 높은 벼슬을 얻게 한 것은 이순신에 대한 믿음이 있었기 때문이었다. 유성룡이 본 이순신은 어려서부터 똑똑하고 활발했다. 여러 아이들과 놀 때는 활과 화살을 만들어 놀았는데, 마음에 들지 않는 사람이 있으면 활로 눈을 쏘려고 해서 어른들도 함부로 그 앞을 지나가지 못할 정도로 용맹성이 있었다고 유성룡은 소개하고 있다.

유성룡은 한양 건천동에서 이순신과 같은 동네에 살았기 때문에 이순신 집안의 내력을 잘 알고 있었다. 이순신의 본관은 덕수이고 고려 때 중랑장을 지낸 이돈수로부터 시작해서 대대로 문반 집안이었다. 이순신의 5대조 이변은 중추부 영사와 홍문관 대제학을 지냈고, 증조부 이거는 병조참의를 지냈다. 이거는 사헌부 장령 시절에 '호랑이 장령'이라는 별명을 얻었는데, 옳고 그름이 분명하여 조정 신하들의 잘못을 그냥 지나치는 법이 없었기 때문이다. 이순신의 조부 이백록은 조광조와 뜻을 같이하다가 기묘사화로 참화를 당하였고, 이 때문에 이순신의 아버지 이정은 관직에 뜻을 두지 않았다. 이후 이순신 집안은 가세가 기울었다. 그 때문에 이순신은 열두 살 때 외가가 있던 아산으로 이사 갔다. 때문에 유성룡은 그 이후의 삶은 잘 몰랐다. 그러다 이순신을 다시 보게 된 것은 그가 무과에 합격한 뒤였다.

이순신이 무과에 급제하여 훈련원 봉사로 지낼 때의 이야기는 장안에 화제가 되었기 때문에 유성룡도 그에 대한 소문을 듣게 되었다. 당시 이순신이 강직하고 뛰어난 무관이라는 소문이 있어 병조판서 김귀영이 자신의 서녀를 이순신에게 첩으로 주려 했지만, 이순신은 거절했다. 그 연유를 물으니 이순신은 이렇게 대답했다고 한다.

"내가 처음 벼슬길에 나왔는데, 왜 권력 있는 집안에 기대 승진하려고 하겠는가?"

이순신은 그만큼 강직한 성품이었다. 그 후, 병조정랑 서익과 부딪친 일로 다시 이순신의 성품이 소문이 났다. 당시 병조정랑 서익이 훈련원에 있던 친한 인물을 갑자기 승진시키려 했는데, 이순신이 거절하여 뜻을 이루지 못했다. 서익이 화가 나서 이순신을 불러 꾸짖었지만 이순신은 전혀 주눅 들지 않고 당당하게 자신의 의견을 펼쳤다. 그 모습을 지켜보던 아전들이 서로 쳐다보고 혀를 내두르며 말했다.

"이순신이 감히 병조정랑에게 말대꾸를 하니, 자기 앞날이 걱정되지도 않는 모양이다."

그런 말을 듣고도 이순신은 끝내 뜻을 굽히지 않았고 서익은 망신을 당한 채 돌아가야 했다. 이후 서익은 이순신을 모함하여 감옥에 갇히게 했는데, 그때 옥졸이 뇌물을 쓰면 풀려날 것이라 하자 이순신은 이렇게 대답했다고 한다.

"죽게 된다면 죽을 뿐이지, 왜 정도를 버리고 살길을 찾겠는가?"

유성룡은 이런 일화들을 《징비록》에 소개하고 있다. 그가 이순신을 전라 좌수사로 천거한 것은 바로 그의 이런 강직함과 징의감을 알았기 때문이다.

유성룡은 이순신의 성품에 대해 '말이 적고 잘 웃지 않았으며 용모는 단정하고 마음을 깨끗이 하고 함부로 행동하지 않는 선비와 같다'고 표현하고 있다. 그만큼 유성룡은 평소부터 이순신을 높게 평가하고 있었던 것이다.

유성룡은 임진왜란이 발발할 당시 가장 용맹스러운 장수로 명성을 얻은 인물은 신립과 이일이라고 쓰고 있다. 하지만 신립은 용맹은 있으나 꾀를 쓸 줄 모른다고 비판하고 있고, 이일 역시 용맹은 있으나 전략과 전술에 능하지 못하다고 평가하고 있었다.

유성룡은 원균에 대해서는 매우 비판적이었다. 원균은 수하를 다스릴 능력도 없고, 술주정을 잘하고 함부로 화를 냈기 때문에 수하들은 항상 도망갈 궁리만 하고 있었다고 적고 있다. 하지만 이순신에 대해선 '재주는 있었으나 운이 없었던 사람'이라고 하면서 그의 능력에 대해서는 '귀신같은 장수'라고 표현하고 있다.

그런 뛰어난 장수가 전쟁 막바지에 적의 총탄에 맞아 전사한 것에 대해 유성룡은 이렇게 안타까워하고 있다.

"이순신은 재주는 있었으나 운이 없어서 100가지 꿈 중에 1가지도 자기 뜻대로 이루지 못하고 죽었다. 아아, 슬프다."

실사구시 역사학의 표본, 안정복의《동사강목》

《동사강목東史綱目》은 순암 안정복이 1778년에 완성한 역사서로서 17권 34책으로 되어 있으며, 필자가 읽은 것은 민족문화추진회가 1977년에 초판 발행한 후, 1982년에 3판으로 발행한 책이었다. 이 책은 평균 450페이지 정도로 10권 분량으로 된 전질이며, 원문 영인본과 번역본, 색인으로 구성되어 있다.

《동사강목》에서 다루고 있는 역사 시기는 고조선부터 고려 왕조까지다. 이 시대를 다룬 역사서로는《삼국유사》,《제왕운기》,《삼국사기》,《삼국사절요》,《고려사》,《고려사절요》 등이 있었지만, 이 사서들은 각 시대에 한정된 책이었다. 상고사에서 고려사까지를 아우른 책으로는 서거정 등이 편찬한《동국통감》이 있었다.《동국통감》의 편찬 목적은《삼국사기》와 권근의《동국사략》의 문제점들을 보완하는 데 있었다.《동국사략》은 신라 중심으로 삼국시대를 서술한 한계성을 보이고 있는데,《동국통감》은 고구려, 백제, 신라 삼국을 대등한 국가로 서술했다. 그리고 이어서 고려사로 끝을 맺었다. 하지만 안정복은 이 사서들에 만족하지 못했다. 특히 56권 28책으로 이뤄진《동국통감》에 대한 불만이 많았다.

그는《동사강목》의 서문에서 이런 말을 하고 있다.

"《삼국사기》는 소략하면서 사실과 다르고,《고려사》는 번잡하면서 요점이 적고,《동국통감》은 의례가 어그러짐이 많고,《여사제강》과 《동사회강》은 필법이 어그러진 것이 있다. 오류로 인하여 오류를 답습하고 잘못 전한 것에 있어서는 여러 역사서가 비슷하다."

안정복이 서문에서 언급한《여사제강》은 조선 현종 대에 유계가 쓴 고려 시대를 다룬 역사서이고, 《동사회강》은 숙종 대에 임상덕이 지은 삼국사와 고려사를 다룬 책이다. 안정복은 이들 책들의 문제점을 지적하며 주희가 쓴 《자치통감강목》의 범례를 차용하여 《동사강목》을 저술하였다.

《동사강목》을 접하면서 가장 인상적으로 다가왔던 것은 책 앞부분에 '동사강목도'를 그려 넣은 점이었다. 단군기자전세지도, 신라삼성전세지도, 고구려전세지도, 백제전세지도, 고려전세지도 등 5개의 세계도世系圖뿐 아니라 부여와 발해, 가야에 대한 전세도까지 작성하여 넣은 점이 신선했다. 또한 전세도 뒤에 각 왕들에 대한 간략한 치세 평을 달아두었는데, 이 또한 당시로서는 매우 획기적인 시도였다. 그리고 동사강목도를 본문 앞에 둠으로써 역사를 읽기 전에 각 나라들의 왕위가 어떻게 계승되었는지를 한눈에 알 수 있도록 기획되었다는 점에서 매우 놀라운 발상이라 생각했다.

본문은 기자조선으로부터 시작하고 있다. 다만 기자조선 내용 속에 단군에 대한 기록을 함께 넣었다. 하지만 '동방의 옛 기록 등에 적힌 단군에 관한 이야기는 다 허황하여 이치에 맞지 않는다'는 개인 의견을 주로 달아놓았다. 이는 그가 단군조선을 인정은 하되, 그와 관련된 《삼국유사》나 《제왕운기》의 신화적인 이야기들은 인정하지 않겠다는 점을 확실히 한 것이다. 또한 기자조선에 대한 내용은 《한서》와 《문헌통고》, 《위략》 등의 중국사서의 기록에 따르고 있다. 따라서 그는 기자조선으로부터 왕조의 정통이 이어졌다고 보는 것이다. 그는 기자조선, 마한, 통일신라, 고려 등을 정통 왕조로 파악하고, 마한이 멸망한 뒤의 삼국시대는 정통 왕조로 인정하지 않고 있다. 이는 《삼국사기》의 입장과 전혀 다른 것이다. 마한이 망한 뒤에 삼국의 역사는 정통이 없는 무통의 시대라고 규정하는 까닭이다. 또한 삼국시대 초기 역사는 마한에 예속된 역사로 보고 있는데, 이는 마한이 아직 망하지 않았기 때문에 마한이 망할 때까지는 마한이 정통 왕조라는 인식에서 비롯되었다. 또한 궁예의 태봉을 이은 고려도 신라가 망할 때까지는 정통 왕조가 아니라는 인식도 마찬가지다. 한사군의 역사도 고조선의 역사 속에서 다루고 있는데, 이 역시 한사군이 설치된 뒤에도 고조선 왕조가 이어졌다는 인식에서 비롯되었다. 고려 역사에 대해서도 《고려사》와는 시각을 달리하고 있는데, 《고려사》는 우왕과 창왕을 왕으로 다루지 않고 반역 열전에서 다루고 있지만 안정복은 이를 정략적인 날조라고 평가하며 그들을 정식 왕으로 다루고 있다. 다만 그들이 폐위된 왕이었기 때문에 폐왕으로 기술하고 있다.

그는 중국사에 있어서도 한, 당, 송, 명 등 네 왕조만 정통 왕조로 인정하고 나머지 왕조는 정통으로 인정하지 않는다. 따라서 자신이 살던 당대에 중국을 장악하고 있던 청을 정통 왕조로 인정하지 않았던 것이다. 이는 한족이 세운 국가만이 중국의 정통이라고 하는 인식에서 비롯되었다.

《동사강목》을 읽으면서 필자가 또 특이하게 여겼던 것은 신라사를 서술함에 있어 선덕, 진덕, 진성왕 등의 여왕들을 정통 군주로 인정하지 않는다는 점이었다. 이는 《삼국사기》보다 후퇴한 관점이라 할 것이다.

전체적으로 《동사강목》은 성리학적 바탕 위에서 역사를 이해하고, 고증 가능한 사료를 바탕으로 역사를 서술하려는 실학적 경향을 띤 역사서다. 그렇다 보니 실학적 경향에서는 다소 신선하고 발전된 시각을 드러내고 있으나 유학에 경도된 나머지 여왕을 인정하지 않는 등 다소 보수적인 색채를 띠는 한계성을 노출하고 있다. 이는 그가 살았던 18세기 풍토가 반영된 결과라 할 수 있다.

안정복은 1712년에 태어나 1791년까지 18세기 80년을 살다가 간 인물이다. 안정복은 조부 안서우가 예조참의를 지내는 등 명문가 집안 출신이다. 하지만 남인 계열인 탓으로 안서우의 관직 생활은 안정되지 못했다. 또한 아버지 안극은 아예 관직에 나가지 않고 평생을 처사로 지냈기 때문에 가세가 많이 기울었다. 설상가상으로 안정복은 어릴 때부터 몸이 병약하여 열 살이 되어서야 겨우 《소학》에 입문할 정도로 늦게 학문을 시작했다. 그는 아버지로부터 학문을 익혔다. 아버지 안극은 벼슬에 나가지 않은 탓에 다양한 학문을 접했는데, 그 덕에 안정복은 경전은 물론이고, 음양학, 의학, 명리학, 기술학, 병법, 불교, 노자 등 다양한 학문을 익혔다. 그 때문에 점을 치는 방술가라는 소리를 듣기도 하였다.

그런 가운데 그는 스물여섯 살이 되던 1737년에 《치통도》, 《도통도》 등의 책을 저술하였다. 《치통도》는 중국 상고대의 하·은·주 삼대의 정치와 문화에 대한 책이고, 《도통도》는 《시경》, 《서경》, 《주역》, 《논어》, 《맹자》, 《중용》 등 6경의 학문에 대한 책이다. 이후 그는 스물아홉 살에 《하학지남》을 저술했는데, 경학의 내용들을 현실에서 어떻게 실천하여 생활화할 것인가에 대한 책이었다. 또한 이해에 중국 주나라의 토지제도에 대한 해설서인 《정전설》을 내놓았다. 이후 유형원의 《반계수록》을 읽고 크게 감화되어 실학에 관심을 두게 되었다.

그의 실학에 대한 관심은 이익의 문하에 들어가면서 더욱 확대되었다. 비록 서른다섯 살이라는 늦은 나이에 이익의 제자가 되었지만, 이미 학문적 바탕이 튼튼했기 때문에 그는 학문적으로 빠르게 성장했다.

하지만 당시 안정복은 방술가로 널리 알려져 있었고, 이익은 안정

복의 이런 면모를 못마땅하게 생각했던 모양이다. 그래서 안정복이라
는 이름에서 방술가의 느낌이 난다며 이름을 바꾸라는 충고까지 할 정
도였다. 하지만 안정복은 이미 자신의 가치관이 뚜렷하게 형성된 상황
에서 이익을 만났기 때문에 크게 흔들리지는 않았다.

안정복은 서른여덟 살이 되던 1749년에 종9품 만령전 참봉 벼슬
을 얻었다. 물론 음보로 얻는 벼슬이었다. 이후 의영고 봉사, 귀후서 별
제 등을 지내고 마흔두 살이 되던 1753년엔 사헌부 감찰이 되었다. 하
지만 감찰 생활은 곧 접어야 했다. 아버지의 상을 당한 데다 건강이 악
화된 탓이었다.

벼슬을 버리고 고향으로 돌아온 안정복은 그간의 관직 생활을 바
탕으로 《임관정요》를 저술했다. 《임관정요》는 지방관의 행동 지침을
기술한 책으로 훗날 다산 정약용이 《목민심서》를 쓸 때 주요 참고 자
료로 활용한다. 《임관정요》를 저술한 이후, 그는 역사의 체계를 다시
잡기 위해 《동사강목》 집필에 매달렸다. 《동사강목》 집필 과정에서 스
승 이익에게 많은 조언을 구했다. 또한 동문이었던 윤동규와 이인섭
등의 도움도 많이 받았다. 그런 까닭에 《동사강목》엔 이익의 사관이
적지 않게 반영되었다.

그가 《동사강목》 집필을 준비한 것은 1751년부터였다. 이때 그는 주
희의 《자치통감강목》을 연구하며 역사 집필을 결심했고, 유형원의 《동
사강목조례》를 접한 뒤에 1756년부터 집필을 시작했다. 이후 1759년
에 초고를 완성했고, 이후 수정과 보완을 지속하여 1778년에 집필을
완료했다. 실로 22년에 걸쳐 대작을 완성한 셈이었다.

그가 《동사강목》을 완성했을 때, 스승 이익은 이미 고인이 된 뒤였
다. 또한 당시 많은 남인 실학자들은 천주교에 몰입해 있었다. 하지만

안정복은 철저히 성리학으로 무장하여 그들의 사상을 이단시하고 배척하였다. 이를 위해 《천학고》, 《천학문답》 등을 저술하여 천주교의 교리를 구체적으로 반박하였다. 사돈 간이었던 권철신과 사위인 권철신의 동생 권일신이 천주교에 몰두하자, 이들에게 수많은 편지를 보내 마음을 되돌려놓으려 하였다. 그런 까닭에 안정복의 사상은 다소 보수적인 색채를 띠게 되었다. 전통적인 유교 질서를 유지하고 서양 학문이나 양명학을 배척하는 성향을 보였고, 결국 이것이 그의 학문적 한계였던 셈이다.

3부

기행 명저

18세기 최고의 베스트셀러
박지원의 《열하일기》

유럽 사회에 조선의 실상을 알린 최초의 책
핸드리크 하멜의 《하멜 표류기》

또 다른 기행 명저
최부의 《표해록》

18세기 최고의 베스트셀러
박지원의 《열하일기》

조선을 발칵 뒤집어놓은 화제작

"문체가 옹졸한 자는 모두 과거 시험에 합격시키지 마라."

조선 22대왕 정조가 재위 15년(1791년) 2월 12일에 내린 명령이다. 여기서 말하는 옹졸한 문체란 곧 연암체 또는 패사소품체稗史小品體를 뜻한다. 당시 조선엔 연암 박지원의 문체가 유행했는데, 바로 그 문체를 사용하지 말라고 한 것이다. 연암체가 유행한 것은 《열하일기》가 발표된 이후부터였다. 연암체의 특징은 해학과 재미를 중심으로 한 소설적 문체로 내용을 전달하는 것인데, 정조가 이를 몹시 싫어했던 것이다. 하지만 왕이 싫어하고 금지하기까지 했지만 연암체는 더 확산되기만 했다. 그 확산의 시발점은 바로 《열하일기》였다.

《열하일기》는 연암 박지원이 마흔네 살에 쓴 일기 형태의 기행문이다. 1780년에 조선 조정은 청나라 고종 건륭제의 고희연을 맞이하여 진하 사절단을 보내게 되는데, 박지원의 8촌 형인 박명원이 사절단의 정사로 가게 되었고, 연암은 박명원의 수행원으로 따라가게 되었다. 진하 사절단 정사 박명원은 연암보다 열두 살 위였는데, 영조의 딸 화평옹주와 결혼하여 부마도위로서 금성위로 불리고 있었으며, 조선 왕실을 대표하여 건륭제의 고희연에 참석하는 것이었다.

사절단은 1780년 6월 24일에 의주를 출발하여 10월 27일에 돌아오게 되는데, 연암이 그 과정에서 겪은 일들과 자신의 느낌, 그리고 새로운 문물에 대한 견해를 매우 자유로운 필치로 기록한 것이 바로《열하일기》다. 연암은 이 책에서 청의 앞선 문물을 소개하고, 낙후된 조선의 문화를 개선할 방도를 역설하는가 하면, 중국인들이 우리 문화에 대해 가지고 있는 왜곡된 시선을 교정할 수 있는 방법을 제시하기도 한다. 또한 여행 중에 만난 사람들과 나눈 대화 내용이나, 그곳에서 들은 이야기들을 자유분방한 필치로 서술해놓았다.

당시 조선 선비 사회에는 여전히 청나라에 대해서 오랑캐 국가라는 인식이 만연해 있었고, 그 때문에 청나라를 배울 생각을 하지 못했다. 하지만 박지원은 청의 앞선 문물을 받아들여 조선인들의 삶을 개선하고, 국가를 부강하게 하는 것이 우선이라고 생각했는데,《열하일기》속에 그의 이러한 사상들을 잘 녹여놓았다.

《열하일기》는 평안도 의주에서 출발하여 압록강을 건너고, 요동의 중심지 심양을 거쳐 산해관, 북경, 그리고 건륭제의 휴양지 열하에 이르는 여정과 다시 열하에서 북경을 거쳐 조선으로 돌아오는 이야기에서 끝을 맺는다.

연암은 자신의 기행문을 26권 10책으로 정리하였는데, 26권의 대략을 소개하기에 앞서 자못 지나치게 방대한 느낌이 들어, 혹자는 읽을 엄두도 내지 못하고 미리 포기할까 염려되어 몇 마디 먼저 붙인다.《열하일기》는 생각보다 방대한 분량은 아니다. 번역본으로 본다면 500페이지 책 3권 정도 된다. 그중에서도 기행문에 해당되는 내용은 1권 정도 분량이다. 그리고 연암의 필치가 탁월하고 해학을 곁들인 데다 재담까지 뛰어난 까닭에 술술 읽힌다. 일기체의 수필에 기행문, 그리고 여행지에서 만난 사람들과의 대화, 자신의 견문기 등이 다수이고, 〈호질〉이나 〈허생전〉 같은 소설까지 곁들여 있는 데다 1편의 분량이 그다지 많지 않아 술술 읽힌다. 이미 해학과 재미, 수필과 소설, 심지어 만화에 익숙한 현대인인 필자가 재미있게 읽을 수 있는 문체이니 당시 조선인들에겐 기가 막힌 책이었을 것이다.

이런《열하일기》가 세상에 알려졌으니, 엄청난 인기를 끌며 빠르게 번져나가는 것은 당연했고, 급기야 글줄깨나 쓴다는 문인들은 앞을 다투어 연암체로 된 저작들을 쏟아놓기 시작했다. 연암체는《논어》나《춘추》,《맹자》등의 정통적인 문체에서 벗어나 소설 양식을 구사하면서 해학적인 표현을 즐겨 쓰고 사건의 묘사를 있는 그대로 생동감 있게 표현하는 특징을 지니고 있었다. 이를 당시에는 '패사소품체'라고 불렀는데, 이러한 문체가《열하일기》이후에 유행하자, 보수적인 문객들은 연암의 문체가 난삽하고 품위가 없다는 비판을 하였다. 그러자 우리가 흔히 혁명 군주라고 부르는 왕(정조)이 직접 나서서 문풍을 바로잡아야 한다며 패사소품체 금지령까지 내리기에 이르렀다.

패사소품체라는 것은 정사에 들어갈 수 없는 사소한 이야기나 자질구레한 이야기를 엮는 문체를 의미하는데, 이는 민간의 풍속이나 소문같이 하잘것없는 것들을 기록한 패관문학에서 비롯되었다. 정조는 패사소품체의 한 종류인 연암체를 없애기 위한 일환으로 소설의 유통과 유입을 금지하고 학문이나 문학적인 글쓰기에 본보기가 될 만한 제자백가의 책이나 '당송팔가문', 조선 초에 정통 문체로 서술된 책들을 집중적으로 간행했다. 이러한 일련의 정책을 '문체반정文體反正 정책', 즉 '문체를 바르게 되돌려놓는 정책'이라고 했다.

문체반정 시기에는 패사소품체를 쓰면 왕으로부터 견책을 받기도 했고, 일정 기간 동안 과거에 응시도 못 하게 하였다. 또한 당시의 대신이었던 이상황, 김조순 같은 인물들이 불순한 문체로 된 소설을 본 것이 발각되자 스스로 자신을 고발한다는 뜻의 자송문自訟文을 지어 바치도록 하기까지 하였다. 또 규장각 각신이었던 남공철은 과거를 볼 때 쓴 대책문 가운데 소품문을 인용한 사실이 발각되어 벼슬이 깎이기도 하였다. 정조는 박지원은 물론이고, 박제가, 이덕무 등의 검서관들의 문체를 비판하며 자송문을 지어 바치도록 했다.

사실, 정조의 문체반정 정책은 매우 폐쇄적이고 위압적이며 시대를 거스르는 문학관에서 비롯되었다. 개혁 군주로 알려진 정조는 문학이라는 것을 성리학의 도를 퍼뜨리는 도구 정도로 인식하고 있었다. 따라서 이야기의 특성으로 자리한 재미나 해학 같은 것은 문학에 쓰여서는 안 된다는 반시대적 사고에 갇혀 있었다. 정조의 문체반정은 바로 그 낡은 가치관의 한계에서 비롯된 잘못된 문화 정책이었던 것이다.

정조와 보수적인 학자들의 문체반정이 시대를 역류하는 정책이었다는 것은 그것이 당시 민중들에게 별다른 효과를 거두지 못했다는 사실에서도 알 수 있다. 이미 연암체가 가진 재미와 풍자에 매료된 민중들은 암암리에 패사소품체로 된 소설들을 유행시켰고, 그로 인해 패사소품체는 문체반정 이전보다 더욱 확산되었던 까닭이다.

《열하일기》 26권의 요점을 간략하게 정리하자면 다음과 같다.

1권 도강록은 압록강을 도강하는 과정과 전후 상황, 그리고 요양에 이르는 보름 동안의 여정과 그 과정에 얽힌 이야기, 여정 속에 포함된 강역들의 역사적인 해석들을 매우 논리적이면서도 해학적이고 자유분방한 필치로 서술해놓았다.

2권 성경잡지는 성경, 즉 심양에서 겪은 일들과 십리하에서 소흑산에 이르는 7월 10일에서 7월 14일까지 5일간의 여정 속에서 나눈 대화와 자신의 심정을 다루고 있다. 이 편에서는 '속재필담'이라는 제목으로 심양에서 만난 사람들과의 필담을 별도로 기록하고 있으며, 심양의 골동품 상점에서 얻은 중국 골동품에 대한 별도의 기록을 '고동록'이라는 제목으로 서술해놓았다. 또 요양 주변의 산천들을 간단하게 소개하는 '산천기략'을 말미에 덧붙여놓았다.

3권 일신수필은 7월 15일부터 7월 23일까지 9일 동안의 기록인데, 신광녕에서 산해관까지 562리를 여행하며 겪은 일들을 기술하고 있다. 이 편에서는 '북진묘 견문기', '강녀묘 견문기', '장대견문기', '산해관 견문기' 등 4편의 견문기와 '차제(수레 만드는 법)', '극장', '저자(시장)', '점방집(상점)', '다리' 등의 문물을 소개하는 특징을 보이고 있다.

4권 관내정사는 관내, 즉 산해관 안쪽부터 북경 황성까지의 여정을 다루고 있는데, 7월 24일부터 8월 4일까지 11일 동안의 이야기를 쓰고 있다. 산해관에서 북경의 황성까지는 640리 길인데, 256킬로미터 거리다. 관내정사 속엔 상고시대 주나라 성립 과정에서 두 임금을 섬길 수 없다며 수양산에서 고사리만 캐먹다 죽은 '백이와 숙제'에 관한 내용이 소개되어 있고, 소설 〈호질〉도 실려 있다. 또 '열상화보'라는 제목으로 그림 목록을 별도로 나열해놓았으며, '이제묘 견문기', '난하범

주기', '동악묘 견문기' 등의 짧은 견문기도 들어 있다.

5권 막북행정록은 '북방 여행기'라는 뜻으로 북경의 연경에서 황제의 휴양지인 열하까지 8월 5일부터 9일까지 5일 동안 422리의 여정을 담고 있다. 주로 일기체로 서술되어 있으며, 별도의 제목을 설정하지 않았다.

6권 태학유관록은 8월 9일부터 14일까지 6일 동안 열하의 태학관에 머물면서 쓴 글이다. 이 글에선 건륭제와 조선 사신의 대화가 소개되는 것이 특징이다.

7권 구외이문은 북구 바깥에서 들은 이야기 60여 가지를 소개하는 내용이다.

8권 환연도중록, 말 그대로 연경(북경)으로 돌아오는 여정에 관한 글인데, 주로 청나라의 교통 제도에 대해 많이 다루고 있다.

9권 금료소초는 주로 의술에 관한 내용을 다루고 있고, 10권 옥갑야화는 역관들에 관한 내용을 주로 다루고 있는데, 허생이라는 인물이 여기에 등장한다. 허생에 관한 이야기는 훗날 〈허생전〉이라는 작품으로 다시 태어난다.

11권 황도기략은 황성, 즉 북경의 문물제도를 다루고 있으며, 12권 알성퇴술은 순천부학에서 조선관에 이르는 동안의 여정을 기록하고 있으며, 13권 앙엽기는 홍인사에서 이마두총에 이르는 명소 20곳을 소개하고 있다.

14권 경개록은 열하의 태학에 머물면서 중국 학자들과 나눈 대화를 기록한 것이며, 15권 황교문답 역시 열하에 머물면서 당시 세계정세를 논한 내용인데, 각종의 종교와 종족에 관한 내용들도 다루고 있다.

16권 행재잡록은 건륭제의 행재소에서 보고 들은 바를 기록한 것인데, 그 속에는 청나라의 조선에 대한 정책도 담고 있다.

17권 반선시말은 건륭제가 토번의 옛 땅인 서번의 법왕 반선을 대상으로 행한 정책을 논한 것이고, 18권 희본명목은 건륭제의 고희연에 공연했던 연극 놀이의 대본과 종류에 대해 열거한 것이다.

19권 찰십륜포는 열하의 찰십륜포에서 라마승의 법왕 반선을 본 것에 대한 기록인데, 황제까지 그에게 머리를 숙이고 절을 한다는 말을 듣고 매우 낯설어하는 내용들이 담겨 있다.

20권 망양록은 중국 학자와 음악에 대한 토론을 한 내용이고, 21권 심세편은 중국을 여행하는 조선인의 5가지 문제점과 중국의 3가지 문제점을 다루고 있다.

22권 곡정필담은 청나라 학자인 곡정 왕민호 등과 16시간 동안 주고받은 대화를 기록한 것으로 천문에 대한 내용이 많으며, 종교와 역사, 정치, 문화에 대한 내용도 곁들이고 있다.

23권 동란섭필은 노래와 음악에 대한 내용을 다루고 있고, 24권 산장잡기는 열하 산장에서 겪은 잡다한 이야기를 쓰고 있으며, 25권 환희기는 중국의 요술에 관한 것이고, 26권 피서록은 열하 산장에서 시와 문장을 비평한 내용을 담고 있다.

숭정 156년과 후삼경자

《열하일기》 첫 권인 '도강록'의 첫 구절은 이렇게 시작된다.

처음에 용만(의주관)에 묵고 있는 열흘 사이 방물(여행에 필요한 물건들)은 이미 도착하였고, 길 떠날 날짜가 매우 촉박하던 판에 뜻밖에 비가 장마를 지워 두 강물이 합창이 되어 넘쳤다.

그사이 날씨는 활짝 개어 나흘이나 지났으나, 물살은 점점 더 심하여 나무고 돌이고 한목으로 굴러 내려 흙물은 하늘과 맞닿았다.

하필 장마 중에 길을 떠나게 되어 향후 악천후와 장마로 인한 고통스러운 여정을 예고하고 있는 내용이다.

이 글 위에는 '후삼경자後三庚子, 성상(정조) 4년 6월 24일'이라고 적혀 있다. 성상 4년이란 정조 재위 4년이란 뜻으로 1780년을 일컫는 것은 알겠는데, 도대체 '후삼경자'란 무슨 의미인가? 친절하게도 연암은 이에 대해 서문에서 자세히 설명하고 있다.

무엇 때문에 후삼경자라고 하는가? 여행의 날씨가 흐리고 갠 사연을 기록하면서 해(年)를 표준으로 삼아 달수와 날짜를 따지기 위한 것이다.

그러면 '후後'는 무슨 뜻인가? 숭정 기원 '후'란 말이다. ('숭정'은 명나라 마지막 황제인 16대 의종의 연호다. 따라서 여기서 '후'라는 것은 '명나라 멸망 후'라는 뜻이다.)

삼경자란 무슨 뜻인가? 숭정 기원 후 세 번째 경자년이란 말이다. (경자는 육갑으로 따져 부른 명칭이고, 육갑은 60년에 한 번씩 반복되는데, 명나라가 망한 후에 세 번째 경자년을 맞이했다는 뜻이다.) 무엇 때문에 숭정 연호를 쓰지 않았는가? 강을 건너면 청인들이 산다. 세상이 다 청나라 연호를 쓰고 있으므로 구태여 숭정이라고 부를 수는 없었던 것이다.

어째서 드러내놓지는 못하면서 숭정이라고 부를까? 명나라는 중국이다. 우리나라를 처음으로 승인한 이웃 나라이기 때문이다.

숭정 17년(1644년) 의종 열황제가 나라를 위하여 죽은 뒤, 명나라가 망한
지 130여 년이 되었건만 무엇 때문에 이날까지도 숭정이라 부를까? 청인
들이 중국에 들어가 통치를 한 뒤로 옛날의 문물제도는 오랑캐로 변해버
렸다. 그러나 우리나라만이 몇천 리 거리에 강을 경계로 나라를 삼고 홀로
옛날 문화를 지키면서 빛을 내고 있다.

명나라 문화는 오히려 압록강 동쪽에서 부지되고 있는 셈이다. 비록 힘이
모자라서 오랑캐를 몰아내고 중원 땅을 한번 숙청하여 옛날 모습으로 바
로잡지는 못할망정 모두가 '숭정'을 떠받듦으로써 중국을 부지해보고자
하는 것이다.

숭정 156년 계묘년(1783년) 열상외사洌上外史 씀

이 서문의 내용은 흡사 중국 즉, 명나라 문화를 지키고 있는 조선
선비로서의 자부심을 표출하는 듯한 느낌이 들지만, 정작 《열하일기》
내용 속으로 들어가 보면 조선이 우물 안 개구리와 같이 청나라의 발
전된 문화를 모르고 산다는 시각이 뚜렷하게 나타난다.

그래서 어쩌면 이 서문은 당시 연암과 같은 선각자의 위치에 있었
던 조선 지식인들의 양면성을 보여주는 글일 수도 있겠다는 생각이 들
었다. 성호 이익의 《성호사설》에서도 서양의 문물과 학문을 받아들여
야 한다고 주장하지만 한편으론 조선 유학자로서의 자부심과 유학을
절대적으로 신봉하는 태도를 보인다. 성호의 이런 면은 연암이 서문의
말미에 '숭정 156년'이라고 쓰는 것과 일맥상통하지 않나 싶다.

사실, 연암의 시대는 여전히 성리학 중심의 양반 사회였고, 철저한
신분제 중심 사회를 추구하던 때였다. 따라서 연암 역시 그 양반이자
유학자라는 한계 상황에 놓인 인물임을 인식하면서 《열하일기》를 읽

어야 한다는 것을 이 서문에서 간파해야만 한다. 조선의 선비 사회가 여전히 명의 문명과 문화를 그리는 중화주의에 빠져 있고, 연암도 그 선비 중의 한 사람임을 시사하는 것이 바로 서문 말미의 '숭정 156년'이라는 표현이라는 것이다. 그런데 연암은 정작 본문에 들어가서는 '후삼경자'라는 표현을 쓴다. 그리고 이 표현을 쓰는 이유가 청나라로 떠날 것이고, 청나라에 들어가면 세상이 다 청나라 연호를 쓰기 때문에 숭정이라는 연호가 필요 없기 때문이라고 말한다. 그리고 막상 돌아와 책을 엮고 서문을 쓸 땐 다시 '숭정'이라는 연호를 쓴다. 청에 들어가서는 숭정의 연호가 필요 없고, 조선에 돌아오면 다시 숭정의 연호를 쓰는 상황, 이것이 바로 연암이 처한 현실이었다. 한편으론 청나라의 앞선 문물을 배워 와야 하고, 한편으론 중화주의를 지키는 이율배반적인 행동, 이것이 이른바 우리가 실학자라고 부르는 조선 선비들이 처한 현실이었던 것이다.

벽돌 찬가

연암은 요동으로 들어가 봉황성에 이르렀을 때, 집집마다 모두 벽돌을 사용한 것을 보고 감탄을 자아낸다. 지금이야 흔한 것이 벽돌이지만, 당시 조선 사회는 벽돌 문화가 없었다. 하지만 청은 일찌감치 벽돌로 축대를 쌓고 집을 짓고 담을 쌓았다. 연암은 봉황성 거리의 어느 여염집에서나 발견되는 벽돌을 보고 감탄과 한탄을 동시에 쏟아냈다. 이 유용한 벽돌을 아직도 조선에서는 사용조차 하지 않음을 한탄하고, 청에서는 작은 마을조차 벽돌을 생산할 능력이 있음을 감탄했던 것이다.

이른바 연암의 '벽돌 예찬론'인데, 그 내용을 옮겨보면 이렇다.

집들은 어디든 벽돌이 아니면 못 짓다시피 단벌로 쓰고 있다. 벽돌은 길이가 1자요, 넓이가 5촌인데, 두 장을 가지런히 놓으면 정사각형이 된다. 두께는 2촌인데, 한 틀에 박아서 뽑아내는 것이다.

벽돌에는 세 가지 경계하는 것이 있다. 첫째로 귀가 떨어진 것, 둘째로 모서리가 죽은 것, 셋째로 뒤틀어진 것이다. 이 세 가지 중에 한 가지라도 범한다면 모처럼 잔뜩 집에 들인 공을 망칠 수가 있다. 그러므로 한 틀에서 뽑아낸 벽돌이지만 그래도 들쑥날쑥할까 봐 염려하여 쌓을 때는 기역 자 자로 대어 바로잡고 깎고 갈아 판판하고 가지런히 만들어서 만 장의 벽돌이라도 한 모양으로 나간다.

그 쌓는 법인즉 한 번은 길이로, 다시 한 번은 가로로 놓아 저절로 엇갈려 묶도록 하고 장과 장 사이는 종잇장같이 회를 먹여 겨우 맞붙도록만 하여 맞붙은 금 자국은 줄을 그은 듯하다.

연암이 묘사한 벽돌 쌓기는 현대에 와서도 그대로 지켜지고 있다. 하지만 당시 연암의 눈에는 벽돌을 만드는 것과 벽돌을 쌓는 것이 매우 과학적이고 신선하게 느껴졌을 것이다. 또한 벽돌로 집을 짓는 것이 얼마나 실용적인 것인지 설명하고 있다.

무릇 집을 짓는 데는 벽돌을 쓰는 것이 얼마나 득이 되는지 모른다. 비단 담벽을 쌓는 데뿐만 아니라 방 안이나 방 밖이나 벽돌을 깔지 않은 데가 없다. 넓은 마당을 통으로 벽돌을 깔아 우물 정# 자로 또렷또렷한 금이 바둑판같이 보이고 집채는 담벽으로 떠받쳐 위는 가볍고 아래는 든든하며 기둥은 담벽 속에 박혀 비바람을 겪지 않으니, 이로써 화재 염려가 없고, 도적이 뚫을 걱정이 없고, 더구나 새, 쥐, 뱀, 고양이의 피해가 없을 것이다. 또한 가운데 문을 닫으면 온 집은 절로 성채같이 되어 집 안에 든 물건은 궤짝 속에 넣은 것이나 다름없이 된다. 이로써 보면 집을 짓는다고 많은 흙과 나무와 쇠붙이와 토역이 소용없고 벽돌을 한 번 구워내는 때에 벌써 집은 다 된 폭이나 다름없다.

연암의 벽돌 찬가는 그보다 일찍 청나라를 방문하여 책을 쓴 박제가의 영향을 받은 듯하다. 연암이 연경으로 향하던 1780년보다 2년 이른 1778년에 나온《북학의》에서 박제가는 벽돌의 실용성을 예찬하며 빨리 조선에서도 벽돌 굽는 기술을 보급하여 온 백성이 다 사용하도록 해야 한다고 주장하는데, 연암도 이 책을 보았을 것이기 때문이다. 이런 북학파의 벽돌 예찬론은 결국, 정조에 의해 수용되었고, 수원의 화성을 건축할 때 벽돌을 사용하여 짓게 된다.

연암은 청나라 사람들의 기와 이는 법에 대해서도 칭찬을 아끼지 않고 있다.

기와를 이는 법도 본받을 데가 많으니, 모양은 동그란 통대를 네 쪽으로 쪼개면 그 한쪽 모양처럼 되어 크기는 두 손바닥쯤 된다. 보통 민가는 짝 기와를 쓰지 않고 서까래 위에는 산자를 엮지 않으며, 삿자리 몇 닢씩 펼 뿐이다. (산자는 지붕 서까래 위나 고미 위에 흙을 받쳐 기와를 이기 위해 가는 나무 오리나 싸리나무 따위로 엮은 것이고, 삿자리는 갈대를 엮어 만든 자리를 일컫는다.) 그리고 진흙을 넣지 않고 곧장 기와를 인다. 한 장은 엎치고 한 장은 젖히고, 암수로 서로 맞아 틈서리는 한 층 한 층 비늘 진 데까지 온통 회로 발라 붙여 때운다. 이러니까 쥐나 새가 뚫거나 위가 무겁고 아래가 허한 폐단이 절로 없게 된다.

연암은 이어 조선의 기와 이는 법을 설명하며, 실용성이 매우 부족함을 지적한다. 조선의 기와집에는 지붕에 진흙을 잔뜩 올리니 위가 무겁고, 바람벽은 벽돌로 쌓아 회로 때우지 않으니 네 기둥은 의지할 데가 없으며, 아래는 떠받치는 힘이 없다는 것이다. 또 기왓장이 너무 크다 보니 지붕의 비스듬한 각도에 맞지 않아 저절로 빈틈이 생기고 그래서 별수 없이 진흙으로 메우게 된다는 것, 그런데 진흙이 마르면 기와 밑창은 저절로 들떠 비늘처럼 이어진 곳들이 벗겨지면서 틈이 생기고, 그 틈으로 바람이 스며들고, 비가 새고, 새가 뚫고, 쥐가 구멍을 만들고, 뱀이 기어 들어오고, 고양이가 뒤집어놓는 폐단이 있다는 것이다.

연암의 글들을 읽으면서, 그의 관찰력이 매우 대단하다는 것을 확인할 수 있었다. 대개 여행객이란 지나가면서 얼핏 보는 것으로 구경을 끝내기 십상인데, 그는 만드는 원리와 그것의 사용법, 그리고 장단점까지 모두 파악하여 기록하고 있다. 이는 그가 사신단의 일원으로 청나라를 방문한 목적이 단순한 기행을 위한 것이 아님을 명확하게 드러내고 있음이다.

당시 청나라는 성을 쌓는 데 있어서도 벽돌을 사용했는데, 그때 벽돌로 한창 복원 중이던 봉황성을 둘러본 후에 동행했던 진사 정각에게 이렇게 물었다.

"성 쌓는 제도가 어떻던가?"

그런데 정진사는 대수롭지 않게 대답했다.

"벽돌이 돌만은 못해요."

그러자 또 한 차례 연암은 벽돌 찬가를 읊어댔다. 성곽에 돌을 쓰는 것은 옳은 일이 아니라며 벽돌을 쓰는 것의 유용성을 길게 설파했다. 요약하자면 벽돌은 잘 구워내기만 하면 돌처럼 다듬을 필요도 없이 쌓기만 하면 되고, 성곽 주변에 가마를 설치하고 구워내서 바로 쓰면 되니까 돌을 먼 곳에서 옮겨 오는 수고를 하지 않아도 된다는 점, 돌로 쌓은 성에 비해 잘 무너지지도 않는다는 것, 회를 발라 서로 이어놓으면 아교풀로 나무를 붙인 것처럼 되어 지탱력이 좋아진다는 것 등등.

그런데 연암의 장광설이 지겨웠던지 정진사는 말 등에 앉은 채로 졸고 있었다. 그래서 연암이 '어른이 말씀을 하는데 듣지 않고 졸고 있느냐'며 나무라자, 정진사가 웃으면서 대답한 내용이 걸작이다.

"죄다 들었습니다. 아무래도 벽돌은 돌만 못하고, 돌은 잠만 못하군요."

연암이 이런 내용을 넣은 것은 어쩌면 자신도 자신의 글이 자못 지겨울 수 있다고 생각해서였을 것이다. 연암은 딱딱한 글의 말미나 서두엔 꼭 해학을 사용하곤 하는데, 읽는 이를 배려하는 마음이 아닐까 싶다.

한사군은 요동에 있고, 평양은 여러 군데에 있다

'벽돌 찬가'에 이어 연암의 실학적 기풍을 한껏 엿볼 수 있는 것은 그의 역사에 대한 식견이다. '도강록'에서 그의 역사에 대한 지식을 마음껏 발휘하고 있는데, 특히 한사군과 평양에 대한 그의 인식은 240년이 지난 지금의 학자들의 견해보다 더 진보적이다.

이익은 《성호사설》에서 요동의 봉황성이 원래 평양이라고 쓰고 있다. 이익의 이러한 견해는 당시 학자로서는 매우 진보적인 것이었다. 이익의 시대에 대다수의 학자들은 평안도의 평양이 고구려의 평양이라고 알고 있었던 까닭이다. 그런데 연암은 이익보다 한 걸음 더 나아간다. 우리는 흔히 한나라가 고조선을 멸망시키고 설치한 한사군이 한반도 안에 있다고 생각하는데, 연암은 말도 안 되는 소리라며 구체적인 사료들을 들이대며 자신의 논리를 펼친다.

우리나라 인사들은 기껏 안다는 것이 지금의 평양뿐으로, 기자가 평양에 도읍을 했더라 하면 이 말을 꼭 믿고, 평양에 정전井田이 있었더라 하면 이 말을 넙죽 믿고, 평양에 기자묘가 있다면 이 역시 믿으나 만약에 봉황성이 평양이었더라 하면 깜짝 놀랄 것이요, 더구나 요동에도 평양이 있었느니라 한다면 아주 괴변으로 알고 야단들일 것이다.

사실, 조선 선비들뿐 아니라 지금의 역사학자들도 연암의 말을 괴변으로 아는 것은 비슷하다. 현대 학자들 대다수가 여전히 평양은 오로지 평안도의 평양밖에 인정하지 않으니, 연암이 살아 있다면 통탄할 일일 것이다. 고조선의 평양 앞을 흐르던 패수가 대동강이라고 굳게 믿는 학자들이 대다수니, 이런 현상이 일어나는 것도 당연할 것이다. 그런데 18세기 인물 연암은 이런 주장에 대해 매우 구체적으로 반박하고 있으니, 들어보자.

그들은 요동이 본래 조선의 옛 땅인 것을 모르고, 숙신, 예맥, 동이의 잡족들이 모두들 위만조선에 복속된 것을 모를 뿐만 아니라 오랄, 영고탑, 후춘 등지가 본디 고구려의 옛 강토임을 모르고 있다.

애달프구나! 후세에 와서 경계를 자세히 모르게 되고 본즉, 함부로 한사군의 땅을 압록강 안으로 죄다 끌어들여 억지로 사실을 구구하게 끌어 붙여놓고는 그 속에서 패수까지 찾아 혹은 압록강을 가리켜 패수라 하기도 하고, 혹은 청천강을 가리켜 패수라 하기도 하고, 혹은 대동강을 가리켜 패수라고 하기도 하여, 이로써 조선의 옛 강토는 싸움도 없이 쭈그러들고 만 것이다. 이것은 무슨 까닭인가? 평양을 한 군데 붙박이로 정해두고 패수는 앞으로 물려내어 언제나 사적을 따라다니게 한 까닭이다.

연암의 말인즉, 당시 조선 선비들이 평양은 오직 한 곳, 대동강변의 평양뿐이라고 생각하는 것이 모든 문제의 근원이라고 지적하고 있다. 이는 당시 선비들뿐 아니라 지금의 사학자들도 별반 차이가 없다. 위만조선이 요수 서쪽의 땅에서부터 동해에 이르기까지 영토를 가지고 있었는데, 어째서 한사군은 한반도 내에서만 찾는 것인지 이해할 수 없는 노릇이다. 그래서 연암은 한사군에 대해 구체적인 근거를 대며 반박하고 있다.

나는 일찍이 한사군 땅은 비단 요동뿐만 아니라 여진도 마땅히 들어간다고 주장하였다. 왜 그러냐 하면 《한서》 지리지에 현도, 낙랑은 있으나 진번, 임둔은 나오지 않았다. 그런데 한나라 소제 시원 5년(기원전 82년)에 4군을 합쳐 2부로 만들고 원봉 원년(기원전 80년)에는 또다시 2부를 2군으로 고쳤는데, 현도 3개 현에 고구려가 있고, 낙랑 25개 현에 조선이 있고, 요동 18현에 안시성이 있다. 그런데 진번은 장안으로부터 7,000리 떨어져 있고,

임둔은 장안에서 6,100리 떨어져 있어 조선의 김륜이 말한 것처럼 이 땅들은 우리나라 안에서는 찾아낼 수 없을 것이고, 마땅히 지금의 영고탑(지금의 지린성 닝안현) 등지가 됨이 옳을 것이다. 이로 미뤄볼 때, 진번과 임둔은 한나라 말년에 부여, 읍루, 옥저에 들어갔고, 부여는 다섯 부여가 되고, 옥저는 4개 옥저가 되어 혹은 변하여 물길이 되고 말갈로, 발해로, 여진으로 차차 변하게 되었다.

연암이 다섯 부여라고 하는 것은 북부여, 동부여, 졸본부여 등을 일컫는 것이고, 4개 옥저라고 하는 것은 남옥저, 북옥저, 동옥저 등을 일컫는데, 부여를 다섯이라고 하고, 옥저를 4개라고 하는 것의 정확한 의미를 알 수는 없다. 또한 물길과 말갈은 표기만 다를 뿐 같은 족속을 지칭하는 것인데, 연암은 이 부분도 알고 있었던 듯하다.

한사군에 대한 연암의 말을 계속 들어보자.

발해의 무왕 대무예가 일본의 성무왕에게 회답한 글에 '고구려의 옛 땅을 회복하고 부여의 유속을 가졌다'는 구절이 있으니, 이로써 본다면 한사군은 절반은 요동에 있고, 절반은 여진에 있어 본래의 우리 강토를 가로지르고 있었던 사실이 명백하다.

연암의 주장에 따르면 한사군은 절반은 요동에 있고, 절반은 압록강 이북 지역의 여진에 있었다는 것이다. 연암은 또 고조선 시대의 강역을 이해하는 데 가장 중요한 요소인 패수에 대해서도 당시 선비들과는 전혀 다른 견해를 피력한다.

한나라 이래로 패수는 일정한 것이 아니다. 그런데 우리나라 인사들은 반드시 지금의 평양을 표준으로 삼고는 저마다 패수 자리를 찾고 있다. 중국 사람들은 무릇 요동의 왼편 강물들을 몰아서 모두 패수라고 하니, 이치에 맞지 않고 사실에 어긋남이 모두 이 까닭이다. 그러므로 고조선과 고구려의 옛 땅을 알고자 한다면 먼저 여진의 국경을 알아내야 할 것이요, 다음으로 패수를 요동에서 찾아야 할 것이다. 패수의 자리가 확정된 뒤에야 영토와 경계가 밝혀질 것이요, 영토의 경계가 밝혀져야 고금의 사실이 부합될 것이다.

그러면 봉황성이 평양이란 말이 있는데, 과연 그러한가? 여기가 혹 기씨나 위씨나 고씨들이 도읍한 곳이었다면 이것도 하나의 평양이 될 것이다. 왜 그러냐 하면, 《배구전》에는 이런 말이 있는 까닭이다.

'고구려는 원래 고죽국으로서 주나라는 기자를 여기에 봉했고, 한나라는 4군으로 나누었으니, 이른바 고죽 땅은 지금의 영평부에 있다.'

또 광녕현에는 옛적에 기자묘가 있어 한관을 씌운 소상을 세웠는데, 명나라 가정(1522~1566년) 때에 전쟁에 불타버렸다고 한다. 광녕 사람들은 여기를 평양이라 했고, 《금사》나 《문헌통고》에는 다 같이 '광녕과 함평 모두 기자의 봉지'라고 했으니, 이로써 미뤄볼 때, 영평과 광녕 사이가 또 한 개의 평양이 될 것이다. 또 《요사》에 보면 발해 현덕부는 본디 조선 땅으로 기자가 있었던 평양성이라고 하였는데, 요나라가 발해를 치고 동경으로 고쳤으니, 지금의 요양현이 바로 이곳이다. 이로써 미루어 요양현이 또 한 개의 평양이 되어야 할 것이다.

내 생각에는 기씨는 처음 영평, 광녕 사이에 자리를 잡았다가 뒤에는 연나라 장수 진개에게 쫓겨나 2,000리 땅을 잃어버리고 점점 동쪽으로 옮겨 중국의 진나라, 송나라가 남쪽으로 밀려가던 것처럼 되었다. 이리하여 가는 곳마다 평양이라고 하였으니, 지금 대동강가에 있는 평양도 그중 하나 일 것이다.

역사 학도인 필자의 생각으로도 연암의 이 주장은 매우 논리적이 고 뛰어난 견해다. 기자조선이 처음엔 영평, 광녕 사이에 있다가 동쪽 으로 밀려났다는 내용은 기자조선을 인정한다면 매우 설득력 있는 견 해다. 1973년에 중국 요녕성 객좌현 북동촌에서 '기후'라는 명문이 찍 힌 청동기가 발견된 것과도 일맥상통하는 면이 있는 까닭이다. 또한 패수라는 지명이 한 곳을 지칭하는 것이 아니라는 것도 매우 탁월한 견해이고, 평양이라는 지명도 한 곳이 아니라 여러 곳이라는 견해도 탁견이다.

연암이 가는 곳마다 그 지역의 유래를 밝히고, 그곳이 우리 역사에 서 어떤 곳이며, 그 지명은 어떤 의미를 갖는지 알려주는 내용이 자주 나온다. 그중에서도 '도강록'에 나오는 평양과 패수, 한사군에 대한 견 해는 가장 돋보이는 글이라 할 것이다.

양반의 냇물 건너기

조선 시대 양반은 등산을 할 때도 가마꾼들이 짊어진 가마에 탄 채로 산에 오르고, 그렇지 않으면 마부들이 이끄는 말을 탄 채로 산에 올랐 다. 연암이 금강산에 갔을 때도 마찬가지였다. 그렇다면 조선 양반들 이 물을 건널 때는 어땠을까? 물을 건널 때도 가마에 탄 채로 가거나 말 위에 앉은 채로 건넜을까? 물론 큰 강을 건널 때는 배나 뗏목에 탄 채로 건너면 된다. 문제는 배나 뗏목을 띄울 수 없는 냇물이다. 이런 냇물은 어떻게 건넜을까?

연암이 속한 사신 일행이 압록강을 건넌 후, 봉황성을 지나 심양에 이르기 며칠 전의 상황을 묘사한 글을 보면 이에 대한 대답이 잘 나와 있다. 요양에 가기 전에 여러 차례 큰비가 내렸고, 냇물이 넘쳐 중간중간 쉬어 가야만 했던 사신 일행은 의주를 떠난 지 13일째인 7월 6일에 다행히 앞을 가로막고 있는 냇물이 줄어 건널 수 있는 상황이 되었다. 연암은 냇물을 건너는 상황을 아주 문학적으로 잘 묘사해놓았는데, 제법 감상할 만하다.

냇물이 좀 줄었기 때문에 곧 출발하였다. 나는 정사의 가마에 같이 타고 건너게 되었다. 30여 명의 하인들이 벌거벗은 채로 가마를 둘러메고 간다. 물살이 센 종류의 여울에 닿자, 별안간 가마는 왼편으로 기울어지면서 하마터면 떨어질 뻔, 정말 아슬아슬했다. 정사와 마주 서로 껴안아 가까스로 빠지지를 않고 맞은편까지 건너와서 물 건너는 사람들을 바라보았다. 혹은 목말을 태우고 혹은 좌우로 서로 부축을 하기도 하고, 혹은 나무를 엮어 사립 문짝같이 만들어 네 사람이 어깨에 추켜 메어 타고 건너기도 했다. 말 등에 탄 채로 헤엄쳐 건너는 자는 모두 고개 들어 하늘만 쳐다보거나 두 눈을 감기도 하고 억지로 웃는 낯을 짓는 자도 있었다. 하인들은 모두 안장을 끌러 어깨에 메고 건넌다. 행여 물에 젖을까 봐 그렇다. 이미 건너온 자도 어깨에 무엇을 메고 건너간다. 꼴이 괴이쩍어서 까닭을 물었더니 빈손으로 물에 들어서면 몸이 가벼워 혹시 물에 떠내려가기가 쉬우므로 일부러 무거운 것으로 잔뜩 어깨를 눌러놓아야 된다고 한다. 여러 차례 왕복한 자는 벌벌 떨지 않을 수 없으니 산골 물이라 무섭게 찬 탓이다.

정사, 부사, 서장관을 비롯하여 역관과 마부, 군졸, 시중드는 종들, 따라붙은 상인까지 300명이 넘는 사신 일행이 그런 식으로 냇물을 건너가야 했으니, 그야말로 냇물이 저잣거리나 된 듯이 시끌벅적한 것은 당연했다. 하지만 압록강에서 심양 사이에 냇물이 그곳뿐만은 아니니, 그야말로 물소리만 들어도 앞이 캄캄한 것이 그들 사신 일행의 처지였다. 그나마 여름이기 망정이지 봄이나 가을이나 초겨울이라도 된다면 냇물 건너는 것이 지옥 가는 길 같았을 법하다. 차라리 아예 겨울이라면 물이 얼어 건너기 쉬울지도 모르겠다. 그래도 말이며, 짐짝이며, 가마까지 들고 메고 가야 하는 처지라면 여울의 얼음이 견뎌낼지도 의문이다. 조정의 대신들이 중국 사신으로 가는 것을 그렇듯 꺼리고 두려워했는지 알 만하다.

그런데 냇물을 겨우 건너니, 다음 날 또 냇물이 버티고 있다. 이번에는 물살이 거셌기 때문에 가마에 타고 건널 엄두도 낼 수 없는 상황이었다. 그래도 양반 체면에 옷을 벗어젖히고 건널 수 없어 연암은 말 위에 쪼그리고 앉아 물을 건넜다. 그 상황을 묘사한 글이 그야말로 한 편의 희극 장면을 보는 듯하니, 감상해보시라.

2리를 더 가서 말을 탄 채로 물을 건넜다. 내는 비록 넓지는 않았지만 물살이 세고 급하기는 어제 건넌 내보다 더하다. 나는 무릎을 꼬부리고 두 발을 모아 안장 위에 쪼그리고 앉았다. 창대는 말머리를 단단히 붙잡고 장복이는 내 엉덩이를 힘껏 붙들어 서로 의지하는 것을 목숨 삼아 잠깐만 무사할 것을 빌었다. 말 모는 '오호' 하는 소리도 구슬펐다.

말이 중류에 이르자 별안간 한쪽 몸이 왼쪽으로 비스듬하게 쏠렸다. 말 배때기가 물에 잠기면 네 발굽이 절로 뜨게 되므로 말은 옆으로 누워서 헤엄쳐 건너게 된다. 내 몸뚱이가 갑자기 오른쪽으로 쏠려 까딱하면 물에 떨어질 판이다. 앞에 가는 말의 꼬리가 물 위에 흩어져 떴기에, 나는 재빨리 그것을 붙들어 몸을 가누고 앉아 겨우 떨어질 고비를 면하였다. 나 역시 이런 고비에 이렇게 재빠를 줄이야 생각도 못 했다. 창대 역시 말 다리에 휘감겨 까딱했으면 큰일 날 뻔했다. 그러다 말이 갑자기 머리를 쳐들고 바로 서는 것을 보니 물이 얕아지면서 발을 땅에 붙인 것을 알았다.

한마디로 양반 노릇하기 힘들어 보인다. 차라리 마부들처럼 옷을 벗고 시원한 물속으로 들어가 건너는 것이 낫다 싶다. 말 위에 쪼그리고 앉아 마부들의 부축까지 받으면서 한사코 물에 몸을 닿지 않으려고 애쓰는 모습이 애처롭기까지 하다.

이것이 당시 양반의 한계였다. 비록 새로운 문명을 설파하고 새로운 사고를 가져야 한다고 역설하고 있지만, 타고난 양반 유전자를 쉽게 포기할 수 없는 것이다. 스스로《양반전》을 통해 양반들의 체면과 형식에 얽매인 삶을 통렬하게 비꼬고 있지만, 연암 역시 그 양반의 굴레에서 벗어날 수 없었던 것이다.

하지만 제아무리 천하의 양반이라도 물에 빠져 죽을 판이 되어서는 인간 본연의 자세로 돌아오는 법이다. 사신단 일행이 북경에 당도하였는데, 황제는 경도에 없고 피서지인 열하에 있다 하니, 죽음을 무릅쓰고 열하로 가야 할 처지가 되었다. 북경에서 열하에 이르는 길은 700리가 넘는데, 중도에 큰 강과 냇물이 많아 또다시 목숨을 건 물 건너기가 반복되었다. 그 심정을 연암은 이렇게 표현했다.

철은 한더위 철인 데다가 때로는 비가 오지 않는데도 가끔 마른 날에 물이

져서 아주 갑자기 바다로 변할 때도 있었으니 이것은 다 1,000리 밖에서 폭우가 내린 까닭이다. 물을 건널 적에는 벌벌 떨면서 제 얼굴빛을 다 잃고는 하느님 이번만 살려주십사고 빈 적도 여러 차례다. 맞은편 언덕에 건너와서는 서로들 쳐다보고 죽었다가 다시 깨어나 만난 듯이 반가워하면서 인사를 한다. 또다시 앞에 닥칠 물은 건너온 물보다 더하다는 말을 들을 때는 모두들 실심 낙담을 하고 맥이 풀린다.

조선에 수레가 없음을 한탄하다

차제車制, 즉 '수레 제도' 편에 보면 연암은 벽돌에 이어 중국 어느 곳에서나 볼 수 있는 수레를 예찬하고 있다. 조선에도 수레를 도입해야 한다는 것은 북학파 실학자들의 한결같은 주장이었다. 박제가의 《북학의》에서도 수레의 도입을 강력하게 주장하는 내용을 읽은 적이 있다. 그런데 사실, 조선에 수레를 도입해야 한다고 주장한 인물은 훨씬 전부터 있었다. 대표적인 인물이 세종이었다. 세종은 수레를 만들어 백성의 삶을 더욱 편안하게 할 것을 지시했다. 하지만 조정 대신들은 반대했다. 조선 영토는 대부분 산으로 이뤄져 있고, 평탄한 길이 없어 수레를 만들어도 소용이 없다는 것이었다. 수레가 전국으로 다니기 위해서는 길이 평탄하고 넓어야 했는데, 조선의 길은 그렇지 못하다는 것이다. 훗날 고종 때에 철도를 놓을 때까지 조선의 도로는 몇 사람이나 겨우 다닐 정도의 길이 허다했다 하니, 세종 시절의 길은 얼마나 좁았겠는가? 그래서 발달한 것이 수로이고, 보부상이었다. 조선의 모든 곡물은 수로를 통해 운반되었고, 각종 상품은 보부상의 지게로 운반되었다. 또 사람이 이동할 땐 말이나 당나귀, 가마를 이용했다. 특히 양반들은 가마를 타고 움직이는 것을 좋아했다. 그렇다 보니 수레의 필요성을 크게 느끼지 못했던 것이다. 하지만 중국은 끝이 보이지 않는 평지가 많아 이미 상고시대부터 수레가 발달했다. 우리가 잘 아는 공자도 수레를 타고 천하를 돌아다녔고, 전국시대의 전쟁 무기 중에서도 전차가 등장한다.

사실, 만주 벌판을 차지하고 있었던 고구려에서는 수레를 사용했다. 하지만 한반도에 국한된 영토를 가졌던 고려와 조선에서는 수레를 사용하지 않았다. 현실적으로 수레가 지게나 가마에 비해 유용성이 떨어진다고 생각했기 때문이다.

그럼에도 박지원과 북학파 인물들은 수레를 도입하여 조선 백성의 삶이 좀 더 편리해지길 간절히 바랐다. 연암은 그런 바람으로 청나라의 수레를 소개하고 있다.

사람이 타는 수레를 태평차라고 한다. 바퀴의 높이는 팔꿈치까지 닿을 만하다. 30가닥 바퀴살이 굴대통에서 뻗어나갔고 대추나무로 둥글게 테 바퀴를 만들고 나무 테 바퀴 위에는 철편을 붙이고 쇠못을 박아 조였다. 바퀴 몸 위에는 서너 사람이 들 만한 둥근 가마 틀을 만들어 올리고 푸른 천이나 혹은 공단이나 우단 같은 것으로 휘장을 만들어 늘이기도 하고 더러는 누런 주렴을 늘이고 은으로 단추를 만들어 열고 닫고 한다. 좌우 쪽에는 유리창을 붙이고 가마 틀 앞에는 판자를 가로 대고 그 위에 마부가 앉는다. 가마 틀 뒤에는 따르는 하인이 앉고 당나귀 1마리로 끌게 한다. 먼 길을 갈 때는 말이나 노새를 1마리씩 더 메기도 한다.

이 글을 보면 당시 중국인들이 수레에 많은 공을 들인 것을 알 수 있다. 비단을 사용하기도 하고, 당시로서는 매우 귀한 유리창을 달기도 했으니, 수레 값이 만만치 않을 법하다.

연암이 소개한 수레 중에는 짐수레에 해당하는 대차大車도 있고, 바퀴가 하나만 달린 독륜차도 있다. 독륜차는 큰 바퀴가 수레 가운데 달려 있고 바퀴의 반쯤은 수레 짐칸 위로 솟아올라 있는 형태인데, 손수레처럼 사람이 뒤에서 겨드랑이에 끼고 밀고 가는 방식이다. 대개 독륜차는 떡장수, 과일 장수 등이 쓰고, 좁은 고랑 사이를 오가며 농부가 거름을 줄 때 쓰기도 한다. 오늘날에도 이와 유사한 수레가 있는데, 사실 처음 다룰 땐 운전하기가 매우 힘들다.

이런 수레 외에도 전투에 쓰는 전차, 공사에 쓰는 수레, 불 끄는 수레, 대포를 실은 수레, 밭에 물을 대는 수레 등도 있다. 당시 조선에서도 대포를 끄는 수레는 사용하고 있었다. 또 함경도와 평안도 일부 지역에서는 수레를 사용한 기록이 있다. 하지만 먼 거리를 이동할 때 사용하는 수레는 아니었다. 그런 조선의 수레 사용에 대해 연암은 안타까움을 표시하며 몇 문장 남겼다.

우리 조선에는 아직도 수레란 것이 없다. 있다 해도 바퀴가 똑바르지 못하고 바퀴 자국은 궤도를 제대로 내지도 못하니, 수레가 아주 없는 것이나 다름없다. 그러나 어떤 사람들은 흔히 말하기를 우리 조선은 산협 지대라 수레를 쓰기에는 적당하지 못하다고들 한다. 이런 당토 않은 소리가 어데 있을 것인가? 나라에서 수레를 사용하지 않고 보니 길을 닦지 않고 있는 것이요, 수레만 쓰게 된다면 길은 절로 닦일 것이 아닌가? 거리가 좁고 산마루들이 험준하다는 것은 아무 쓸데 없는 걱정이다.

역시 연암은 타고난 글쟁이

《열하일기》에는 연암의 역사, 문화, 사회, 경제에 대한 여러 탁견들이 등장하지만 그래도 이 책을 읽는 맛은 그의 뛰어난 문장과 표현력에 있다. 다음 문장은 7월 18일에 오랜 여정에 지친 일행들의 모습을 그린 것인데, 그야말로 눈앞에 선연히 그려지듯 묘사하고 있다.

> 압록강을 건넌 후로는 세수 한 번, 망건 한 번 갈아 쓰지 못하고 머리에는 새집을 짓고 먼지와 땀은 엉켜 눌어붙고 비바람을 노다지 겪고 나서 의관은 해지고 미어져, 귀신인지 사람인지 그 망측한 꼴이란 차마 볼 수 없을 형편이다.
>
> 이 사람들 중에 벌써 세 차례나 북경을 출입하는 열다섯 살 난 어린 아이가 따라왔는데, 구련성 올 때까지는 얼굴이 잘생겼다고 여럿이들 귀여워해주었는데, 절반 여정도 못 와서 뙤약볕에 얼굴은 타고 그 위에 새까만 때를 뒤집어쓴 상판에는 두 눈만 하얗게 뚫어졌는가 하면 홑잠방이는 낡아 떨어져 두 볼기짝이 다 드러날 판이다. 이 아이 꼴이 이쯤 될 때에는 다른 작자들은 말할 나위도 없다.

우선 여정에 따라나선 모든 이의 모습을 전체적으로 묘사한 뒤, 대표적인 한 사람을 기술하는 방식으로 사신단의 몰골을 상상하도록 만드는 서술 기법이 타고난 작가다. 단순히 전체적인 대략만 기술한다면 읽는 이가 그 몰골들을 제대로 이해하지 못할 것이라는 판단 아래, 곱상하고 귀엽게 생긴 아이가 출발 당시와 완전히 딴판으로 변해버린 모습을 묘사함으로써 자신을 포함한 나머지 사람들의 꼬락서니를 단숨에 짐작하게 만드는 글솜씨가 프로 작가답다.

또 주변 풍경을 그려내는 솜씨 또한 감탄을 자아내게 하는데, 몇 가지 문장을 소개한다. 먼저 '난하범주기' 즉, '난하에 배 띄운 기록' 속에 나오는 문단이다.

요동서부터 서쪽으로는 하수(원문에 河)로 이름 붙인 강물은 어디나 탁류였으나 난하 한 군데만 고죽사孤竹祠 아래 와서는 물이 고여 호수가 되면서 거울같이 물빛이 맑았다.

고죽성은 영평부 남쪽 10여 리 되는 곳에 있는데, 《후한군국지》에는 우북평 영지에 고죽성이 있다 하였고, 주註에는 백이, 숙제의 본국이라고 하였다. 강물 남쪽 언덕은 절벽으로 깎이면서 우뚝 솟아 그 위에는 청령루가 있고, 누대 밑으로는 물이 더욱 맑다. 강 복판에는 작은 섬이 있고, 섬 가운데는 바윗돌들이 병풍처럼 섰고, 그 아래는 고죽군의 사당이 있다. 배를 띄워 사당 밑으로 가니 물은 맑고 모래는 희고 들은 넓고 숲은 멀리 보이는데, 강둑에 늘어선 수십 호 집들은 물속에 그림자를 거꾸로 던졌다.

고깃배 서너 척이 방금 사당 아래에서 그물을 치고 있었다. 물을 거슬러 올라간즉, 중류에는 대여섯 길 되는 바윗돌이 솟았는데, '지주砥柱'라고 한다. 기암괴석이 지주를 둘러 모종을 부은 듯이 섰고, 해오라기와 뜸부기 수십 마리가 모래사장에 늘어앉아 깃을 털고 있었다.

역사적인 지명을 사료의 기록을 통해 알려주면서 그 주변 풍경을 사진으로 찍어 보여주듯 묘사하고 있다. 듣기만 하여도 한 폭의 그림이 절로 나올 듯이 그려내는 솜씨가 그야말로 조선 제일의 작가라는 명성이 허명이 아님을 보여주고 있다. 또한 소설가로서 이야기를 엮어내는 솜씨를 엿볼 수 있는 문장들도 많은데, 먼저 눈에 띈 것이 7월 28일의 다음 내용이다.

길에서 소나기를 만나 비를 피하여 웬 점방에 들어가니, 점방에서는 차를 내놓고 잘 대접한다. 비는 한참 되어도 그치지 않고, 뇌성도 야단스러웠다. 점방의 앞채는 꽤 넓고 가운데 마당이 100여 보는 되었다. 앞채에서는 늙거나 젊은 부인네들 5명이 방금 붉은 부채를 물들여 말리고 있는 참인데, 웬 말꾼 하나가 벌거벗은 몸으로 뛰어 달려드는데, 머리에는 떨어진 전립을 뒤집어쓰고 허리 아래는 간신히 헝겊 한 조각으로 가렸을 뿐이다. 사람도 아니요, 귀신도 아니요, 꼴이야말로 흉측했다. 집 안에 있던 부녀자들이 '으악' 소리를 지르면서 염색하던 것들을 내동댕이치고 모두 달아난다. 점방 주인이 몸을 기우뚱하고 보다가는 얼굴이 붉으락푸르락하더니 의자에서 벌떡 일어나 팔을 둥둥 걷어붙이고 쫓아나가 말꾼의 뺨을 한 차례 후려 붙인다.

"지금 말이 굶는 판이라 보리 껍데기를 사러 온 사람을 왜 치시오!"
"예절을 모르는 놈아, 벌거벗고 남의 집에 뛰어드는 놈이 어데 있어!"
말꾼이 문밖으로 나가자 점방 주인은 분이 아직 가라앉지 못해서 비를 맞으면서 뒤를 쫓아 따라 나갔다. 말꾼이 돌아서서 욕질을 하면서 주먹으로 가슴팍을 내지르니 점방 주인은 흙탕에 나자빠진다. 말꾼이 또다시 한쪽 다리로 그의 가슴을 질끈 눌러 밟고는 이내 달아나버렸다.

점방 주인은 한동안 몸을 움직이지 못하고 죽은 사람처럼 누웠다가 한참 만에야 일어나 절뚝거리면서 온 몸뚱이에 싯누렇게 흙칠을 해가지고 성이 나서 씩씩거리며 점방 안으로 들어왔다. 그러고는 입 밖으로 말은 하지 않은 채 눈을 부릅뜨고 나를 노려보는 형세가 가히 좋지 않았다. 나는 짐짓 눈을 아래로 떠 보면서 한결 점잖을 빼고 틀을 차려 범접을 못 하도록 한 후 이윽고 화색을 지으면서 점방 주인에게 말을 건넸다.

"못된 놈이 무례하고 당돌하게 덤벼서 안됐소. 마음에 둘 것 없소."

그랬더니 점방 주인은 그제야 얼굴빛을 돌리고 웃음을 띠면서 말했다.

"부끄러운 일입니다. 나리께서는 마음을 놓으시우."

그야말로 소설의 한 장면이라 해도 손색이 없는 글이다. 연암이 굳이 이런 이야기를 담은 것은 읽는 이의 재미를 더해주려는 의도일 것이다. 연암은 《열하일기》 구석구석에다 이런 해학적인 이야기를 섞어 넣어 독자의 무료함도 달래고, 청나라 사람들의 인심과 성격을 드러내기도 하였다. 거기다 기행문 속에 슬쩍 소설을 끼워 넣기도 했는데, 그것이 곧 〈호질虎叱〉 즉, '호랑이의 꾸중'과 〈허생전〉이다. 연암은 정말 타고난 글쟁이였던 것이다.

죽을힘을 다해 찾아간 열하의 첫날 밤

《열하일기》를 읽어보지 못한 사람들은 이 책이 단순히 연암의 기행문에 지나지 않을 것이라고 생각하기 십상이다. 하지만 연암이 이 글을 쓰기 위해 얼마나 많은 죽을 고비를 넘겼는지 안다면 단순히 하나의 기행문으로 치부할 수 없을 것이다. 북경에서 열하로 가는 여정은 그야말로 죽을힘을 다해야만 했던 시간이었다. 그런 까닭에 함께 갔던 300이 넘는 무리 중에 겨우 몇십 명만 열하로 가고, 나머지는 중도에서 포기해야 했다. 연암도 장복과 창대 2명의 마부를 데리고 갔지만,

장복은 떼어놓고 창대만 데리고 길을 나섰다. 사실, 북경에서 열하로 갈 때 연암은 가지 않으려 했다. 하지만 진하 사절단 정사인 8촌형 금성위 박명원이 꼭 같이 가야 한다며 이렇게 설득했다.

"자네의 이번 연경 만리 걸음은 유람 때문이 아닌가? 열하는 전에 왔던 사람들이 아직 누구도 구경을 못 한 곳으로, 만약에 고국으로 돌아가 누구나 열하에 대해 물을 때 자네는 무엇이라고 대답할 것인가? 황성은 많은 사람이 본 곳이지만, 이번 걸음으로 말한다면 다시없는 좋은 기회 아닌가? 꼭 가야 하네."

그런 박명원의 설득도 있고, 연암 자신도 청 황제의 휴양지인 열하를 가야만 이번 유람에 의미가 있다고 판단하고 따라나서기로 했다. 하지만 열하로 가는 길은 결코 만만치 않았다. 도상에서 연암 일행은 갖은 고초를 겪었는데, 그 고단함과 고통에 대해 연암은 8월 6일에 이렇게 적고 있다.

하인들이 춥고 배고프고 피곤해 곯아떨어져 있기에 손으로 때려 깨웠으나 일어나다가는 곧 그대로 쓰러진다. 할 수 없이 내 발로 주방까지 들어가 본즉 영돌이가 혼자 고개를 젖히고 한숨만 길게 쉬고 있었다. 남은 자들은 말고삐를 다리에 맨 채 함께 드르렁거리며 코를 골면서 자고 있었다. 간신히 수숫대 한 줌을 얻어 밥솥에 불을 땐즉 한 가마 쌀과 반 통이나 되는 물이 끓을 턱이 없었다. 도리어 같잖고 우스운 일이었다. 조금 있다가 밥이 들어왔는데, 익기는 고사하고 쌀알이 아직 물에 불지도 않았다. 한 숟가락도 들 수가 없어 나는 정사와 술 한 잔씩을 마시고 길을 나서니 벌써 닭이 서너 홰나 쳤다.

창대는 어제 백하를 건널 때 맨발을 말발굽에 밟혀 말편자가 살에 깊이 들어가 아파서 다 죽어가게 되어 대신할 견마잡이도 없고 보니 일이 아주 낭패 지경이다. 이미 한 걸음도 떼지 못하니 중도에 떨어뜨려 두려 해도 법이 그럴 수가 없고, 보기에 너무 참혹하고 딱했지만 어찌할 재주가 없으매 하는 수 없이 기어서라도 따라오라고 일렀다. 하지만 성을 나오면서부터 말고삐를 손에서 놓아야 했다.

길바닥은 폭우에 깎여 돌들이 삐죽삐죽 톱날처럼 솟은 데다가 등불은 새벽바람에 꺼져 동북쪽으로 보이는 큼직한 별빛을 따라가야 했다. 앞 냇물에 닿고 보니 물은 좀 빠졌으나 아직도 말 배때기까지 잠겼다. 창대는 굶주리고 춥고 아프고 졸리고 또 그나마 차가운 골짜기 물까지 건너자니 참말 걱정스러운 일이다.

창대는 결국 뒤처지고 말았고, 심지어 정사와 부사의 가마를 붙잡고 더 이상은 가지 못하겠다며 울면서 사정을 했다. 정사는 연암에게 다가와 무슨 방책이라도 내보라고 했지만, 연암 역시 별다른 방책이 없었다. 떼어놓고 가자니 걱정이 되고, 데리고 가자니 상처 때문에 제대로 갈 수도 없는 처지였다. 하지만 야속하게도 연암은 창대에게 계속 따라오라고만 했다. 그렇게 며칠 밤낮을 자지도 않고 가는데, 그 고통스러운 상황을 8월 8일에 이렇게 묘사하고 있다.

여기까지 오는 데는 밤낮없이 나흘 동안 눈 한 번 못 붙이고 하인들은 걸을 때나 머무를 때나 선 채로 모두 잠을 잤다. 나 역시 졸음을 견디다 못해 눈꺼풀은 구름 드리우듯 무겁고 하품은 조수 밀듯 와서 때로는 눈을 빤히 뜨고 보는데도 꿈결 같기만 하고, 때로는 남에게는 말에서 떨어질라 조심시키다가 정작 내 몸은 안장에서 스스로 기울어지기도 하고, 때로는 눈에 보이는 것들이 다 하느적하느적 아물아물거리고 몸이 짜릿짜릿하게 좋기도 하고, 때로는 눈이 게슴츠레해서 보이는 듯 만 듯하여 아기자기한 미묘한 경지 속에 들게 되어 언제고 이른바 취중의 세상, 꿈속의 산천만 같았다.

그렇게 죽을힘을 다해 찾아간 곳이 바로 열하였고, 그 죽을 고생의 결과물이 바로 《열하일기》인 것이다.

열하에 도착한 뒤 연암 일행이 머문 곳은 태학관이었다. 연암은 지치고 늘어진 몸인데도 태학관에 도착하자 곧 그곳 관리들과 학자들을 만나 환담을 나누고, 중국에 소개된 조선에 대한 책들에서 잘못된 부분들을 수정하기까지 하였으니, 그의 체력과 열정에 감탄을 자아내게 하였다. 그리고 숙소로 돌아오니 다른 일행들은 모두 쓰러져 곯아떨어 졌고, 연암은 그 와중에 담배 한 대를 불붙여 물고 자정을 넘기며 열하의 첫날 밤 정취를 즐긴다.

담배를 한 대 불붙여 물고 뛰어나오자니, 표범 우는 소리 같은 개소리가 장군부로부터 들렸다. 밤번을 서는 조두 소리들은 깊은 산중의 두견새 소리인 양, 나는 마당 한복판을 우르르 뛰어 달려보기도 하고, 점잖게 뽐내어 걸어보기도 하여 달그림자를 동무 삼아 한참을 놀았다. 명륜당 뒤뜰에 선 늙은 고목은 어두컴컴하게 그늘이 짙을 대로 짙은데, 찬 이슬은 방울방울 맺혀 잎새마다 구슬을 드리운 듯 연주 같은 구슬들이 달빛에 비치어 반짝반짝하였다. 때는 3경 2점을 쳤다. 애달프다, 좋은 이 밤 밝은 달 아래 같이 놀 님이 이토록 없다니, 이럴 녘에 어쩌면 우리 권솔들만 저렇게들 쿨쿨 잘꼬. 도독부 장군님들 잠들었구나. 에라! 나도 방으로 들어가 숫제 베개를 베고 나뒹굴어질거나.

연암의 다른 저작들과 그의 후예들

연암체라는 이름으로 한 시대를 풍미한 박지원은 반남 박씨 사유와 함평 이씨 사이에서 1737년에 태어났다. 한양 서쪽 반송방에서 태어난 그는 조부 박필균이 돈령부 지사를 지냈기 때문에 어린 시절에는 유복한 환경에서 자랐다. 하지만 아버지 박사유는 버슬을 하지 못해 가세는 점점 기울었고, 연암 역시 과거에 합격하지 못한 탓에 생활이 곤궁한 편이었다.

하지만 그는 학문을 두루 섭렵하여 홍대용, 이덕무, 유득공 등의 실학자들과 친밀하게 지내며 학자로서 명성을 쌓았다. 특히《열하일기》는 그가 명성을 얻는 데 큰 역할을 하였다.

《열하일기》를 낸 이후 명성을 얻게 된 박지원은 쉰 살이 되어서야 선공감 감역이라는 낮은 품계의 버슬을 얻는 것을 시작으로 평시서 주부, 사복시 주부, 한성부 판관, 안의 현감, 면천 군수, 양양 부사 등을 지냈다. 그리고 1800년 64세의 나이에 버슬자리에서 완전히 물러났으며, 5년 뒤인 1805년에 69세를 일기로 생을 마감했다.

그가 남긴 저서는《열하일기》외에도《양반전》, 〈민옹전〉, 〈광문자전〉, 〈김신선전〉 등의 소설류와《과농소초》와 같은 현실 개혁안을 담은 책들이 있다.

연암의 소설 중에 가장 많이 알려진 책은《양반전》이다.《양반전》은 가난한 양반이 빚을 갚기 위해 자신의 양반 신분을 팔고 서인이 되면서 발생한 일들을 통해 양반의 형식주의와 평민에 대한 수탈을 비판하는 한편, 돈으로 신분을 산 부자를 궁지로 몰아 신분 매입의 부당성을 고발하는 내용으로 되어 있다. 그 과정에서 연암은 다소 딱딱하고 윤리적인 내용들을 해학과 재치로 풀어내는 작가적 역량을 유감없이 발휘하고 있다.

《과농소초》는 15권 6책으로 된 농업 서적인데, 박지원이 면천(지금의 충남 당진) 군수로 있던 1799년에 정조에게 올렸던 책이다. 당시 정조가 조선의 농업에 관한 여러 문제를 해결하기 위해 전국의 관리들에게 농사 정책에 대한 의견이나 책을 제출하도록 한 정책에 따른 것이었다.

사실, 연암은 정조의 농서 제출 명령이 있기 전에 이미 농업 연구를 하고 있던 상태였기 때문에 이미 오래전에 초고는 완성된 상태였다. 여기에《한민명전의》를 첨가하여 정조에게 올렸던 것이다.

《한민명전의》는 연암의 토지 개혁안을 담고 있는데, 연암은 이 책 속에서 주나라 시대의 정전제를 이상적인 토지제도로 기술해놓았다. 하지만 조선의 당시 여건이 정전제를 실시할 수 없음을 감안하여 그 대안으로 내세운 것이 '한전론'이다. 한전론이란 토지 소유의 상한선을 정하고, 그와 관련한 법령을 만들어 공포한 뒤 일정 기간이 지나면 상한선 이상의 토지를 소유할 수 없도록 제한하는 정책이다. 특징적인 것은 이 법령이 공포되기 이전에 소유한 토지는 비록 상한선을 초과한다고 할지라도 문제 삼지 않는다는 점이다. 이는 당시 대토지를 소유하고 있던 양반들의 반발을 무마하기 위한 현실책이었던 것으로 보인다.

이 책에 영향을 준 책은 신속의《농가집성》과 유중림의《증보산림경제》, 그리고 중국인 서광계가 쓴《농정전서》였다. 박지원은 이 세 책을 참고하여 중국의 농사법과 조선의 농사법을 비교하고, 조선 농업의 개선책과 농지 경영의 발전 방향을 서술했다.

박지원의 사상은 정약용과 같은 실학자에게 영향을 주기도 했고,

손자 박규수에게로 이어져 개화사상을 일으키는 기반이 되기도 했다. 박규수는 자신의 사랑방을 출입하던 양반 자제들에게 《연암집》을 강의하기도 했고, 청나라를 출입하던 오경석 같은 역관들이 알려준 새로운 문물과 사상을 전파하기도 했다. 그의 사랑방을 드나들던 인물 중에는 김옥균, 박영효, 김윤식, 유길준 같은 개화파 인물들이 많았던 것이다.

유럽 사회에 조선의 실상을 알린 최초의 책
헨드리크 하멜의《하멜 표류기》

황금의 나라 코레아를 찾아라

16세기 중엽에 포르투갈인들이 만든 세계 지도에는 한반도가 코레아 제도 또는 코레아섬으로 표기되어 있었다. 당시 네덜란드, 영국, 포르투갈 등의 해양 국가들은 이 코레아섬을 찾기 위해 혈안이 되어 있었다. 당시 그들 나라에서는 코레아는 금, 은, 동 같은 광석이 풍부하여 개나 닭과 같은 짐승까지도 금목걸이를 하고 다닌다는 소문이 있었다. 그래서 코레아만 찾아내면 엄청난 횡재를 하게 될 것이라고 믿었다. 그들 서양인들의 이런 믿음은 아마도 아랍인들의 신라에 대한 기록 때문일 것이다. 신라는 아랍인들에게 황금향으로 알려질 만큼 금이 풍부한 나라로 인식되었기 때문이다.

코레아를 찾기 위해 가장 많은 공을 들인 나라는 네덜란드였다. 당시 네덜란드는 홀란드라고도 불리며 그 가차어인 화란이라는 국명으로 일본과 교역하고 있었고, 화란 정부는 1610년 3월에 코레아와 공식적인 교역을 시도하기 위해 일본에 도움을 요청했다가 거절당했다. 이에 네덜란드 정부는 코레아 원정 함대를 파견하여 코레아 정벌을 시도했다. 그러나 그들은 코레아를 발견하는 데 실패했다. 이후에도 네덜란드는 드림랜드로 알려진 코레아 발견의 꿈을 접지 못하고 지속적으로 원정대를 파견했지만 역시 실패했다.

그렇듯 여러 차례에 걸쳐 코레아 원정에 실패한 네덜란드 정부가 절망에 사로잡혀 있을 때, 한 줄기 빛 같은 존재가 등장했다. 바로 《1653년 바타비아발 일본행 스페르베르Sperwer호의 불행한 항해일지》라는 책이었다. 이 책의 저자는 스페르베르호의 서기였던 헨드리크 하멜Hendrik Hamel이었다. 헨드리크 하멜은 1630년생으로 네덜란드 호린험 출신이었으며, 그가 1653년 제주도에 표류했을 당시엔 23세였다.

스페르베르호는 1653년 6월 14일에 네덜란드 동인도회사의 본부가 있던 바타비아(인도네시아 자카르타)를 출발하여 7월 16일 타이완에 도착했다. 당시 타이완은 네덜란드의 식민 지배를 받고 있었고, 스페르베르호는 새로 타이완 총독으로 부임하던 코넬리스 케자르를 타이완에 내려주고 7월 30일에 다시 일본의 나가사키로 향했다. 하지만 스페르베르호는 도착 예정일에 나가사키에 입항하지 않았다. 이후 수개월, 아니 수년이 지나도록 스페르베르호에 대한 어떠한 소식도 전해지지 않았다. 결국, 네덜란드 동인도회사는 스페르베르호가 해상에서 난파한 것으로 기록하고, 승무원 64명 전원을 실종 처리했다. 그런데 무려 13년이 지난 1666년 9월 14일에 기적 같은 일이 벌어졌다. 네덜란드 동인도회사 나가사키 지점에 실종 처리되었던 스페르베르호 선원 중 8명이 기적처럼 살아서 돌아왔다는 낭보가 전해진 것이다. 그리고 그들이 13년 동안 머물렀던 곳이 그토록 찾아 헤매던 코레아라는 사실을 알게 되자, 네덜란드 정부와 동인도회사는 엄청난 황금광을 발견한 양 들뜬 마음을 주체할 수 없었다.

살아 돌아온 8명의 선원 중에 서기를 맡고 있던 헨드리크 하멜은 그 13년 동안의 일들을 기록하여 보고서로 제출했다. 하멜의 보고서는 2년 뒤인 1668년과 1669년에 암스테르담과 로테르담의 3개 출판사에서 동시다발적으로 책으로 출간되었다. 하멜의 육필 원고는 '스페르베르호가 켈파트섬에서 실종된 1653년 8월 16일부터 이 배의 승무원 8명이 일본 나가사키로 탈출한 1666년 9월 14일까지 이 배의 생존자인 장교 및 선원들이 겪었던 일과 조선 왕국에서 겪었던 일, 그리고 그 나라 민족의 풍습과 그 나라에 대한 일지'라는 엄청나게 긴 제목을 달고 있었다. (여기서 켈파트섬이란 곧 제주도를 지칭한다.) 당시 유럽에서는 책에 긴 제목을 다는 것이 유행이었기 때문에 이런 제목이 붙여진 것이다. 이 책은 출간되자마자 세간에 엄청난 반향을 불러일으켰다. 책의 주요 내용은 하멜 일행이 13년 동안 조선에서 겪은 일에 대한 이야기와 《조선왕국기》라는 부록으로 이뤄졌다. 당시 유럽에는 조선에 대해서 하멜의 보고서만큼 상세한 정보를 담고 있는 책이 없었다. 하멜은 《조선왕국기》에 조선의 지리와 문화에 대해 기록하고 있었고, 조선은 섬나라가 아니라 반도국이며 북위 34.5도에서 44도 사이에 위치하고 있다고 명확하게 기술해놓았다. 그러자 하멜의 책에 대한 소문은 이내 프랑스와 영국으로 퍼졌고, 1670년에 프랑스 신부 미뉘톨리가 프랑스어로 번역하여 《조선왕국기가 첨부된 켈파트섬 해안에 난파한 화란 선박의 여행기》란 제목으로 출간하였다. 프랑스에 이어 독일도 1671년에 이 책을 뉘른베르크 총서에 실었고, 영국은 1704년에 《켈파트섬 해안에 난파한 화란 선박의 이야기: 조선왕국기 첨부》라는 제목으로 출간했다.

이렇듯 유럽에서 하멜의 책이 인기가 있었던 이유는 바로 황금의 나라로 알려진 코레아에 대한 경제적 관심 때문이었다. 심지어 네덜란드 동인도회사는 1669년에 건조한 새로운 1,000톤급 상선의 이름을 코레아Corea호로 짓고 조선과의 직교역을 시도하였다. 코레아호는 1670년 1월에 인도네시아 동인도회사 본부가 있는 바타비아에 도착했고, 이어 일본의 도움을 받아 코레아에 직접 갈 생각이었다. 하지만 일본 정부의 반대로 네덜란드와 코레아의 직교역은 무산되었다. 이후, 네덜란드 동인도회사는 더 이상 코레아를 찾지 않았고, 하멜의 보고서도 인기를 잃어갔다.

비록 네덜란드에서는 하멜의 책을 찾는 사람들이 줄어들었지만, 프랑스와 영국에서는 인기가 지속되었다. 프랑스에서는 1715년, 1732년, 1746년에 잇따라 새 판을 출간했고, 독일에서는 1748년에 개정판을 냈고, 영국에서는 1705년, 1732년, 1808년, 1884년, 1885년에 계속 여러 판본으로 간행했다. 그리고 결국, 하멜의 책은 한국에도 알려지게 되었다.

하멜의 보고서가 한국인들에게 처음 알려진 때는 1917년이었다. 당시 미국 교포 사회에서 출간되던 〈태평양〉이라는 잡지에 하멜의 보고서가 한글로 번역되어 연재되었고, 이를 발견한 육당 최남선이 자신이 주관하던 〈청춘〉이라는 잡지에 그대로 게재했다. 그리고 1918년에 영국왕립학회 조선 지부가 하멜 보고서의 영문판을 학회지에 실었다. 이를 본 사학자 이병도가 1934년에 한국어로 번역하여《하멜 표류기》란 제목으로 〈진단학보〉에 실었다. 이후 이 책은 우리 국민들에게《하멜 표류기》라는 제목으로 알려지게 된 것이다.

파란 눈의 표류자 36명

모두가 슬픔과 절망에 잠겨 있을 때, 멀리서 사람의 그림자가 어른거렸습니다. 우리는 그들이 일본인이기를 바랐습니다. 그들이 도와주면 고국에 돌아갈 수가 있지만, 그렇지 않다면 해결책이 없어 보였습니다. 우리의 배와 구조선은 수리도 할 수 없을 만큼 산산조각 나 있었으니까요.

하멜 보고서의 1653년 8월 17일의 기록이다. 바로 전날, 그들을 싣고 있던 스페르베르호는 켈파트섬(제주도) 인근에서 엄청난 비바람을 맞으며 풍랑에 휩쓸리다 난파되었고, 승무원 64명 중 36명은 가까스로 살아남아 해안가에 머물렀다. 그들은 해안가에 널브러진 동료의 시체들을 매장했고, 주변을 돌아다니며 난파된 배에서 떠밀려온 술과 음식물을 모아 허기를 달랬다. 그리고 주변을 둘러보았지만 인가는 보이지 않았다. 그래서 그들은 무인도에 상륙한 것으로 생각하고 절망감에 사로잡혔다. 그런데 사람의 그림자가 어른거린 것이다.

정오가 되기 전에 우리는 대포 사정거리 정도 떨어진 곳에 한 남자가 나타난 것을 발견했습니다. 손짓을 했지만 그는 우리를 보자마자 달아났습니다. 정오가 좀 지나서 세 사람의 남자가 머스킷 총 사정거리만큼 떨어진 곳까지 다가왔습니다. 하지만 우리가 아무리 손짓 발짓을 해도 더 이상은 접근하지 않았습니다. 마침내 우리 동료 중 하나가 용기를 내 그들 쪽으로 갔습니다. 그리고 총을 들이대고 절실히 필요로 하고 있던 불을 얻는 데 간신히 성공했습니다.

이것이 하멜 일행과 제주도 사람의 첫 만남이었다. 비록 위협을 해서 얻은 것이긴 했지만, 생존에 꼭 필요한 불을 가져다준 것, 그것이 그들이 처음 대한 조선인의 선처였다. 하지만 그들은 불을 준 그 사내가 그들이 황금의 땅으로 알고 있던 코레아 사람이라는 사실은 꿈에도 생각하지 못했다. 그들은 그 사내들이 해적이거나 본토에서 추방된 중국인들이라고 생각하고 공포에 사로잡혀 있었다. 그런데 그들의 실체를 알게 되기까지는 오랜 시간이 걸리지 않았다. 저녁 무렵이 되자, 갑자기 수천 명의 군사들이 그들을 에워쌌던 것이다. 그들 군사는 곧 일행 중 몇 명을 불러내더니 목에 쇠사슬을 채우고 알아듣지 못하는 말로 알지 못할 명령을 내렸고, 그들은 무조건 고개를 조아리고 야판(일본)의 나가사키로 가길 원한다는 말만 반복했다. 하지만 아무리 손짓 발짓을 해서 소통을 하려 해도 소용없었다.

기대치 않은 환대

그들은 이제 꼼짝없이 죽었구나 생각했는데, 그때 군대를 지휘하고 있던 사령관이 목에 채웠던 쇠사슬을 풀어주고 일행들을 일일이 한 명씩 찾아다니며 술을 한 잔씩 나눠주는 것이 아닌가? 풍랑과 비바람에 온몸이 젖어 떨고 있던 그들은 그때서야 한숨을 돌리며 살 수 있다는 희망을 가지게 되었다.

그들의 사령관은 부하들을 시켜 난파된 배에서 흘러나온 표류물들을 수거하도록 했고, 해안가에 밀려다니던 부서진 선박 조각들은 불에 태웠다. 그들도 포도주를 들고 가서 사령관과 수하들에게 한 잔씩 돌렸고, 포도주를 맛본 그들은 연거푸 몇 잔을 더 마신 뒤, 기분이 좋아져서는 친근한 태도를 보였다.

사령관은 난파된 배에서 수집한 모든 물건에 봉인을 하고, 물건을 수집하는 과정에서 훔쳐간 자들을 적발하여 매를 쳤다. 그것은 곧 그들의 물건을 절대로 빼앗지 않겠다는 의미였다.

이후 하멜 일행은 수십 킬로미터를 걸어서 총독의 관저에 도착했다. 하멜이 말하는 총독이란 당시 제주 목사로 있던 이원진이었다.

이원진은 그들을 한곳에 모아놓고 식량을 지급한 뒤, 군인들을 배치하여 지키게 하였다. 그리고 난파당한 서양인들에 대한 보고서를 작성해 조정에 올렸는데, 그 내용이 효종 4년(1653년) 8월 6일 기사에 다음과 같이 실려 있다.

제주 목사 이원진이 치계하였다.

"배 한 척이 고을 남쪽에서 깨져 해안에 닿았기에 대정 현감 권극중과 판관 노정을 시켜 군사를 거느리고 가서 보게 하였더니, 어느 나라 사람인지 모르겠으나 배가 바다 가운데에서 뒤집혀 살아남은 자는 38인이며 말이 통하지 않고 문자도 다릅니다. 배 안에는 약재·녹비(鹿皮, 사슴 가죽) 따위 물건을 많이 실었는데 목향木香 94포, 용뇌 4항, 녹비 2만 7,000이었습니다. 파란 눈에 코가 높고 노란 머리에 수염이 짧았는데, 혹 구레나룻은 깎고 콧수염을 남긴 자도 있었습니다. 그 옷은 길어서 넓적다리까지 내려오고 옷자락이 넷으로 갈라졌으며 옷깃 옆과 소매 밑에 다 이어 묶는 끈이 있었으며 바지는 주름이 잡혀 치마 같았습니다. 왜어倭語를 아는 자를 시켜 물기를 '너희는 서양의 크리스천(吉利是段)인가?' 하니, 다들 '야야耶耶' 하였고, 우리나라를 가리켜 물으니 고려라 하고, 본도를 가리켜 물으니 오질 도라 하고, 중원을 가리켜 물으니 혹 대명이라고도 하고 대방大邦이라고도 하였으며, 서북을 가리켜 물으니 달단(타타르, 몽고)이라 하고, 정동을 가리 켜 물으니 일본이라고도 하고 낭가삭기(나가사키)라고도 하였는데, 이어서 가려는 곳을 물으니 낭가삭기라 하였습니다."

이에 조정에서 서울로 올려 보내라고 명하였다. 전에 온 남만인南蠻人 박연 이라는 자가 보고 '과연 만인蠻人이다' 하였으므로 드디어 금려禁旅(훈련원) 에 편입하였는데, 대개 그 사람들은 화포를 잘 다루기 때문이었다. 그들 중에는 코로 퉁소를 부는 자도 있었고 발을 흔들며 춤추는 자도 있었다.

이원진의 이 장계엔 살아남은 네덜란드 승무원이 38명이라고 되 어 있는데, 하멜의 기록엔 36명이라고 되어 있다. 장계의 내용이 잘못 되었을 리는 없고, 아마도 38명 중에 2명은 구출된 지 며칠 되지 않아 죽은 것이 아닌가 싶다. 이 장계의 내용에서 확인할 수 있는 것은 서로 간에 소통을 일본어로 했다는 것인데, 이는 승무원 중에 일본어를 할 줄 아는 자가 있었다는 뜻이다. 그리고 이원진이 그들에게 '너희는 서 양의 길리시단인가?'라고 물었는데, 길리시단이란 크리스천의 가차어 다. 이원진이 그들을 크리스천이라고 물었다는 것은 당시 조선인들은 서양인들을 모두 기독교인들로 인식하고 있었다는 뜻이다. 또 바다에 서 건져낸 물품 중에 가장 많은 것이 녹비, 즉 사슴 가죽인데, 당시 네덜 란드 상인이 일본에 가장 많이 팔던 제품이 녹비였음을 알 수 있다. 이 원진의 장계에는 녹비라고 표현되어 있지만, 이는 타이완산 녹비와 아프리카산 영양 가죽, 산양 가죽 등을 합친 것이다. 그리고 목향이 94포가 있었다고 했는데, 1포가 200근이므로 94포는 18,800근에 해당된다. 목향도 주요 무역 상품이었던 것이다. 비록 이원진의 장계에는 없지만 당시 타이완 총독이 동인도회사에 보낸 편지에 의하면 스페르베르호에는 설탕도 92,000캐티와 명반 20,037캐티가 실려 있었다. 1캐티는 625그램이니, 대략 우리 식으로 표현하면 설탕 9만 5,000근과 명반 2만 근이 배에 실려 있었다는 것을 알 수 있다. 명반은 우리가 흔히 백반이라고 부르는 황산알루미늄칼륨이다. 이 외에도 용뇌가 네 항아리 있었다고 하는데, 용뇌는 향료나 약재로 쓰이는 것이다. 하지만 타이완 총독의 편지엔 용뇌가 없는 것을 보면 배에 실려 있던 용뇌는 무역 용도가 아니었음을 알 수 있다.

이원진은 하멜 일행에게 국왕에게 보고서를 올렸으니 국왕의 답서가 올 때까지 기다려야 한다고 말했다. 답서가 올 때까지는 두 달 이상 걸렸고, 그동안 이원진은 여러 면에서 배려해줬는데, 하멜은 그 내용을 이렇게 쓰고 있다.

그는 때때로 우리를 불러들여 우리 언어로 이것저것 물어보고 무언가를 적어두기도 했으며, 또 우리의 슬픔을 달래주기 위해 잔치와 그 밖의 여흥을 베풀어주었습니다. 날마다 그는 우리에게 용기를 북돋아주고, 국왕의 답신이 도착하면 우리가 일본에 보내질 것이라고 말했습니다. 그는 또 병자가 치료받을 수 있도록 조처해주었습니다. 이렇게 해서 우리는 이교도로부터 기독교인이 무색할 정도로 후한 대접을 받게 되었던 것입니다.

이 부분을 읽으면서 필자는 이원진이 정말 네덜란드어로 이것저것 물어본 것일까 하는 의문이 들었다. 이원진이 그 짧은 순간에 네덜란드어를 익혔다면 그는 언어 감각이 매우 탁월한 인물일 것이라는 생각도 들었다. 물론 두 달 사이에 네덜란드어를 깊게 배울 순 없었을 것이다. 하지만 물건을 보여주거나 방향을 가리키거나 하면서 그들의 말을 기록하여 소통한 것은 분명해 보인다.

이원진은 하멜 일행과의 만남에 대해 별도의 기록을 남겼던 것으로 보인다. 정조에서 헌종 대의 문신이었던 성해응이 남긴 문집 《연경재전집》에는 벨테브레이와 하멜 일행이 만나는 장면과 그들이 나눈 대화 내용이 전하는데, 이는 아마도 이원진이 남긴 글에서 얻은 내용인 듯하다. 하지만 불행히도 이원진이 남긴 글은 남아 있지 않다. 이원진은 제주 목사를 역임한 경험을 토대로 《탐라지》라는 책을 남겼는데, 이 책 속에는 하멜 일행에 대한 이야기는 기록되어 있지 않다.

벨테브레이와의 운명적인 만남

이원진이 장계를 올린 지 두 달여 지난 10월 29일, 하멜 일행은 전혀 예상치 못한 반가운 동포를 만나게 된다. 그는 빨간 수염에 흰 피부를 가진 서양인이 분명했다. 거기다 네덜란드인이었다. 그를 보고 놀란 하멜 일행에게 이원진이 물었다.

"이 사람이 누군지 알겠는가?"

"우리와 같은 화란인입니다."

"아닐세, 이 사람은 코레시안이네."

필자는 이 대목을 읽으면서 이원진이 벨테브레이를 '코레시안'이라고 표현하는 부분에서 앞에서 가진 의문을 해소했다. 이원진은 정말 그들 네덜란드인을 불러 그들의 말을 듣고 기록하였으며, 몇몇 중요한 단어들은 그들의 말로 표현할 줄 알았던 것이다. 그 점에서 봤을 때 이원진은 정말 사려 깊고 배려심 많은 사람이었음을 알 수 있다. 하멜도 이원진에 대해 '선량하고 사리 판단이 뛰어난 사람'이라고 평가하고 있다.

이원진이 소개한 벨테브레이는 조선에서 박연이라는 이름을 쓰고 있었다. 그는 1627년에 조선에 온 후로 그들을 만날 때까지 무려 26년 동안 네덜란드어를 거의 사용하지 않았다. 그 때문에 그는 하멜 일행에게 아주 더듬거리면서 자신을 소개했다.

"나는 테레프 출신의 얀 야너스 벨테브레이라고 하는 사람이오. 1626년에 홀란디아호를 타고 고국을 떠났더랬소. 1627년 오버커크호를 타고 일본에 가던 중 역풍을 만나 코레아 해안에 표착하게 되었소. 마실 물이 필요해서 보트를 타고 뭍에 올랐다가 동료 둘과 함께 주민들에게 붙들렸소. 다른 선원들은 보트를 타고 모선으로 돌아갔소."

벨테브레이와 함께 붙잡혔던 데릭 히스버트와 얀 피터스 버바스트는 병자호란 중에 전사했다고 했다. 그리고 하멜 일행의 희망을 완전히 꺾어버린 한마디를 보탰다.

"나는 여러 차례에 걸쳐 국왕과 고관들에게 일본에 보내달라고 탄원했으나 언제나 거절되었소."

벨테브레이의 말은 사실이었다. 하멜 일행은 이듬해인 1654년 5월에 조선의 수도 한양으로 이송되었고, 이후 훈련원에 예속되어 군인 신분으로 살아야 했다. 그들의 지휘관은 벨테브레이였다. 그들과 함께 예속된 사람들 중에는 중국인들도 많았다. 그들 중국인들은 만주족의 지배를 피해 도주해 온 한족들이었다. 말하자면 하멜 일행은 외국인 특수부대에 예속된 셈이었다. 그들은 날마다 실전처럼 군사훈련을 받았고, 그 대가로 거처와 식량을 받았다. 때로는 양반집에 불려 가 네덜란드 춤을 추고 노래를 부르기도 했다. 한성의 고관대작들은 그들을 불러 노는 것을 좋아했다. 인기가 많아 매일같이 불려 다니기도 했다. 그들의 숙소 주변엔 항상 그들을 구경하기 위한 구경꾼들로 장사진을 이뤘다. 심지어 그들을 구경하려는 사람들이 너무 많아 골목을 제대로 다닐 수도 없었다. 그들은 그야말로 장안 최고의 스타들이었다. 하지만 그들은 힘들었다. 매일 훈련받고, 쉬지도 못한 채 잔칫집에 불려 다니느라 쉴 틈이 없었다. 훈련대장 이완이 그런 사정을 파악하고 허가되지 않은 잔칫집에 가지 않아도 되도록 조치를 취한 덕분에 가끔 휴식을 취할 수 있었다.

그런 가운데 해를 넘겨 1655년이 되었다. 하멜 일행은 고국으로 돌아갈 수 없는 절망감에 사로잡혀 지내다 청나라 사신이 온 것을 알았다. 그들은 혹 청나라 사신에게 호소하면 일본으로 보내줄지 모른다는 기대감을 가지고 참으로 위험한 행동을 했다. 청나라 사신이 한양을 떠나는 날, 일등항해사 헨드리크 얀스와 포수 헨드리크 얀스 보스가 돌아가는 청나라 사신단 앞에 나타난 것이다. 그들은 사신단의 말고삐를 잡고 자신들의 모습을 보였고, 청나라 사신단은 그들이 조선에 있게 된 연유를 따져 물었다. 하지만 조선 조정에서는 그들에게 뇌물을 먹이고 청나라 조정에 알리지 않겠다는 약조를 받아냈다. 이후 얀스와 보스는 감옥에 갇혔고, 얼마 되지 않아 죽었다.

천신만고 끝에 고국의 품으로 돌아간 15명

이후 하멜 일행은 청나라 사신이 올 때마다 연금되는 처지가 되었다. 그리고 조정 대신들은 그들이 문제가 되기 전에 죽어서 화근을 없애야 한다고 했다. 그 일로 조정은 며칠 동안 논란을 지속했다. 하지만 효종과 인평대군의 반대로 그들을 죽이지는 않았다. 대신 하멜 일행은 1656년 3월에 전라도로 이송되었다. 이후로 그들은 10년간 전라도에서 생활했다. 세월이 너무 길었으므로 하멜은 그 기간에 대한 기록을 자세하게 남기지 않았다. 심지어 1661년의 기록은 단 한 줄만 남기기도 했다. 그동안 하멜 일행은 숫자가 대폭 줄어 있었다. 1663년엔 22명이 생존해 있었는데, 12명은 여수의 전라 좌수영에 배치되었고, 5명은 순천에, 나머지 5명은 남원에 배치되었다.

그들의 전라도 생활이 수년간 계속되자, 그들에 대한 감시는 허술해졌고, 덕분에 행동도 많이 자유로워졌다. 그리고 1666년이 되었을 때, 그들은 이제 16명밖에 남지 않았다. 이때 그들은 허술해진 감시를 틈타 탈출 계획을 세웠다. 그리고 그해 9월 4일, 마침내 8명이 탈출을 감행했다. 의외로 그들의 탈출은 쉽게 성사되었다. 그들은 여수를 떠난 지 불과 이틀 만에 일본 히라도에 도착하였고, 다시 이틀 뒤에 일본 병사들에게 체포되어 9월 14일에 나가사키로 압송되었다. 그리고 나가사키에서 네덜란드 동인도회사 상관장을 만날 수 있었다. 이후로 그들은 일본 당국에 의해 1년간 억류되었다. 그들의 처리 문제를 놓고 일본과 조선 사이에 지루한 협상이 지속되었기 때문이다.

그리고 1667년 11월 28일, 하멜을 포함한 8명의 승무원은 동인도회사 바타비아 본부가 있는 인도네시아에 도착했으며, 그해 12월 23일에 고국으로 돌아가는 프리헤이트호에 올라탔다. 이때 하멜은 조선에서 지냈던 13년 동안의 삶에 대해 보고서를 작성해 상부에 올렸다. 하지만 하멜은 이 배에 탑승하지 못했다. 하멜은 서기였기 때문에 밀린 임금 문제를 해결하기 위해 인도네시아에 남았던 것이다. 그리고 나머지 7명의 선원들은 1668년 7월 19일 네덜란드에 도착하여 꿈에 그리던 가족들의 품에 안겼다. 이후 조선에 남아 있던 8명의 승무원 중 7명도 일본으로 인도되어 네덜란드로 돌아갔다. 나머지 1명은 죽었다는 설도 있고, 결혼하여 가족이 있기 때문에 돌아가지 않았다는 설도 있다. 하멜의 보고서가 출간될 당시에는 그들이 아직 네덜란드로 돌아오지 않았기 때문에 이런 사실이 책에는 실리지 못했다.

하멜과 함께 먼저 나가사키에 도착한 7명을 구체적으로 언급하자면, 얀 피터슨, 호버트 데니슨, 마테우스 에보겐, 헤릿 얀슨, 코넬리스 데릭스, 데니스 호버첸, 베네딕투스 클레르크 등이었다. 이들 중 최연장자는 1619년생인 호버트 데니슨으로 당시 47세였다. 그리고 가장 어린 사람은 데니스 호버첸이었는데, 그는 1641년생으로 당시 나이는 25세였다. 말하자면 제주도에 표류했을 당시 호버첸의 나이는 불과 열두 살이었다는 것이다.

하멜 일행이 탈출에 성공했을 때, 조선에는 8명의 네덜란드 승무원이 남아 있었다. 이들은 조선과 일본의 협상이 끝난 뒤 1668년 7월에 동래를 떠나 그해 9월 16일 나가사키에 도착했다. 이때 도르드레흐트 출신의 얀 클라슨은 없는 상태였다. 클라슨은 1667년에 병으로 죽었기 때문이다. 나머지 7명은 요하니스 람펜, 헨드리크 코넬리슨, 야콥 얀스, 안토니 울데릭, 클라스 아렌센, 산더 바스켓, 얀 얀스 스펠트 등이었다. 이들 7명 중에 가장 연장자는 당시 47세였던 야콥 얀스였다.

그는 플레케렌 출신으로 조타수였다. 가장 어린 사람은 위트레흐트 출신의 클라스 아렌센인데, 당시 나이는 27세였다. 급사였던 아렌센은 승선 당시 불과 열두 살이었다.

《조선왕국기》에 실린 조선의 모습

하멜의 보고서가 《1653년 바타비아발 일본행 스페르베르호의 불행한 항해일지》라는 제목의 책으로 출간된 뒤에 하멜은 《조선왕국기》라는 새로운 책을 집필했다. 이 책은 일종의 풍물지인데, 조선의 정치, 경제, 지리, 사회, 산업, 풍속 등을 25개 항목으로 간단하게 정리하고 있다. 그 항목들을 살펴보면 지리적 위치, 어업, 기후와 농업, 군주, 군대, 정부, 국왕의 수입과 지방세, 형벌, 종교, 가옥과 가구, 여행과 접대, 혼인, 교육, 장례, 민족성, 교역, 주변 세계, 농업과 광산, 도량형에 대하여, 동물과 새, 산수와 부기, 국왕의 행차, 타르타르(청) 사신의 방문, 결어 등으로 되어 있다.

《조선왕국기》는 13년 동안 조선에 살았던 이방인의 눈에 비친 조선 왕국의 모습을 담고 있다. 하멜은 '기후와 농업' 편에서 조선의 겨울에 대해 다음과 같이 표현하고 있다.

이곳의 추위는 혹독하여 1662년에 우리가 사찰에 갔을 때는 어찌나 눈이 많이 왔던지 집과 나무가 다 파묻혀 사람들이 눈 속에 터널을 뚫고 이 집에서 저 집으로 다니는 것을 본 일이 있습니다. 밖에 나다닐 때는 나무판자를 발밑에 붙들어 매는데, 그렇게 하면 눈에 빠지지 않고 산을 오르내리는 데 아무 지장이 없다는 걸 그들은 알고 있습니다.

네덜란드는 북위 50도에서 53도 사이에 걸쳐 있는 나라로 위도상으로 한국보다 더 북쪽에 있지만 해양성 기후이기 때문에 1년 내내 온화한 편이고, 여름과 겨울의 기온차가 크지 않다. 하지만 한반도는 여름에는 찌는 듯이 덥고 겨울은 매섭게 춥기 때문에 하멜 일행은 조선에서 경험한 추위가 아마도 자신의 일생에서 가장 혹독한 추위였을 것이다. 또한 네덜란드에서 눈이 내리는 날은 연평균 17일에 불과한데, 1662년 당시 하멜 일행이 거주했던 전라도는 겨울에 눈이 많이 오기 때문에 눈 때문에 고생을 많이 했을 것으로 보인다. 더구나 터널을 뚫고 옆집을 다닐 정도의 눈은 그의 생애에서 잊을 수 없는 경험이었던 모양이다.

하멜은 13년간의 조선 생활을 하면서 조선의 국가 조직이나 경제생활에 대해서 매우 정확하게 파악하고 있다. 그리고 그에게 가장 인상적이었던 부분은 형벌이었던 모양이다. 《조선왕국기》에서 가장 많은 양을 할애하고 있는 부분이 '형벌' 편인데, 이 항목에서 그는 조선의 형벌에 대해 제법 자세하게 서술해놓았다. 그런데 그 내용 중에는 틀린 부분도 꽤 보인다. 특히 소현세자 빈 강씨가 죽은 사건에 대해서는 완전히 다르게 서술해놓았는데, 필자는 다음의 그 내용을 읽으면서 절로 웃음이 나왔다.

국왕이 내린 칙령을 왈가왈부하는 사람은 누구나 사형에 처해지는데, 우리가 있을 때도 그런 일이 일어났습니다. 국왕은 자기 형수가 바느질 솜씨가 좋은 것을 알고 옷을 지어달라고 했습니다. 그녀는 국왕을 미워하고 있었기 때문에 옷 속에 부적을 집어넣었습니다. 국왕은 그 옷을 입을 때마다 왠지 평안을 찾을 수가 없어 옷을 뜯어 조사해보게 했습니다. 그랬더니 그 속에서 부적이 나왔습니다. 국왕은 형수를 동판을 깐 방에 가두고 불을 때서 죽게 했습니다.

이 이야기는 아마도 하멜이 누군가로부터 들은 이야기를 잘못 옮겨 적은 것으로 보인다. 여기 나오는 국왕은 효종이고, 효종의 형수는 소현세자 빈 강씨다. 그런데 강씨를 죽인 사람은 인조이고, 그녀가 죽은 시기는 1646년 3월이다. 따라서 이 사건은 하멜이 조선에 표류한 때로부터 7년 전에 일어난 일이다. 그런데 하멜은 마치 자신이 직접 본 사건처럼 기술하고 있다.

하지만 다른 기록들은 매우 생생하다. 특히 살인자의 처벌 방식에 대해 이런 기록을 남기고 있는데, 역사 사료를 꽤나 읽은 독자도 다른 사료에서 잘 보지 못한 내용일 것이다.

살인죄가 있는 사람은 다음과 같은 처벌을 받습니다. 피살자의 시체를 구석구석 닦아낸 식초와 더럽고 구역질나는 물을 잘 섞은 다음, 이 혼합 액체를 범죄자의 입에 물린 깔때기를 통해 배가 찰 때까지 들이붓습니다. 그리고 그 부어오른 배를 터질 때까지 매질하는 것입니다.

대개 살인죄에 대해서는 임금에게까지 보고가 올라가고, 사형의 죄에 해당되면 임금의 재가를 받아 교수형이나 참형에 처하도록 하는 것이 조선의 법이다. 그런데 하멜이 기록한 형태로 살인자를 처벌했다는 말은 금시초문이다. 이는 혹 죄인을 고문할 때 도모지塗貌紙 형벌을 쓴 것을 과장하거나 잘못 듣고 기록한 것이 아닐까 싶다. 도모지는 죄인의 얼굴에 종이를 붙이고 물을 뿌려 숨을 못 쉬게 하는 형벌인데, 이것이 계속되면 숨이 막혀 죽게 된다. 흥선대원군 시절에 이 형벌이 많이 쓰였다는데, 이 도모지라는 형벌에서 유래한 단어가 어떻게 해볼 수가 없다는 의미의 '도무지'다.

하지만 하멜의 말이 사실일 수도 있다. 비록 공식적인 처형 방식은 아니라고 하더라도 고문 과정에서 형리들이 이런 행동을 했을 가능성이 있기 때문이다.

하멜의 기록에는 또 다른 처참한 처형 방식이 등장하는데 다음 내용이다.

남편을 죽인 여인은 사람들이 지나다니는 한길 가에다 어깨까지 파묻습니다. 그 여자 옆에는 나무 톱을 놓아두는데, 이곳을 지나가는 사람은 귀족을 제외하고는 누구나 그 톱으로 한 번씩 그녀가 죽을 때까지 목을 켜야 합니다.

이런 방식의 처형 방식도 필자는 처음 듣는다. 조선의 형법으론 남편을 죽인 여자는 능지처참하도록 되어 있다. 그런데 길에 몸을 파묻어 놓고 목만 내놓게 하여 여러 사람이 함께 죽인다는 것은 들어본 적이 없다. 혹 이것은 간통죄를 범한 여자를 조리돌림 시켰던 것을 누군가가 과장하여 들려준 것을 기록한 것이 아닐까 싶다. 간통죄는 신분에 따라 사형을 당하기도 하고, 유배를 당하기도 하고, 장형을 당하기도 한다. 성종 5년인 1474년에 양반 신분의 여인 충개가 세 명의 남자와 간통을 했는데, 장 80대를 맞은 것으로 기록되어 있다. 그 외에도 실록의 여러 기록에서 간통과 관련하여 참형이나 교수형 또는 장형이나 유배형을 당한 내용들이 수없이 발견된다. 하지만 하멜의 기록과 같은 형태의 형벌은 찾아볼 수 없었다.

하멜은 조선의 온돌 문화가 매우 인상적이었던 모양이다. 그는 '가옥과 가구' 편에서 조선의 집에 대해 매우 정확하게 기록하고 있는데, 온돌에 대해 다음과 같이 표현하고 있다.

겨울에는 방바닥 밑에 불을 때기 때문에 방이 언제나 따뜻합니다. 방이라기보다는 화덕 같습니다.

조선에 오기 전에는 한 번도 온돌 문화를 접해본 적이 없는 하멜로서는 달아오른 구들방에 앉아 있는 것이 정말 화덕 속에 있는 것 같은 느낌이 들 법도 하다.

하멜의 글 중에 필자의 눈을 사로잡은 또 하나의 단락이 있다면 '여행과 접대'라는 글이다. 그 글을 옮겨보면 이렇다.

나그네들이 하룻밤을 묵어갈 수 있는 여관 같은 것은 없습니다. 길을 따라 여행하다 날이 저물면 양반집 이외에는 아무 집이나 안마당으로 들어가서 자기가 먹을 만큼의 쌀을 내놓습니다. 그러면 곧 집주인이 이 쌀로 밥을 지어 반찬과 함께 나그네를 대접합니다. 집집마다 순번을 정해 나그네를 대접하는 마을이 많은데, 이에 대해 어느 집도 군소리를 하지 않습니다. 서울로 가는 큰길에는 관리나 평민이나 함께 묵어갈 수 있는 주막집들이 있습니다. 귀족이나 공무로 여행하는 사람은 지방 원님 댁에 묵어갈 수도 있는데, 이때는 물론 식사도 대접받습니다.

이 글을 읽기 전에 필자는 나그네들이 밤을 지내는 곳은 당연히 주막일 것이라고 생각했다. 그런데 주막이라는 것은 큰 도시 입구에나 있는 것이지 일반 마을에는 없었다는 게 하멜의 말이다. 하멜 일행은 제주를 떠난 이후로 여기저기로 다니며 여러 마을들을 거쳤으니, 하멜의 말은 믿을 만한 것이다. 주막이 없는 마을에선 아무 집에서나 손님을 받아줬다니, 조선인들의 인심이 넉넉했음을 알 수 있다. 또 과객이 많은 마을은 돌아가면서 손님을 접대했다고 하니, 요즘으로선 상상할 수도 없는 문화가 아니겠는가?

하지만 하멜은 조선인들의 민족성에 대해서는 매우 부정적으로 평가하고 있다.

코레시안은 훔치고 거짓말하며 속이는 경향이 아주 강합니다. 그렇게 믿을 만한 사람들은 되지 못합니다. 남을 속여 넘기면 그것을 부끄럽게 생각하는 게 아니라 아주 잘한 일로 생각합니다. …… 그들은 여자같이 나약한 백성입니다. 믿을 만한 사람이 우리에게 이런 말을 해줬습니다. 자기들의 국왕이 일본인에게 살해되었는데도 그들은 마을과 고을을 불태우고 파괴했다는 것입니다. 화란인 얀 야너스 벨테브레이는 타르타르인이 얼음을 건너와 이 나라를 점령했을 때, 적과 싸워 죽은 것보다 산으로 도망해서 목 매달아 죽은 병사가 더 많았다고 들려주었습니다. 그들은 자살을 수치스럽게 생각하지 않고 어쩔 수 없이 그랬다는 식으로 그런 병사들을 오히려 동정해줍니다.

하멜은 조선인들이 거짓말을 잘하고 남을 잘 속이며, 한편으론 겁이 많고 나약하다고 비판하고 있다.

하멜은 《조선왕국기》에서 한글을 매우 신기한 글자라고 생각하며 다음과 같이 기록하고 있다.

이 글자는 배우기가 쉬우며, 모든 것을 다 쓸 수가 있습니다. 전에 한 번도 들어본 적이 없는 이름을 다른 글자보다 쉽게 더 정확히 쓸 수 있는 글자 입니다.

하멜이 이런 말을 하는 것을 보면, 하멜도 훈민정음을 배우지 않았을까 하는 생각이 들었다. 배우기가 매우 쉽고 모든 것을 쓸 수 있다는 표현을 한 것을 보면 하멜이 훈민정음을 배웠을 가능성이 매우 크다. 무려 13년이나 조선에 머물렀고, 제법 친분이 있던 조선인도 여러 명 있었던 하멜이 이렇듯 쉽게 배울 수 있는 글자를 익히지 못했을 리 없다는 생각에서다. 더구나 하멜은 승무원들 중에 가장 지식이 풍부한 서기를 맡은 인물이었다. 그런 까닭에 훈민정음 습득이 어렵지 않았을 것이다. 하지만 자신의 글 어디에서도 훈민정음을 배웠다는 기록을 남 기지는 않았다.

또 다른 기행 명저

조선 선비의 표류 생존기, 최부의 《표해록》

밤에 비바람이 그치지 않았다. 큰 파도가 매우 심하여 이물과 고물로 물이 빠르게 들어와 들어오는 대로 퍼냈다. 대략 2경(오후 9시~11시)쯤 되자 성난 파도가 내리치면서 멍에와 봉옥(거적으로 만든 집)을 타고 넘었고, 배는 반이 침몰되었으며, 의복과 행장도 모두 물에 젖었다. 추위에 뼈가 에이고 목숨은 경각에 달려 있었다.

《표해록漂海錄》의 1488년 윤1월 4일의 한 장면이다. 당시 이 배에는 이 책의 저자 최부를 비롯하여 43명이 타고 있었다. 최부가 추쇄경차관으로 제주도에 갔다가 아버지의 부음을 듣고 집으로 돌아가기 위해 배를 탄 것은 윤1월 3일이었다. 떠날 때부터 일기가 좋지 않아 항해를 만류하는 사람들이 많아 한낮이 되도록 출항 여부를 결정하지 못하다가 오후 늦게 출항을 결정하고 항해에 나선 터였다. 하지만 밤이 되자, 폭우와 폭풍이 몰아쳐 그들의 배를 점점 남쪽으로 몰아갔다. 그리고 다음 날이 되자, 우박과 폭풍이 더욱 심해졌고, 그들은 결국 망망대해를 표류하는 신세가 되고 말았다.

최부를 제외한 42명은 오로지 최부를 집에까지 데려다주거나 수발들기 위해 나선 자들이었다. 그런 까닭에 모두 기상이 좋지 않은 때에 항해를 감행한 최부를 원망하는 상황이었다.

함께 승선했던 군인 고회는 최부를 향해 소리를 지르며 그런 사실을 깨우쳐주었다.

"제주의 해로는 매우 험하여 무릇 왕래하고자 하는 자는 바람을 몇 달씩 기다립니다. 전의 경차관도 조천관에 있기도 하고, 수정사에 있기도 하면서 통산 대개 3개월 정도를 기다린 후에야 비로소 갈 수 있었습니다. 그런데 지금은 비와 바람이 안정되지 않은 때 길을 떠나 하루의 날씨도 예측하지 못하여 이 지경에 이르렀으니 모두 자초한 일입니다."

그 말에 군인들 모두가 고회의 말에 동조하며 자포자기하는 말들을 쏟아냈다.

"형세가 이와 같으니 이슬을 받거나 배를 수리하는 일에 온 힘을 다해도 끝내는 반드시 죽을 것이다. 우리가 힘을 쓰다가 죽는 것보다 편안히 누워서 죽음을 기다리는 것이 나을 것이다."

이런 말들을 하고 군인들은 모두 귀를 가리고 최부의 말을 듣지 않았다. 심지어 상관들이 때려도 일어나지 않았다. 그들 군인들은 해적들이 나타날 것을 염려하여 제주 목사가 특별히 최부를 배려하여 태운 자들이었다. 하지만 모두 풍랑이 너무 심해 죽을 것이라 미리 예단하고 드러누워 죽기를 기다리고 있었다.

최부는 그들을 설득하고 나머지 뱃사공들을 독려하여 불을 피워 추위를 모면하고, 배 안의 물을 퍼내 침몰을 막아냈다. 그리고 다행스럽게도 폭우는 잦아들었다. 그러나 폭풍은 여전했기 때문에 그들을 태운 배는 거대한 산더미처럼 밀려드는 파도에 밀려 점점 대양 쪽으로 밀려갔다. 설상가상으로 안개마저 짙게 드리워져 한 치 앞도 구분할 수 없었다. 남은 일은 그저 하늘에 비는 것밖에 없었다. 배에 탄 모든 사람은 큰 소리로 울며 통곡을 하였는데, 다행히도 배는 침몰하지 않았다.

이후로 그들의 배는 방향 없이 흘러갔다. 그렇게 9일이 흘렀을 때, 2척의 배를 만났다. 배에 탄 자들은 모두 중국인이었다. 그들을 통해 최부의 일행은 자신들이 명나라 절강성(저장성) 영파부까지 밀려 내려온 것을 알았다. 최부 일행은 그들 중국인들에게 도움을 청했지만 그들은 도와주기는커녕 조선인들의 물건을 빼앗고 닻줄을 끊고 노를 버린 후, 다시 배를 바다로 끌어내 대양에 버린 뒤 가버렸다. 그 뒤로 그들 일행은 사흘을 다시 바다 위를 표류하다 가까스로 육지에 닿을 수 있었다. 표류하는 동안 그들은 살기 위해 젖은 옷을 짜서 물을 모아 마셨고, 물이 다 떨어지면 오줌을 받아 마셨다. 그리고 구사일생으로 육지에 닿았지만 그들의 고초는 끝나지 않았다.

그들이 육지에 닿자, 이번에도 중국 배들이 그들을 에워쌌는데, 그들 역시 남은 물건을 마저 빼앗고 최부 일행을 위협했다. 최부는 그들이 한눈을 파는 사이 수하들을 데리고 배에서 내려 육로로 달아났다. 이후 최부는 뛰어난 통솔력을 발휘하여 수하들과 함께 역경을 헤쳐나간다. 비록 표류 신세는 면했지만, 이번엔 그들을 왜구로 오인한 명나라 관리들의 의심을 벗어나야 했다. 최부는 모든 물건을 다 내주면서도 자신의 신분을 알려주는 인신과 관대, 문서는 목숨처럼 지니고 있었다. 덕분에 그들은 왜구라는 의심에서 벗어나 명나라 관리들의 보호를 받으며 승선 인원 전원이 살아서 귀국길에 오를 수 있었다.

절강성에서 북경을 거쳐 조선에 이르는 길은 수천 리나 되는 머나먼 행로였다. 그 6개월간의 여정을 끝낸 최부는 성종의 명령으로 그간의 일들을 상세히 적어 책으로 만들어 바쳤으니, 이 책이 곧 '바다를 표류한 기록'이라는 의미의《표해록》이다.

최부는《표해록》속에서 절강성으로부터 북경을 경유하여 요동을 거쳐 의주에 이르는 여정을 자세히 기록하였다. 그들 일행이 거쳐 온 촌락과 그곳의 풍습, 또 그 촌락에서 보았던 특징적인 것들을 비교적 빠짐없이 서술하였다. 그런 까닭에《표해록》을 읽은 성종은 중국의 지형과 풍경이 눈앞에 펼쳐지는 듯하다며 칭찬을 아끼지 않았다.

1488년 12월에 성종에게 올려진《표해록》은 현재 3권 2책으로 된 한문본과 3권 3책으로 된 한글 필사본이 전해지고 있다.

1권은 제주에 경차관으로 임명되어 부임하게 된 경위로부터 부친의 부음을 받고 출항하여 14일 동안 바다 위를 표류한 후, 중국 절강성에 도착하여 왜구라는 의심에서 벗어나기까지의 상황을 다루고 있다. 그리고 2권에서는 절강성의 수도 항주를 출발하여 천진을 지날 때까지의 여정을 다루고 있는데, 1488년 2월 5일부터 3월 25일까지 50일 간의 상황을 다루고 있다. 그리고 마지막 3권은 북경 회동관에 도착하여 25일 동안 머무르며 명나라 황제를 알현하고, 다시 북경을 떠나 요동을 거쳐 의주에 이르는 여정을 다루고 있다.

이러한 내용이 책으로 간행된 것은 중종 시대였다. 중종 6년(1511년)

3월 14일에 참찬관 이세인이 성종 조의 문사들이 남긴 기록을 책으로 간행할 것을 아뢰며 이런 말을 하였다.

"최부의 《표해록》은 금릉金陵에서 제도帝都에 이르기까지의 산천·풍속·습속을 갖추 기록하지 않은 것이 없으니, 우리나라 사람들이 비록 중국을 눈으로 보지 않더라도 이것으로 하여 알 수 있습니다. 청컨대 함께 간행하여 전파하게 하소서."

이후 《표해록》은 조정에서 동활자본으로 간행했다. 이후 선조 대에 최부의 외손 유희춘에 의해 다시 목판본으로 간행되어 널리 유포되었다.

이 책의 저자 최부는 단종 2년인 1454년에 태어나 연산군 10년인 1504년에 죽은 인물이다. 그의 본관은 탐진이며, 호는 금남이고 나주 출신이다. 아버지는 김종직의 문인인 진사 최택이다. 최부는 스물다섯 살 되던 1478년에 성균관에 입학하여 김굉필 등과 친구로 지내며 문명을 떨치다 1482년에 문과 을과에 급제하여 교서관 박사, 군자감 주부 등을 거쳐 1487년 제주 추쇄경차관으로 임명되었다. 그리고 경차관 임무를 수행하던 중에 부고를 듣고 고향인 나주로 돌아오다 풍랑을 맞아 표류한 경험으로 《표해록》을 썼다.

귀국 후에는 승문원 교리 등을 지냈으며, 연산군 시절에는 대신들을 비판하다가 무오사화 때 함경도 단천으로 유배되었다. 이후 다시 갑자사화가 일어나 처형되었다.

그의 《표해록》은 조선뿐 아니라 일본에서도 매우 인기 있는 책이었다. 도쿠가와 막부 시대엔 여러 차례에 걸쳐 간행되었고, 1769년에는 《당토행정기唐土行程記》라는 제목으로 일본어 번역본까지 간행되었다.

4부

실학 명저

시대를 뛰어넘는 선지식의 탁견 사전
이익의 《성호사설》

또 다른 실학 명저
이중환의 《택리지》, 박제가의 《북학의》

시대를 뛰어넘는 선지식의 탁견 사전
이익의 《성호사설》

조선 실학의 새 장을 연 잡학 사전

《성호사설》은 조선 실학의 중조中祖라고 할 수 있는 성호 이익이 남긴 책으로 그의 나이 30대 말부터 여든 살에 이르기까지의 짧은 기록들을 모아 엮은 책이다. 비록 '자잘하고 사소한 것들'이라는 뜻의 '사설僿說'이라는 제목을 달고 있지만, 결코 가볍고 보잘것없는 내용은 아니었다.

필자가 이 책을 처음 접한 것은 서른네 살 되던 1999년 11월이었는데, 이듬해 초까지 아주 푹 빠져들어서 너무도 재미있게 읽었다.

이 책은 천지문, 만물문, 인사문, 경사문, 시문문 등 다섯 문間으로 되어 있으며, 총 3,007편의 글이 실려 있다. 천지문은 천문과 지리에 관한 서술로 223항목이 있으며, 만물문은 생활과 관련된 내용들로 368항목이 있다. 그리고 인사문에는 정치와 제도, 사회와 경제, 학문과 사상, 인물과 사건 등에 관한 글이 실려 있는데, 990항목이 실려 있다.

경사문은 유학 경전과 역사서에 대한 것으로 잘못된 해석이나 구체적인 내용에 대한 자신의 견해를 싣고 있는데, 전체에서 가장 많은 1,048항목으로 구성되어 있다. 그리고 마지막으로 시문문은 시와 문장에 관한 것으로 채워져 있는데, 378항목이다.

비록 3,000항목이 넘는 방대한 분야에 걸친 글들이지만, 각 항목이 길지 않아 읽어내는 데 지루함이나 어려움은 없는 내용들이다. 또 항목들이 연계성을 가지지 않은 까닭에 꼭 차례대로 읽을 필요도 없고, 관심 가는 곳만 골라서 읽어도 무방하다.

이익은 《성호사설》의 서문에서 이 책은 자신이 장난삼아 쓴 것이며 책을 지은 뜻도 별다른 것이 없다고 쓰고 있다. 그저 자신은 독서의 여가와 세상살이를 하면서 여러 책들에서 얻은 것들을 웃고 즐길 만하여 옆에 두고 열람할 만한 내용을 붓 가는 대로 적어두었는데, 어느덧 많이 쌓이게 되어 책으로 엮어보았을 뿐이라는 말도 덧붙였다. 심지어 '쓸데없는 용잡한 말임이 틀림없다'고 말하기까지 하였다. 그러면서도 이런 말로 서문을 끝낸다.

"지극히 천한 똥 덩어리나 지푸라기일지라도, 밭에 거름으로 주면 아름다운 곡식을 기를 수 있고, 아궁이에 불을 땔 때면 아름다운 반찬을 만들 수 있다. 이 책도 잘 살펴보는 자가 그런 점을 채택한다면, 백에 하나라도 쓸 만한 것이 없으리라는 것을 어찌 알겠는가?"

하지만 이익의 겸손한 말과 달리 이 책엔 자잘하고 사소한 것들이나 쓸데없고 용잡한 글들은 찾아볼 수 없었다. 당대의 정치, 경제, 사회, 문화, 역사, 지리, 인물, 풍속, 과학을 망라한 선지식인 이익의 탁견을 여지없이 드러낸 명작이었다. 비록 수필의 형태를 빌려 쓰긴 했지만 시대를 뛰어넘은 선지식의 탁견 사전이라 할 만하다.

지구에 대한 이익의 식견

필자는 이 책의 첫 장인 천지문을 읽다가 '방성도方星圖' 편에 이르러 '아, 이래서 이익을 실학의 중조라고 하는구나'라고 생각했다. 방성도란 당시 서양에서 전해진 6폭으로 된 천문도를 말하는데, 이익은 그 방성도를 보고 이런 말을 하고 있다.

> 지금 서양에서 나온 방성도를 보면 중국의 것과는 다르다. 혹 연결한 선만 있고, 별은 없는데, 이는 그곳에서 망원경으로 관측한 것이다. 예컨대 금성이 달보다 더 크다든지, 태양이 지구보다 더 크다든지, 은하는 별의 빛이라든가, 금성과 목성에 둥근 고리가 달려 있다든지 하는 것은 눈으로 보아 알 수 있는 것이 아니니, 그 말대로 따라야 한다.
> 또 예전부터 전해오는 천문도는 하늘의 평면도로서 천체 전체를 그린 그림에 미치지 못한다. 인간은 대지 한쪽 구석에 살고 있으니, 천체를 두루 볼 수 없는 것은 당연하다. 그로 인하여 아래쪽 또 한 면이 있다는 사실을, 살면서도 인식하지 못하였다. 보고 듣는 것에 국한된 도도한 그 형세가 이와 같다.

이익의 이 글에서 망원경이나 지구 같은 단어들을 쓰는 것을 보고 매우 낯설었다. 당시 내가 생각하던 조선의 선비 상과는 괴리가 있었던 것이다. 그리고 몇 장을 넘기자 '지구' 편이 있었다. 그 글에 이런 말이 있다.

> 지구의 아래와 위에 사람이 살고 있다는 말은 서양 사람들에 의해 비로소

자세하게 되었다. …… 참판을 지낸 김시진은 지구의 위와 아래에 사람이
살고 있다는 말을 몹시 그르게 여겼다. 남극관이 글을 지어 변증했다.
"여기에 계란 한 개가 있는데, 개미가 계란 껍데기 위에 올라가 두루 돌아
다녀도 떨어지지 않는다. 사람이 지구 표면에 사는 것도 이와 무엇이 다르
겠는가?"
나는, 남극관이 김시진을 나무란 것은 그릇된 말로 잘못된 점을 공격한 것
이라고 생각한다. 개미가 계란 껍데기 위에 붙어서 떨어지지 않는 것은 개
미의 발로 붙들고 있기 때문이다. 가령 발이 없는 벌레가 있다고 하자. 그
벌레는 벽에 오르려고 꿈틀대다가 곧바로 떨어지고 만다. 이런 비유를 가
지고 어떻게 다른 사람을 깨우칠 수 있겠는가?
이 문제는 지심론地心論을 따라야 한다. 한 점 지구의 중심에는 상하 사방
이 모두 안으로 향하고 있다. 지구가 허공에 떠 있는 것을 보건대, 중앙에
있으면 조금도 움직이지 않는다는 사실을 미루어 알 수 있다. 계란은 지구
한쪽에 붙어 있으니, 계란도 땅에서 분리되기만 하면 바로 떨어지고 만다.
계란의 아래쪽에서 도리어 개미가 기어 다닐 수가 있겠는가?

지구에 대한 이 글에서 17, 18세기 조선 시대 지식인의 세 부류
를 볼 수 있다. 첫 번째 부류는 김시진이다. 김시진은 우리가 사는 땅
이 둥글다고 인정은 하지만, 그 상단부에만 사람이 살 수 있다고 생각
하는 부류다. 지구가 둥글다고 생각한 것은 혼천설에 의한 것인데, 고
대의 중국 철학 학파인 명가名家들에 의해 만들어진 이론이다. 혼천설
에서는 천체가 달걀처럼 생겼는데, 사람이 사는 땅은 달걀의 노른자위
에 해당하고 천체는 흰자위와 껍데기에 해당된다고 생각했다. 당시 조
선 지식인의 대다수가 혼천설을 믿고 있었고, 세종 대의 장영실의 앙

부일구도 혼천설에 따라 만들어진 것이다. 그리고 거기서 조금 선진적인 생각을 가진 부류가 남극관이다. 그는 지구는 둥글고 아래와 위에 모두 사람이 살 수 있다는 것은 인정하지만, 그 원리가 어떻게 되는지는 모르는 부류다. 그리고 마지막으로 저자 이익 부류다. 당시로서는 조선 전체 지식인 중에 몇 명 되지 않는 선각자에 해당한다. 이익은 지심론, 즉 일종의 중력에 대한 이해가 되어 있는, 당시로서는 가장 과학적인 지식인인 셈이다. 이익은 지심론에 따라 지구의 아래 위뿐 아니라 사방에 모두 물질이 존재할 수 있다고 알고 있었으니, 당시 지식인들을 바라보는 마음이 얼마나 답답했을까 싶다.

안용복을 영웅이라 부르다

지구 다음으로 필자의 눈을 사로잡은 항목은 '울릉도'였다. 이 글에서 이익은 울릉도의 역사를 소개하면서 안용복이 울릉도를 지킨 이야기를 서술하고 있다. 이익은 울릉도가 강릉이나 삼척의 높은 봉우리에 올라가서 보면 가물가물 보이는 섬이라고 하면서 원래 신라 지증왕 때 하슬라(지금의 강릉) 주의 군주 이사부에 의해 정복당한 곳이라는 역사적 사실을 알려주는 것으로 이 글을 시작하고 있다. 그리고 태종과 세종 때에는 도망친 자들이 들어가 살았기 때문에 군사를 보내 그곳 주민들을 잡아 오고 섬을 비워뒀다는 말도 덧붙인다. 또한 임진왜란 이후에는 왜적의 노략질 때문에 인적이 끊어지게 되었다면서, 이후로 왜인들이 자기 땅처럼 드나들며 지냈는데, 안용복이 홀로 이 땅을 되찾은 내용을 소개하고 있다.

당시 동래부에서 군함의 노군(노를 젓는 병사)으로 일하며 어부로 살고 있던 안용복은 홀로 일본까지 가서 울릉도는 물론이고 당시 우산도로 불리던 독도까지 조선 땅이라는 것을 확정 짓고 돌아왔다. 그런데 왜인들이 장악하고 있던 영토를 되찾아온 안용복에게 돌아온 것은 유배형이었다. 그나마 유배형에 처해진 것도 당시 돈령부 부사였던 윤지완 덕분이었다. 윤지완이 조정에서 안용복에게 마음대로 국경을 넘어간 죄를 적용해 참형에 처하려고 한 것을 가까스로 저지시켜 유배형으로 감형시킨 것이다.

그런데 이익은 안용복의 일을 안타까워하며 이런 글을 남긴다.

안용복은 따질 것도 없이 영웅과 짝이 될 만하다. 미천한 일개 군졸로서 만 번 죽을 계책을 내어 국가를 위해 강한 적과 대항하였다. 그래서 그들의 간사한 마음을 꺾어버리고, 여러 대를 끌어온 분쟁을 그치게 했으며, 한 고을의 땅을 회복했다. 이는 걸출한 자가 아니면 능히 할 수 없는 일이다. 그런데 조정에서는 그에게 상을 주지 않았을 뿐만 아니라, 사형에 처하려다 귀양을 보냈다. 그의 기상을 꺾어버리기에 겨를이 없었으니, 애통한 일이다. ……

이런 점을 가지고 논한다면 안용복은 한 시대의 공적을 세운 것뿐만이 아니다. …… 국가의 위급한 때를 만나, 안용복과 같은 사람을 병졸에서 발탁하여 장수로 등용해서 그의 뜻을 펼 수 있게 했더라면 그가 이룩한 공적이 어찌 이 정도에서 그치겠는가?

이 글은 이익의 인재에 대한 관점을 엿보게 한다. 비록 출신이 천하더라도 능력이 있고, 공을 세웠다면 마땅히 그에 걸맞은 관직을 줘서

나라의 인재로 써야 한다는 주장이다.

남초란 해로움이 더 심하다

첫째 장에 해당하는 천지문을 다 읽고 만물문으로 넘어가면 '남초南草'라는 낱말이 다가온다. 남초란 곧 담배다. 남쪽에서 온 풀이라는 의미에서 그렇게 이름 붙인 것이다. 이익은 담배가 유행하게 된 것이 광해군 말년이라고 기록하면서 남쪽 한가운데 담파국이라는 나라가 있는데, 그 나라에서 들어온 까닭에 담배라고 부른다고 하였다. 그런데 어떤 이가 담배에 대해서 유익한 점이 있느냐고 하자, 이익은 이렇게 대답한다.

"담배는 가래가 목구멍에 붙어서 아무리 뱉어도 나오지 않을 때 유익하며, 비위가 거슬려 구역질이 날 때 유익하며, 먹은 음식이 소화가 안 돼 누울 수 없을 때 유익하며, 가슴이 답답하고 체해 신물이 올라올 때 유익하며, 한겨울 추위를 막는 데 유익합니다."

이런 이익의 대답을 읽고 있자니, 필자에게도 생각나는 일이 있었다. 이미 작고한 필자의 어머니는 시집와서 할머니의 권유로 담배를 배웠다고 했다. 할머니가 담배를 권한 이유는 어머니가 자주 배앓이를 했기 때문이었다고 한다. 당시 많은 사람이 배에 회충이 많아 배앓이가 심했는데, 담배 연기와 진액이 회충을 움직이지 못하게 하여 담배를 피우면 회충을 막을 수 있다는 속설이 있었던 것이다. 이익의 말에 먹은 음식이 소화가 안 되거나 체했을 때 담배가 좋다는 내용이 있는 것으로 봐서 할머니가 어머니께 담배를 권한 이유도 이 같은 속설 때문이 아닌가 싶다.

이익에게 담배의 유익함에 대해 물었던 그 사람이 이번엔 해로움은 없는지 물었다. 그러자 이익이 또 대답했다.

"이로움보다는 해로움이 더 심합니다. 안으로 정신을 해치고, 밖으로 귀와 눈을 해칩니다. 담배 연기를 쐬면 머리카락이 희어지고, 얼굴이 검푸르게 되고, 이가 쉽게 빠지고, 살이 마르게 되니, 사람을 빨리 늙도록 만드는 것입니다. 내가 이 담배에 대해 이로움보다는 해로움이 더 심하다고 하는 것은, 냄새가 독해 재계하면서 신명과 통할 수 없는 것이 첫째이고, 재물을 축내는 것이 둘째며, 이 세상에는 할 일이 너무 많아 걱정인데, 요즘 사람들은 상하노소를 막론하고 1년 내내 하루 종일 담배 구하기에 급급하여 잠시도 쉬지 못하는 것이 셋째입니다. 이런 마음과 힘을 옮겨 학문을 한다면 반드시 크게 어진 이가 될 것이고, 글을 짓는다면 훌륭한 문장가가 될 것입니다."

이런 말을 하는 것으로 봐서 이익은 담배를 피우지 않았던 모양이다. 사실, 이익은 원래 병약하게 태어났지만 섭생을 잘하여 80이 넘도록 살았다.

이익의 집안은 여주 이씨로서 8대조인 이계손이 성종 때 병조판서 벼슬을 하면서 가문을 일으켰는데, 증조부 이상의는 의정부 찬성(종1품), 조부 이지안은 사헌부 지평(정5품), 아버지 이하진은 사헌부 대사헌을 지냈다. 남인 계열이었던 이하진은 대사헌으로 있다가 숙종 6년(1680년)에 남인 일파가 대거 쫓겨난 경신환국 때 진주 목사로 좌천되었다가 다시 평안도 운산에 유배되었다. 이익은 그 유배지 운산에서 1681년 10월 18일에 태어났다. 그의 어머니는 권씨였는데, 이하진의 두 번째 부인이었다. 이하진은 2명의 부인에게서 5남 3녀를 낳았는데,

이익이 막내였던 것이다.

유배지에서 제대로 못 먹는 가운데 태어난 탓인지 이익은 태어나면서부터 병마를 달고 살았다. 이익은 아버지 이하진이 죽자, 어머니 권씨의 등에 업힌 채 유배지를 떠나와 선영이 있던 안산의 첨성리로 돌아와서 어린 시절을 보냈다.

이익은 건강이 너무 나빴던 탓에 유년 시절에 공부를 전혀 할 수 없는 지경이었다. 그러다 열 살이 되어서야 비로소 건강이 좀 좋아져 글을 배울 수 있었다. 그에게 글을 가르친 사람은 이복형인 이잠이었다. 그런데 이잠은 이익이 스물여섯 살이 되던 1706년에 장희빈을 두둔하는 상소를 올렸다가 의금부에 끌려가 형신을 당한 끝에 죽었다.

존경하는 형이자 스승이었던 이잠의 처참한 주검을 목도한 이익은 벼슬에 뜻을 두지 않았다. 이잠이 죽기 전에는 과거를 준비하기도 했고, 증광시에 응시하기도 했던 그였지만 이잠이 죽은 뒤로는 당파 싸움의 거친 파도 속으로 들어가지 않겠다는 생각을 굳힌 것이다.

그는 그저 조상에게 물려받은 토지를 가꾸고 학문을 하면서 은둔 생활을 했다. 그가 살던 광주부 안산의 첨성리는 바다와 가까웠고, 마을 근처에는 호수도 하나 있었는데, 그 호수의 이름이 '성호'였고, 이익은 그것을 호로 썼다.

그렇듯 초야에 묻혀 백면서생으로 살며 오직 학문하는 것을 낙으로 삼던 그의 명성이 점차 세상에 알려지자, 나라에서도 이따금 벼슬을 내리기도 했지만 그는 사양했다. 그리고 선천적으로 약한 몸 때문에 자주 병마에 시달렸고, 그런 까닭에 몸에 나쁜 것은 가까이하지 않았다. 그가 담배에 대해 부정적인 생각을 가진 것도 아마 건강 때문이었을 것으로 보인다. 필자도 담배를 피우지 않는데, 군대 시절 몇 번 연기를 뿜어보긴 했으나 삼키는 것은 불가하여 아예 담배 맛을 모르고 살아왔다. 필자 역시 성호 선생과 마찬가지로 어릴 때부터 건강이 좋지 않아 꽤나 고생을 했는데, 덕분에 청년 시절에 흡연의 유혹을 전혀 받지 않았다.

이익은 비록 70대에 병마와 가난으로 고생을 하긴 했으나 83세까지 살았다. 병약한 몸으로 태어나 그것도 조선 시대에 팔순을 넘겼다는 것은 대단히 장수한 경우다. 어쩌면 그의 장수 비결은 정신에 해롭고 몸에 해로운 일을 일절 하지 않은 덕분이다. 이익이 담배의 해로움에 대해 안으로 정신을 해치고, 밖으로 귀와 눈을 해친다고 한 것은 그의 생활 습관을 드러낸 말일 성싶다.

노비에게 제사 지내주는 주인

인사문 '노비' 편과 '개자丐者' 편을 읽다가 필자는 학문을 하는 사람은 근본적으로 사람에 대한 연민이 있어야 한다는 생각을 하게 됐다. 조선의 양반들이 노비와 거지 알기를 집안에서 키우는 가축보다 못한 존재로 여기기 일쑤였는데, 이익은 그들도 다 같은 사람이라는 관점에서 바라본 까닭이다.

이익이 노비에 대해 쓴 글에 이런 부분이 있다.

우리나라 노비의 법은 천하 고금에 없는 것이다. 한 번 노비가 되면 백세토록 괴로움을 당한다. 이것도 오히려 상심할 만한 일인데, 더구나 반드시 어미의 신분을 따르게 하는 법에 있어서랴? 어미의 어미와 그 어미의 어

미의 어미로 거슬러 올라가 멀리 십세, 백세에 이르면 어느 시대 어떤 사람인 줄도 모르는데, 까마득하게 멀리 핏줄이 이어진 외손으로 하여금 하늘과 땅이 다하도록 한량없는 고뇌를 받으면서 벗어날 수가 없게 한다.

이런 환경에 놓이게 된다면 (덕망으로 이름 높은) 안회와 백기 같은 사람도 그 행실을 가질 수 없을 것이고 (제나라의 재상) 관중과 안영 같은 인물도 그 지혜를 쓸 수 없을 것이다. …… 더구나 남의 집 종노릇하는 자는, 학대를 당하면서 괴로운 일에 시달려 살아갈 길이 없으니, 천하에 이처럼 곤궁한 백성이 다시 없을 것이다.

공자는 '인仁'이 없다면 학문하는 것이 다 부질없다고 하였다. 유학의 근본이 곧 인이고, 인은 곧 측은지심이라 했으니, 불쌍한 사람을 앞에 두고 측은지심을 드러내지 못한다면 제아무리 많은 지식을 쌓은 자라 하더라도 학자라 할 수 없다는 것이다. 배움을 추구하는 것은 곧 자기를 닦는 것으로부터 비롯되고, 배움을 쌓는 것 또한 자기를 닦는 것으로 향해야 비로소 학문하는 자, 곧 학자라 할 수 있는 것이다. 그 배움의 바탕에 측은지심이 없다면 학자라 할 수 없다.

이익은 적어도 불쌍한 자를 보고 불쌍한 마음을 유감없이 드러낼 줄 아는 사람이었으니, 학자로서의 기본 자질을 갖춘 인물이다.

이익은 또 주인과 노비의 관계에 대해 '제노문祭奴文(죽은 종을 위해 제사하는 글)'이라는 글에서 이런 말을 남겼다.

신하는 임금의 상喪에 머리를 풀지 않는데, 종은 주인의 상에 처나 자식에게 하듯이 머리를 푼다. 신하가 죽으면 임금이 문상을 하고 제문을 보내는 예가 있는데, 종이 죽으면 주인이 한 번 슬퍼하지도 않고 한 잔의 술도 부어놓는 법이 없다. 이 또한 어찌 된 일인가?

이익은 당시 종들에 대한 주인들의 태도를 이렇게 비판했는데, 어느 날 그의 땅을 돌보던 외거 노비 한 사람이 죽었다는 소식을 들었다. 당시 이익은 가난하여 집안에 종이 한 사람밖에 없었는데, 죽은 이는 과거에 자신의 집에서 종노릇을 하던 사람이었다. 그 노비가 죽은 지는 벌써 몇 년이나 되었다고 했고, 무덤에 제사를 지내지도 않는다고 했다. 이익은 간단히 제사 음식을 챙겨 들고, 그의 묘에 가서 제사를 지내주며 이런 제문을 읊었다.

모년 모월 모일 초아에 묻혀 사는 성호가 옛 종 아무개의 무덤에 제사하노라. 아, 나라의 풍속에 종과 주인의 관계를 임금과 신하에 비교하였다. 임금이 어질면 신하가 반드시 은혜를 갚는 것은 당연하지만, 주인이 박대하면서 종에게 충성을 바라는 것이 어찌 이치이겠는가? 너는 평생 부지런히 윗사람을 받들었으니, 내 사실 네 덕을 많이 보았다. 그런데 어찌 차마 너를 잊겠는가? 너의 자식이 불초하기에 내 일찍 훈계한 적이 있는데, 과연 파산하여 살 곳을 잃고 떠나버렸다. 네가 죽어 무덤에 풀이 우거졌는데도 벌초하기를 생각하는 자가 없구나. 살아서 고생이 심했는데, 죽어 귀신이 되어서도 늘 굶주리니, 어찌 슬프지 않으랴? 내가 우연히 이곳을 지나다 너를 불쌍히 여기는 마음에 약간의 떡과 과일을 갖추어 너의 외손을 시켜 무덤 앞에 술 한 잔을 붓게 하고, 대충 지은 몇 마디 말로 너의 무덤 곁에서 향을 사르고 고하노라. 네 비록 문자를 모르지만, 귀신의 이치로 보면 통할 수 있는 법, 정성이 있으면 반드시 느끼리니, 너는 이 음식을 흠향하거라.

이익은 종에게 제사 지내주는 것을 남들이 알면 자신을 비웃을 것이라고 하면서도 남의 시선에 개의치 않고 이 일을 행하였다.

무슨 일을 하나 해도 체면만 중시하던 그 시절에 이렇듯 인간의 근원적인 의리를 지키고 정을 베푸는 성호 선생의 모습에 '아 선각이란 이런 것이구나! 학문을 하는 선비의 용기란 이런 것이구나!' 하는 깨달음을 준 글이다.

선생의 노비에 대한 연민은 여기서 그치지 않는다. '금민매노禁民賣奴', 즉 '백성에게 노비의 매매를 금함'이라는 글에서는 노비법을 개혁할 수 없다면 노비의 매매를 금지시켜야 한다고 주장했다. 노비를 소나 말처럼 매매하며 함부로 그들의 목숨을 끊는 것은 천리를 어기고 인륜을 저버리는 일이라고도 했다.

이익은 노비 매매가 금지되면 노비가 없는 사람은 부득이 자기 힘으로 농사를 지을 것이고, 노비가 많은 집에서는 노비가 여가를 누릴 수도 있을 것이라고 주장했다.

이익의 노비관은 《반계수록》을 쓴 유형원의 영향을 많이 받은 것으로 보인다. 《성호사설》 곳곳에 《반계수록》에 대한 언급이 있고, 《반계수록》에서 노비 세습제를 천하의 악법 중의 악법이라고 했는데, 이익이 반계의 말을 고스란히 인용하고 있는 까닭이다.

걸인 보고 눈물짓는 선비

이익은 인정이 많은 사람이었다. '개자(거지)' 편에서 거지를 바라보는 그의 시선에서도 그의 인정 어린 품격을 읽어낼 수 있다.

흉년이 들면 걸인들이 길에 연이어 바가지를 들고 자루를 메고서 염치없이 달려든다. 한 번 구걸에 답하지 않으면, 세 번이고 네 번이고 더욱 겸손히 구걸을 한다. 눈살을 찌푸리며 한 닢 주면, 몸을 굽실거리며 받는다. 이는 대장부로서 차마 할 수 없는 일이다. 불쌍히 여겨 불러서 음식을 주는 것도 오히려 부끄러운 법인데, 더구나 호통을 치며 음식을 던져주는 모욕을 당하는 데 있어서랴?

내가 사적으로 생각해보니, 사람이 이런 경우를 면하게 되는 것도 다행이다. 내 힘으로는 실 한 올, 쌀 한 톨도 마련할 수 없으니, 생활에 필요한 물건이 어디로부터 나오겠는가? 만약 불행하게도 집안이 망해 떠돌아다니며 생계를 꾸릴 길이 막막하다면, 단지 한 가닥 의지로 가만히 앉아 죽기를 기다릴 것이니, 그렇게 되면 제사 지내길 기다리는 것이나 다름이 없지 않은가? 구걸하러 다니며 곤욕을 당하는 것은 가볍고, 죽고 사는 일은 중하다. 그러니 차라리 모욕을 무릅쓰고서 중함을 구하는 것이다.

내가 30년 전 날씨가 매우 찬 어느 날 저녁, 서울 거리를 지나다 다 떨어진 옷에 잔뜩 굶주린 눈먼 걸인을 만났다. 그는 하루 저녁 묵을 집이 없어서 남의 집 문밖에 앉아 울면서 죽여달라고 하늘에 하소연하였다. 그의 마음은 정말로 죽고 싶은데, 그렇게 되지 않는다는 것이다. 나는 지금까지도 그 모습을 잊을 수가 없다. 그 모습을 생각하면 눈물이 쏟아지려 한다.

걸인에 대한 이 글은 이익이 칠순이 넘었을 때 쓴 것이다. 그때 선생은 병이 깊어 매우 고통을 받고 있었고, 가세도 기울어 매우 궁핍하였다. 그래도 학문을 하며 제자를 기르고 걸인의 신세를 면하고 있으니, 그나마 다행이라며 스스로를 위로하는 내용도 보인다. 그러면서 30년 전의 추운 겨울날, 죽기를 소원하던 눈먼 걸인의 모습을 떠올리며 울컥 눈물까지 쏟아질 것 같다는 선생의 심정이 고스란히 전해지는 글이다.

속유척불

'속유척불俗儒斥佛'이란 제목을 단 글이 있다. 풀이하자면 저속한 선비가 불교를 배척한다는 뜻이다. 필자는 뒷부분을 읽지 않아도 이 제목만으로 이익이 무슨 말을 하려는지 알았다. 내 짐작처럼 선생은 이런 말을 남겼다.

> 오늘날 유학을 공부하는 자들은 말끝마다 이단을 배척한다. 그러나 그들이 진심으로 유학은 부지런히 공부할 만하고 불교는 배척할 만하다는 점을 분명히 알고서 하는 말일까? 알 수 없다. 도를 보는 것이 분명치 못하면 믿는 것이 독실하지 못하게 된다. 나는 불가에서 스승을 높이듯이 우리의 도를 믿고 지키는 자를 아직 보지 못했다. 이런 식견을 가지고 어떻게 정밀하고 전일한 마음으로 독실히 공부하는 승려들을 배척하는가? 우습기도 하고 민망하기도 하다.
> 내 생각으로는 저속한 선비들이 승려에 미치지 못하는 점이 4가지가 있다. 스승을 높이고 도를 믿는 것이 첫 번째고, 마음을 안일하게 하지 않는 것이 두 번째고, 식욕과 색욕을 끊는 것이 세 번째고, 만물에 자비를 베푸는 것이 네 번째다. 식욕, 색욕, 자비, 사랑에 대해서는 중도에 지나친 점이 있지만, 속된 선비들이 마음을 방자하게 갖고 욕심을 끝까지 부리는 것에 비교하면 과연 어떠한가? 내가 절간에서 지낸 적이 있는데, 승려들이 사대부보다 낫거나 비슷한 점을 보고 탄식한 적이 있다.

조선 시대에 절간의 승려들은 천민 취급을 받았다. 관청에선 아무런 자금도 대주지 않으면서 종이를 만들어내라고 재촉하는 곳도 절간이었고, 새로운 지방관이 부임하면 고기 안주를 곁들인 술상을 차려내는 곳도 절간이었다. 정작 승려들은 술도 먹지 않고 고기도 먹지 않는데, 그들에게 고기 안주에 술상을 차려내라고 윽박질렀던 것이 조선의 관리들이었던 것이다.

이익은 그런 저속한 유생들을 보고 부끄럽고 민망하다고 말한다. 그렇게 천대를 받으면서도 도를 지키고 신앙을 유지하며 스승을 섬기는 그들 승려들이 사대부들보다 훨씬 낫다고 말한다.

이익이 《성호사설》을 진작 묶어 책으로 내지 않은 이유는 아마 이런 글들이 많았기 때문일 것이다. 죽은 노비를 위해 제사를 지내준다든지, 절간의 승려가 유생들보다 훨씬 낫다든지 하는 내용들을 그 시대 저속한 유생들이 그냥 두고 봤을 리가 없는 까닭이다. 그렇듯 시대에 앞서 열린 사람은 그 시대의 다수를 이루는 저속한 자들의 공격을 받을 수밖에 없다. 요즘이라고 별다를 것도 없으리라. 낡고 병든 사상을 무기 삼아 시대에 앞선 지식인들을 저속한 말들로 공격하는 자들이야 조선 시대보다 지금이 더 많지 않겠는가?

사륙가금과 《고려사》

《성호사설》에서 가장 많은 양을 차지하는 것이 네 번째 장 경사문이다. 하지만 경사문의 내용은 유학 경전에 익숙하지 않은 사람에겐 다소 지겹고 어려운 글들이다. 그래서 유학에 관심이 있는 사람은 모르지만 그렇지 않은 사람은 경사문을 훌쩍 뛰어넘어 읽어도 좋으리라. 다만 잠시 스쳐가기라도 하고 싶다면 '사륙가금四六可禁' 편을 들춰보는 것은 어떨까 싶다.

사륙가금이란, '사륙문을 금해야 한다'는 뜻이다. 사륙문은 다른 말로 변려문이라고도 하는데, 1구句의 글자 수를 4자, 6자로 맞춰 대구를 이루도록 짓는 글을 말한다. 사륙문으로 된 대표적인 글이 《고려사》 속 주문奏文(신하가 임금에게 아뢰는 글)과 표문表文(국가에 경사가 있을 때 신하가 임금에게 올리는 글)인데, 이에 대해 이익은 매우 불만스러웠던 모양이다. 그래서 남긴 글이 '사륙가금'인데, 옮기자면 이렇다.

> 나는 《고려사》를 볼 때마다 긴요하지 않은 사람들의 성명을 모두 나열해 놓은 것에 대해 지루함을 견딜 수 없다. 게다가 왕명을 반포하는 조서나 주문, 표문도 모두 사륙문으로 되어 있다. 번다한 말을 줄이지 않고 썼으니, 이것이 무슨 필법이란 말인가? 그런 풍습이 전해져 후세의 폐단만 조장시켰을 뿐이다. 하동 부원군 정인지는 역사를 기술할 만한 재주를 가진 사람이 아니다.
> 사륙문은 반드시 금지해야 할 문체다. …… 옛날 사람들은 문장을 작은 기예로 여겼다. 사륙문은 노비나 천한 첩처럼 하찮게 보았다. 사람들은 매양 사대事大하는 데 필요하다고 핑계를 대지만, 사륙문이 아니면 사대를 할 수 없다는 말은 들어보지 못했다. 사륙문으로 사대문서를 쓰지 않는다면 대국이 죄를 준단 말인가?

주문이나 표문은 대개 중국에 올리는 글이었다. 때문에 외교문서는 대부분 사륙문으로 작성되었고, 그것이 《고려사》에 고스란히 반영된 것인데, 이익은 이것을 몹시 비판하고 있는 것이다.

사실, 필자는 사륙문에 대해서는 잘 모른다. 그런데 이익이 이토록 비난하고 짜증스러워하고 있는 것으로 봐서 사륙문이 지나친 형식주의 문장이거나 혹 그것을 사륙문에 익숙한 자들이 자신의 권력을 지키기 위해서 수단적인 의미로 사용했을 수도 있겠구나 하는 생각을 하는 수준이다.

하지만 이익이 《고려사》에 긴요하지 않은 사람들의 이름들을 나열해놓은 것을 비판하는 대목에선 '이익은 역사학자는 될 수 없겠구나'라고 생각했다. 필자도 《한 권으로 읽는 고려왕조실록》을 저술하면서 《고려사》와 《고려사절요》를 모두 살폈는데, 나열된 이름 하나하나가 매우 중요했다. 이익은 긴요한 사람들이 아니라고 했지만, 《고려사》에 나열된 이름을 좇아가면서 당시의 파벌과 인맥을 읽어내는 데 많은 도움을 받았고, 《고려사절요》와 비교하는 과정에서도 내용을 더욱 면밀하게 이해할 수 있었다.

《성호사설》을 읽으면서 이익의 뛰어난 면모를 보는 것도 흥미롭지만 다소 부족한 부분을 발견하는 것도 즐거운 일이었다. 세상에 그 누군들 모든 분야에서 완벽할 수 있으랴! 다소 부족한 면이 있어야 인간적이지 않겠는가?

유학 경전에 대한 절대적인 신봉

경사문을 읽어가면서 필자는 이익의 경전에 대한 이해가 매우 깊다는 생각을 하였지만, 유학 경전에 대한 그의 시각에 모두 동의하기는 힘들었다. 하지만 유학 경전을 절대적으로 신봉하는 경향을 대하고는 '역시 유학자로구나'라는 생각을 했다. 서양의 신지식을 받아들이고, 불교에 대해서도 나름대로 긍정적인 시각을 가지고 있으면서 어떻게 유학 경전은 절대적인 것으로 이해하려 들었을까 하는 의문도 들었다. 어쩌면 그것이 시대적 한계인지도 모른다고 이해하고 넘어가려 해도 자꾸 목에 뭔가 걸리는 느낌이었다.

예컨대, '경해經解', 즉 경전의 해석 편에 나오는 다음 말과 같은 것들이다.

> 유교에서는 경전을 존숭하는 것만 한 것이 없다. 경전의 가르침은 결국 같은 데로 돌아가지만, 경유하는 길이 각기 다르다. 성인이 법도를 세운 데에는 본뜻이 있다. 이를 모르는 사람이 그 글을 가르치게 되면 폐단이 뒤따르기 마련이다. 경전에 대한 주해는 그런 폐단을 없애고 바른 데로 돌아가도록 하기 위한 것이다.

《성호사설》에 등장하는 이익의 탁견들은 대부분 틀에 얽매이지 않는 자유롭고 합리적인 생각에서 비롯되었다. 하지만 이 경사문에 이르면 합리성과 자유로움이 갑자기 종적을 감춘 느낌이 든다. 그가 말하는 성인이란 공자, 맹자, 주자 등을 일컫고, 그들의 가르침을 절대적인 진리로 여기는 것이 곧 유학이나 신유학(성리학)이다. 이익이 유학자이니, 유학 경전을 공부하고 해석하는 것은 당연하나 절대시하는 것은 매우 낯설었다.

학자로서 가장 위험한 행동은 무엇인가를 절대시하는 것이다. 절대적인 것 앞에서는 자유로움이 사라지고, 합리성도 사라진다. 그리고 그것은 다시 그 절대성의 그늘 아래 인간의 층을 나누고, 신분을 나누고, 언어를 나눈다. 이것은 결과적으로 인간의 자유로움과 근원적인 존엄성을 침해한다.

유학의 창시자 공구(공자)는 매우 뛰어나고 덕스러운 인물임엔 분명하다. 하지만 그의 모든 행동이 본받을 만한 것은 아니다. 지나치게 예를 따지고 형식을 갖추고, 신분을 구분한다. 그런 의미에서 그는 신분주의자나 계급주의자 성향이 강하다. 물론 시대적 한계라고도 말할 수 있다. 하지만 같은 시대를 산 노자에겐 전혀 그런 경향이 없다.

성호 이익에게도 노자와 같은 구석이 없는 것이 아니다. 노비나 양반이나 다 같은 인간이며, 같은 인간으로서 존중받아야 된다는 생각을 유감없이 드러내고 있다. 또한 신분이나 계급을 떠나 인재를 선택하고, 어디서 누가 만든 것이든 인간에게 유익한 것이면 가져다 사용해야 한다고 주장한다. 그런데 왜 유학 경전에 대해서만큼은 그렇지 못했던 것일까? 물론 필자의 도가 짧아서 선생을 다 이해하지 못하는 것이겠지만, 경사문을 읽는 내내 그 점이 안타까웠다. 하지만 이런 필자의 마음은 그 시대를 제대로 이해하지 못한 데서 오는 무지의 소치일 수도 있다.

소년 정인홍의 시

이 책에서 가장 짧으면서 마지막 장인 시문문에 이르면 감상할 만한 시를 몇 편 만날 수 있다. 시문문 앞부분에 내암 정인홍이 어린 시절에 쓴 시가 나오는데, 읊어본다.

짧고 짧은 외로운 솔, 탑 서쪽에 서 있는데,
탑은 높고 솔은 낮아서 가지런하지 않네.
오늘 외로운 솔을 짧다고 말하지 마오,
솔이 자란 뒷날엔 탑이 도리어 짧으리니.

소년 정인홍에게 시를 짓게 한 사람은 당시 경상도 관찰사였다. 그때 정인홍은 산사에서 공부를 하고 있었는데, 마침 관찰사가 절에 왔다가 한밤에 글 외는 소리를 듣고 찾아갔더니 과붓집 어린아이였다. 글 외는 소리가 제법 경쾌하고, 경전의 문맥도 아는 듯하여 관찰사가 물었다.

"너는 시를 지을 줄 아느냐?"

정인홍은 잘 짓지는 못한다고 겸손하게 말했다. 하지만 관찰사가 '탑 옆의 외로운 소나무'라는 제목을 주고 운을 띄우자, 정인홍이 즉석에서 지어낸 시가 위에 소개한 시다.

정인홍이 소년 시절에 지은 시지만, 이 시에는 기개가 넘친다. 지금은 비록 어린 소나무라 탑보다 훨씬 작지만, 뒷날에 탑보다 훨씬 크게 자랄 것이니, 작다고 말하지 말라는 것 아닌가.

이 시를 보고 관찰사는 감탄해마지않으면서 말했다.

"뒷날 반드시 귀하고 현달한 사람이 될 것이다. 그러나 뜻이 참람하니, 부디 경계하여라."

관찰사의 말대로 정인홍은 선조 대에 사헌부 장령으로 발탁되어 명성을 떨쳤고, 광해군 대에는 영의정에 이르렀다. 하지만 그가 주도하던 대북당은 인조반정으로 완전히 멸절하였고, 그도 참수를 당하였다.

정인홍은 남명 조식에게서 배웠다. 조식은 '좌퇴계 우남명'이라는 말이 있을 정도로 영남 사류를 대표하는 학자였다. 정인홍은 최영경과 함께 남명의 수제자 중 한 명이었고, 동인이 남인과 북인으로 나뉘었을 때, 북인의 핵심 인물이 되었다. 또 선조 말년에 북인이 대북과 소북으로 분리되었을 때 대북파의 영수가 되었다. 그러나 그의 말로는 그렇듯 비참하였으니, 관찰사가 시가 '참람하니 경계하라' 한 것이 무엇인지 알지 못한 까닭이다. 정인홍은 기개가 넘치고 의를 중시했지만, 사람의 마음을 헤아리고 주변과 화합하는 일은 잘하지 못하였다. 그가 어린 시절 만난 관찰사는 소년 정인홍의 시를 보고 이미 그의 성정을 파악했던 것일까?

이익은 정인홍의 시에 대해서는 별다른 평가를 내리지 않았지만, 이런 글로 정인홍에 대한 비판을 하였다.

> 그가 패배하여 죽임을 당하자, 그의 문생들이 번성했는데도 오히려 비분강개하여 나아가 벼슬하는 것을 한결같이 수치로 여겼다. 이 때문에 합천 등지의 여러 고을에는 벼슬하는 사람이 대대로 끊어지고 사풍士風을 떨치지 못했다. 이는 정인홍으로부터 비롯되었다.

남명과 퇴계

정인홍에 대해선 비판적인 시각을 가졌던 이익도 정인홍의 스승 남명 조식에 대해서는 늘 존경심을 표하였다. 그러면서 남명이 남긴 시 한 수를 소개한다.

청컨대, 천 석들이 종을 보게나,

크게 치지 않으면 소리가 안 난다네.

만고에 우뚝한 천왕봉은,

하늘이 울어도 울지 않는다네.

남명의 기개를 엿볼 수 있는 시다. 이 시에 대해 선생은 이런 감탄을 쏟아낸다.

"이 얼마나 놀라운 역량과 기백인가? 읽는 사람의 마음이 이 때문에 장대하게 되리라."

하지만 그 뒤에 붙인 말이 필자를 웃게 하였다.

"퇴계의 일월춘풍과 같은 경지에 비교해서 논할 수는 없지만."

이 말만 보면 퇴계를 남명보다 높게 본 것으로 보인다. 하지만 인사문의 '퇴계·남명' 편을 보면 그렇지만은 않았다.

금계 황준량이 퇴계에게 편지를 보내 남명 조식을 이렇게 비난했다.

"남명은 의리에 투철하지 못합니다."

그러자 퇴계가 이런 답을 하였다.

"이런 유의 사람들은 노장(노자와 장자)이 빌미가 되어 우리 유학에 대해서는 으레 깊지 못하다. 그러니 그가 의리에 투철하지 못한 점에 대해 무엇이 이상하겠는가? 요는 그 장점만 취하면 된다."

그런데 개암 김우굉이 이 편지를 읽고 퇴계에게 남명을 비방하고 배척하면서 이단에 비유한다고 비판하며, 다시 명확하게 의견을 밝혀 달라고 했다.

그러자 퇴계가 자신의 잘못을 시인하며 이렇게 답했다.

"내가 조모(조식)를 매우 우러러 사모하는데, 어찌 거리낌 없이 비방하고 배척하겠는가? 다만 내가 입에 넘치는 칭찬을 잘 못 담는 까닭에 실상을 잘 모르고 평하였고, 순수하지 못한 의론이 있게 된 것뿐이다."

그 후 1570년에 퇴계가 죽었다. 그 소식을 듣고 남명은 슬픔을 이기지 못하고 눈물을 흘리면서 말했다.

"나기도 같은 해에 났고, 살기도 같은 도에 살면서 70 평생 서로 만나보지 못했으니, 어찌 명이 아니랴? 이 사람이 떠났다고 하니, 나도 곧 갈 것이다."

그리고 2년 뒤에 남명이 죽었다.

이 얘기를 들려주며 이익은 남명에 대해 이렇게 평가했다.

"대체로 퇴계가 남명에 대해 한 말이 이 한 마디 말만은 아니었지만, 남명은 퇴계에 대해 한 구절도 언급한 바가 없다. 퇴계만이 한 점 흠도 없는 순수한 덕을 지녔을 뿐만 아니고, 남명도 한 점 혐의가 없었다는 것을 여기서 볼 수 있으니, 본받을 만하다."

이익에게 영향을 끼친 책들과 그의 후예들

《성호사설》 외에도 이익은 《곽우록》, 《성호선생문집》 등 몇 가지 저서를 더 남겼다. 《곽우록》은 '천민의 걱정'이라는 뜻으로 붙인 제목인데, 당대에 국가에서 시급히 해결해야 할 과제들을 조목조목 논한 책이다. 《성호선생문집》에는 수필과 시, 서간문, 축문, 제문 등이 망라되어 있다.

《성호사설》에 영향을 끼친 책으로는 이수광의 《지봉유설》과 유형원의 《반계수록》이 대표적이다.

이수광은 이익의 증조부 이상의와 친분이 있었고, 이익의 딸은 이

수광의 후손과 결혼하였다. 이수광 집안과 이익 집안이 대대로 친분을 유지했다는 뜻이다. 선조 대에서 인조 대까지 활약했던 이수광은 실학의 비조鼻祖라 할 수 있고, 그의 저서 《지봉유설》은 조선 최초의 백과사전이라 할 수 있다. 25개 부문으로 이뤄진 이 책은 총 3,435조목으로 되어 있다. 이 책을 가장 빛나게 해주는 요소는 서구 문명에 대한 소개일 것이다. 천주교에 대한 책인 《천주실의》 2권이 소개되어 있는데, 그 속에서 천주교의 교리와 교황에 대해서도 서술하고 있다.

효종, 현종 대에 활약했던 유형원의 《반계수록》은 총 26권 13책으로 되어 있는 사회 개혁서다. 개혁의 중심 내용은 주로 토지제도와 법체계에 관한 것이다. 그는 상고시대의 정전법井田法에 담긴 정신을 되살려 백성 모두가 골고루 토지를 경작할 수 있도록 해야 한다고 주장했다. 이의 실현을 위해서는 국가에서 경작권을 분배하고 다시 환수할 수 있는 공전제公田制가 필요하다고 하였다. 또한 노비 세습제 같은 악법을 없애고, 과거제의 폐단을 개선할 것을 주장하기도 했으며, 나라에서 지급한 공전을 대상으로 조세를 걷고 군역을 부담하게 해야 한다고 했다. 경제에 있어서는 상업을 발전시켜야 한다고 주장했는데, 이는 상인을 억제하던 당시로서는 매우 획기적인 발상이었다. 당시 권력구조상 실현되기 힘든 것이 대부분이었으나 이익 등 후세 학자들에게 영향을 끼쳐 실학의 풍토를 일으키는 데 결정적인 역할을 했다.

이익의 제자로는 《동사강목》의 저자 안정복이 대표적이고, 정약용도 그의 학풍에 영향을 크게 받았다.

이익의 손자 중에 정조 대에 천문학과 수학에 정통했던 이가환이 있다. 이가환은 우리나라 최초로 세례를 받은 이승훈의 외삼촌이다. 정약용, 권철신, 이벽 등이 이가환의 학문적인 교우들이었다. 또 일가의 후손 중에《택리지》의 저자이며 남인 실학자인 이중환이 있다.
그 또한 이익의 문하생이었다.

또 다른 실학 명저

새로운 개념의 인문 지리서, 이중환의 《택리지》

살 만한 곳을 알려주는 책

대저 의식이 모자라는 곳은 살지 못할 곳이고, 선비의 기세가 사그라진 곳은 살 곳이 못 되며, 무력이 뻗치는 곳은 살지 못할 곳이고, 시기와 혐의가 많은 곳도 살 곳이 못 되는 곳이다. 이런 몇 가지를 가리면 취하고 버릴 것을 알게 된다.

지금 우리 휘조輝祖가 글 한 편을 편찬하였는데, 그 글의 수천 마디 말은 사대부의 살 만한 곳을 구하려는 것이었다. 그 사이에 산맥과 수세水勢(강과 천의 형세), 풍토와 민족, 재물과 생산, 수륙 사이의 운수 등에 대해 아주 조리 있게 설명하고 있는데, 이런 글을 나는 일찍이 본 적이 없다.

성호 이익의《성호선생문집》49권 '팔역지'의 서문에 나오는 글이다. '팔역지'는 곧 이중환의《택리지》이며, 이 글에 나오는 '휘조'는 이중환의 자후다. 이중환은 이익의 6촌 형인 이영의 손자이자, 이익의 제자였다. 비록 재종손이긴 했지만 이중환은 이익보다 아홉 살밖에 어리지 않았다. 또한 이중환은 1756년에 죽었지만, 이익은 그보다 7년 뒤인 1763년에 죽었다. 덕분에 손자의 책에 서문을 쓸 수 있었던 것이다.

《택리지》이전의 지리서는 주로《동국여지승람》과 같이 군현별로 서술된 백과사전식 지리 위주의 책이었다. 하지만《택리지》는 지리보다는 인간을 앞세운 인문서적 경향을 띠는 새로운 개념의 지리서였다. 이런 특성은《택리지》의 구성에서 명확하게 드러난다.

《택리지》는 사민四民총론, 팔도八道총론, 복거卜居총론 등 3장으로 구성되어 있다. 사민총론은 사민, 즉 조선의 근간을 이루는 사, 농, 공, 상을 일컫는다. 이중환이 이들 사민에 대한 자신의 가치관을 드러낸 부분이 사민총론이다. 이중환은 사민총론에서 '옛날에는 사대부가 따로 없고, 모두 백성이었다'면서 시대가 사대부만 중시하고 농·공·상을 천시하는 풍조를 비판했다. 그는 모든 선비의 표상을 중국 상고시대의 순임금으로 규정하면서 이런 말을 하였다.

"옛날 순임금은 처음에 역산에서 밭을 갈았고, 하빈에서 질그릇을 구웠으며, 뇌택에서 고기를 잡았다. 밭 갈이를 한 것은 농부의 일이며, 질그릇을 구운 것은 공인의 일이며, 고기잡이를 한 것은 상인의 일이다. 그러므로 임금 밑에서 벼슬하지 않으면 농·공·상이 되는 것은 당연하다. …… (벼슬 등급이 많아지면서) …… 사대부라는 명호가 생겼으며, 명호가 생기면서 지향하는 바가 달라졌다. 이런 까닭으로 농·공·상은 드디어 천한 신분이 되었고, 사대부라는 명호는 더욱 높아졌다."

이중환의 이 말 속에 임금 아래의 백성은 모두 평등하며, 다만 역할에 따라 사농공상이 구분되었을 뿐이라는 사상이 드러난다. 그래서 이중환은 이런 말을 덧붙인다.

"순임금은 요임금 때에 사대부였으나, 농·공·상의 일을 하고도 수치로 여기지 않았다. 그런데 후세에 무엇 때문에 꺼리는가? 혹 사대부라는 명호로 농·공·상을 업신여기고 농·공·상의 신분으로 사대부를 부러워한다면 이것은 모두 그 근본을 모르는 자다."

이렇듯 이중환은 임금 아래에서는 모두 동등한 백성이며, 굳이 농·공·상이 사대부를 우러러볼 까닭이 없다고 주장한다. 그리고 누구든 행실을 제대로 하면 사대부라 할 만하다고 말하면서, 사대부는 자신이 살 곳을 가려서 정해야 한다고 주장한다. 《택리지》는 바로 그 살 곳을 정하는 데 참고하라고 쓴 책인 셈이다.

사민총론은 비록 짧은 내용이지만, 지리서라는 것이 단순히 땅의 위치와 형세, 그리고 그 지역의 역사와 풍습만을 기록하는 것이 아니라 사람이 살 만한 곳인지 알려주는 인문학적 요소가 있어야 함을 역설하고 있다. 택리지, 즉 '자신이 거처할 마을을 선택하는 것에 대한 책'이라는 이 책의 제목이 바로 그런 내용을 함축하고 있는 셈이다.

땅 중심의 지리서

사민총론에 이어 《택리지》에서 가장 많은 부분이 할애된 팔도총론에서는 서문 격으로 조선 팔도의 지리적 특성과 역사적 발자취를 서술한 뒤, 북쪽에서부터 산맥을 따라 평안도, 함경도, 황해도, 강원도, 경상도, 전라도, 충청도, 경기도 순서로 다루고 있다. 이는 《신증동국여지승람》으로 대표되는 이전의 조선 지리서에서 수도 한양과 경기도를 중심으로 남쪽과 북쪽을 서술하던 방식과는 매우 다른 접근법이다. 말하자면 권력 중심의 지리 서술 방식에서 땅 중심으로 서술 방식의 변환을 꾀한 셈이다.

이중환은 중국 곤륜산을 근간으로 한 산맥 줄기가 동쪽으로 뻗어 의무려산(중국 요령성 북진현에 있는 음산산맥)이 되고 다시 산맥이 끊겨 요동 들판이 되었으며, 들을 지나 백두산이 되었고, 백두산을 근간으로 조선 팔도의 산맥이 뻗쳐나간 것으로 설명하고 있다.

하지만 이중환은 각 읍에 대한 세세한 설명은 하지 않는다. 그는 각 도를 소개하면서 그 지역의 지리를 강과 산맥을 통해 간단하게 설명한 뒤, 특별한 역사적 사건 한 토막을 끄집어내 중요한 사적지를 각인시키고, 그곳의 물산과 인심을 간략하게 소개하면서 사대부가 살기에 좋은 곳이 어디인지 언급하는 것으로 끝을 맺는다. 하지만 살 만한 곳에 대해 본격적으로 소개하는 내용은 복거총론에 있기 때문에 팔도총론에서는 그 자세한 이유를 밝히지 않는다.

그가 각 도에 대해 평가하는 방식을 보면, 평안도와 함경도 서북 양도는 사대부가 제대로 없어 살 만한 곳이 못 되고, 황해도는 천혜의 기름진 땅이지만 지리적 요충지인 까닭에 세상에 일이 생기면 다툼이 크게 일어날 소지가 있는 것이 단점이라는 식이다.

팔도 중에 그가 가장 아름다운 땅으로 평가하는 곳은 경상도다. 그가 경상도를 높게 평가하는 것은 조선 유학의 거두 이황과 조식이 경상 좌도와 우도에서 많은 제자를 길러냈다는 것이 주된 이유다.

살기 좋은 곳의 4가지 조건

세 번째 장인 복거총론에서 복거란 '살 만한 곳을 가려서 정하는 것'을 일컫는데, 이는 이중환이 《택리지》를 저술한 핵심 내용이다.

복거총론에서 이중환은 살기 좋은 곳에 대해 이렇게 정의하고 있다.

무릇 삶의 터전을 잡는 것에는 첫째가 지리가 좋아야 하고, 둘째는 생리生利 (생산물에서 얻는 이익)가 좋아야 하며, 셋째로는 인심이 좋아야 하고, 넷째 는 아름다운 산과 물이 있어야 한다. 이 네 가지에서 하나라도 모자라면 살기 좋은 땅이 아니다. 지리는 좋아도 생리가 모자라면 오래 살 수 없고, 생리는 좋더라도 지리가 나쁘면 이 또한 오래 살 곳이 못 된다. 지리와 생 리가 함께 좋으나 인심이 나쁘면 반드시 후회할 일이 생기고, 가까운 곳에 소풍할 만한 산수가 없으면 정서가 밝고 맑지 못하게 된다.

이중환이 말하는 지리란 곧 풍수지리를 말한다. 흔히 우리가 좋은 마을이 서는 기준으로 삼는 것이 배산임수背山臨水, 즉 산을 뒤로하고 천이 앞에 흐르는 지리적 환경을 거론하는데, 이 역시 풍수지리에 의 한 것이다. 이 경우 마을 뒷산은 너무 장대해서는 안 되며, 마을 앞을 흐르는 강도 너무 거대해서는 안 된다. 장대한 산 아래에 마을이 있으 면 산사태와 눈사태, 화마와 수마의 염려가 있게 되고, 거대한 강 앞에 마을이 있으면 수마와 홍수의 염려에서 벗어날 수 없기 때문이다.

이중환은 지리를 볼 때, 먼저 볼 것이 수구水口, 즉 물이 드나드는 곳 을 보고, 다음으로 들판의 형세를 보라고 했다. 그런 다음 산의 형세와 토색을 보고, 마지막으로 조산朝山과 조수朝水를 보라고 했다. 여기서 말하는 토색은 곧 흙의 빛깔을 일컫는 것인데, 이중환은 땅의 빛깔이 생생하지 않고 길한 기운이 없으면 인재가 나지 않는다고 주장한다. 그리고 조산과 조수란 곧 멀리 있는 산과 강을 일컫는 것인데, 먼 산은 반드시 맑고 빼어난 곳이어야 하고, 먼 강은 마을 쪽으로 흘러드는 강이 되어서는 안 된다고 한다.

살기 좋은 곳의 두 번째 조건인 생리는 곧 땅이 기름져 소산이 많은 것을 의미하는데, 조선 팔도 중에 가장 기름진 땅은 전라도 남원과 구례, 그리고 경상도 성주와 진주라고 한다.

세 번째 조건으로 든 인심은 평안도가 첫째이고 경상도가 둘째이며, 함경도와 황해도, 강원도는 인심이 사나운 곳이라 한다. 그리고 충청도는 세도와 재물상의 이익만 좇는 특성이 있고, 전라도는 간사함을 숭상하여 나쁜 데 쉽게 움직이며, 경기도는 도성 밖의 백성들은 재물이 보잘것없다고 한다. 그리고 이중환은 '사대부가 사는 곳은 인심이 고약하지 않은 곳이 없다'고 하면서 사대부의 인심이 일반 백성보다 훨씬 못하다고 주장한다. 이는 대개 당파 간의 싸움이 격렬한 데서 비롯된 것이라고 진단한다. 그래서 사대부가 없는 곳을 가려서 문을 닫고 교제를 끊고 홀로 처신을 잘하면 농·공·상이 되더라도 즐겁게 살 수 있다고 조언한다.

네 번째 조건인 산수란 곧 사람이 즐기며 놀 만한 곳을 일컫는 것인데, 이중환은 전국 각지의 아름다운 산과 강을 소개하고 있다.

지리학과 풍수학을 접목한 이중환

《택리지》의 저자 이중환은 여주 이씨 남인 집안에서 태어났으며, 아버지는 참판을 지낸 이진휴이고, 할아버지는 이영이다. 같은 집안의 어른 성호 이익의 영향을 받아 실학에 몰두하였고, 《택리지》 또한 실학적 학풍의 영향으로 저술된 것이다.

숙종 대인 1690년에 태어난 그는 스물네 살 때인 1713년에 과거에 급제하여 벼슬길에 나갔으며, 이후에 승문원 정자, 김천 찰방, 승정원 주서, 병조정랑 등의 벼슬을 하였다. 하지만 영조 즉위 후에 남인 목호룡이 체포되면서 그 일당으로 지목되어 유배된 후, 다시는 벼슬을 얻지 못했다. 유배지에서 풀려난 뒤에는 거처 없이 전국을 떠돌아다녔는데, 전라도와 평안도를 뺀 나머지 6도가 모두 거의 거처였다. 그 경험을 바탕으로 저술된 책이 바로《택리지》였다.

그의 학문은 실사구시의 정신에 바탕한 것인데, 특히 상업의 발달이 도시의 발달과 교역 증대를 가져온다고 보았다. 이는 훗날 박지원, 박제가 등의 북학파 학자들에게 큰 영향을 끼쳤다. 하지만《택리지》곳곳에 풍수지리학적인 요소들이 많아 한계성을 드러낸 측면이 있다. 풍수지리학을 보다 과학적으로 접근하여 서술했더라면《택리지》는 동양 지리학을 한층 발전시키는 불후의 명작이 되지 않았을까 하는 안타까움이 남는다.

북학 사상의 원류, 박제가의《북학의》

내가 이 책을 살펴보았더니 내가 지은《일록》과 조금도 어긋나지 않아 한 솜씨에서 나온 것 같았다. 나는 몹시 기뻐서 사흘 동안이나 읽었으나 조금도 싫증이 나지 않았다.

아아, 어떻게 이것이 우리 두 사람이 중국에 가서 눈으로 직접 본 후에서야 알게 된 것이겠는가? 일찍이 우리는 비 새는 집, 눈 뿌리는 처마 밑에서 연구했고, 또 술 데우고 등잔 불똥을 따면서 손바닥을 치며 이야기했던 것이다. 여기에 다 눈으로 직접 경험했을 뿐이다.

이 글은 박지원이 열하를 다녀온 후인 1781년 9월 9일에《북학의》를 읽고 쓴 것이다. 여기서 말하는《일록》은 곧 그의 대작《열하일기》를 지칭한다. 박지원은《북학의》를 읽고 자신의 생각과 일치하지 않는 곳이 없다고 하였다. 따라서《북학의》는 북학파의 생각을 대변하는 책이라고 해도 무방할 것이다. 기실, 북학파라는 용어도 박제가의《북학의》에서 비롯되었으니, 이 책이야말로 북학파를 대표하는 책이라고 해야 할 것이다.

박제가는 이 책의 서문에서 '북학의'라는 책 제목은 맹자가 진량에게 했던 말에서 비롯됐다고 밝히고 있다.《맹자》'등문공' 편을 보면 이런 내용이 있다.

"진량은 초나라 사람이다. 그는 북쪽으로 올라가 중국에서 공부하였다. 그런데 북방의 학자들도 그보다 나은 사람은 없었다."

북학이라는 용어는 이 대목에서 따온 것이다. 박제가가 여기서 청나라를 북방으로 설정하고 청나라의 학문을 '북학'이라고 명명했던 것이다. 당시 청나라의 문화에 대해서 조선 사람들이 어떻게 생각하고 있었는지는 박지원이 앞의 중양절에 쓴 다음 글에서 잘 드러난다.

"우리가 그들에 비해 나은 점은 정말 하나도 없다. 그런데 홀로 한 줌의 상투머리로 스스로 세상에서 가장 현자인 체하며 지금의 중국은 옛날의 중국이 아니라고 한다. 중국의 산천을 더럽고 노린내가 난다며 탓하고, 그 백성들을 개나 양 같다고 욕하며, 그 언어를 오랑캐의 언어라고 모함한다. 그러면서 중국 고유의 좋은 법과 아름다운 제도마저도 배척해버린다."

박제가는 이런 조선인의 사고를 깨트리고 청의 선진 문물을 받아들여야 한다는 주장을 하기 위해《북학의》를 출간했다.

《북학의》는 박제가가 스물아홉 살 되던 1778년에 저술한 책이다. 당시 박제가는 사은사 채제공을 따라 이덕무와 함께 중국을 다녀왔다. 그리고 중국의 문물을 직접 눈으로 확인하고 이 책을 쓴 것이다.

《북학의》는 2권 1책으로 구성되었으며 1권은 내편, 2권은 외편이다. 내편의 제목들을 나열해보면 박제가가 이 책에 무엇을 담으려 했는지 알 수 있다.

수레, 배, 성, 벽돌, 기와, 자기, 대자리, 가옥, 창문, 돌층계, 도로, 교량, 축목, 소, 말, 나귀, 안장, 말구유, 시장, 상인, 은, 돈, 쇠, 재목, 여자옷, 극장, 중국어 통역, 약, 된장, 도장, 담요, 종이, 활, 총과 화살, 자, 문방구, 골동품과 고서화 등.

이런 주제들은 박지원이 《열하일기》에서 소개했던 내용들과 유사하다. 특히 수레, 성, 벽돌, 기와 등은 박지원이 《열하일기》에서 많은 부분을 할애하여 청나라 문화의 우수성을 찬양한 바 있다.

박제가가 제목으로 잡은 모든 것은 일상생활에서 흔히 대할 수 있는 것들이다. 박제가는 청나라의 이런 문물들이 조선과 어떤 차이가 있는지 설명하고 그 문물을 받아들일 것을 강조하고 있다. 이런 그의 생각은 외편에서도 계속된다. 외편은 주로 밭, 거름, 뽕나무와 과일, 농사와 누에치기 등 농사에 관한 내용을 다루고 있다. 이 역시 삶에 필요한 도구와 방법의 변화를 촉구하기 위한 주제들이다.

박제가는 조선인들이 발전되고 변혁되기 위해서는 생활을 영위하는 도구들이나 농사법 또는 의식주와 관련된 것들의 변화가 필수적이라고 생각했다. 때문에 우선적으로 조선인들의 집과 집을 이루는 벽돌, 기와, 창문, 계단과 같은 것들의 변화가 필요하고, 한층 더 나아가서 농사법이나 농사 도구, 그리고 목축에 대한 개념 변화가 중요하다고 주장한다.

조선인들의 생활 도구들이 어떻게 변해야 하는지에 대해서 박제가는 중국의 배를 예로 들며 이렇게 말한다.

"중국 배는 내부에 물 한 방울 없을 정도로 건조하고 깨끗하다. 그래서 곡식을 실을 때는 배 바닥에 그대로 쏟는다."

이런 중국 배에 비해 조선 배는 물이나 빗물이 새는 것을 막지 못하기 때문에 짐을 많이 싣지 못하고, 사람을 태우기도 불편하고 말을 태울 때는 매우 위험하다고 지적한다. 그리고 이런 말을 덧붙인다.

"배라는 것은 물에 빠지는 것을 막기 위한 것인데, 우리나라의 경우 목재를 정밀하게 다듬지 못해 배 안은 항상 새어 들어온 물로 가득하다. 배에 탄 사람은 냇물을 건널 때처럼 정강이를 걷어 올려야 한다. 또 배 안에 고인 물을 퍼내느라 날마다 한 사람의 힘을 허비한다. 그런 까닭에 곡식도 바로 싣지 못하고 짚으로 만든 거적 위에 올려놓는데, 이때 거적의 양이 곡식의 두 배 정도 된다. 그럼에도 불구하고 밑에 있는 곡식은 젖어서 썩을 염려가 있다."

이런 식으로 박제가는 조선인의 대충주의와 비실용성을 개탄하며 중국의 문물을 본받아 보다 정밀하고 합리적인 개선책을 마련해야 한다고 주장한다.

박제가의 사상은 당시 북학파의 공통된 의견이었다. 그래서 박제가는 이러한 의견을 정책에 반영하기 위해 《북학의》의 내용을 간추려 정조에게 올렸다. 《진소본북학의》라는 제목으로 된 이 책은 그가 경기도 영평 현령으로 있던 1798년에 만들어졌다. 하지만 2년 뒤에 정조가 죽는 바람에 정책에 제대로 반영되지 못했다.

《북학의》의 저자 박제가는 1750년에 박평의 서자로 태어났으며

호는 초정이다. 그는 어릴 때부터 시, 서, 화는 물론이고 학문에 뛰어나
이름을 떨쳤고, 열아홉 살 무렵부터 박지원을 비롯한 이덕무, 유득공 등
의 북학파 학자들과 교류했다. 그리고 서른 살 때인 1779년에 규장각
검서관이 되어 13년간 정조의 정책을 보좌하였다. 그는 무인 기질도
강했는데, 1794년 2월에 춘당대 무과에서 장원으로 급제하기도 했다.

하지만 1800년에 정조가 죽으면서 그의 삶도 위태해졌다. 순조 1년
인 1801년에 사은사 윤행임을 따라 네 번째로 북경을 다녀왔는데, 북
경을 다녀오자마자 동남성문의 흉사 사건 주모자였던 윤가기와 사돈
이라는 이유로 유배되었다. 이후 1805년에 유배에서 풀려났으나 곧
병으로 죽었다.

그의 유작으로는 〈목우도〉, 〈의암관수도〉, 〈어락도〉와 같은 그림들
과 《정유집》, 《정유시고》 등의 문집이 있다.

5부

의학 명저

동양의학의 영원한 보물 창고
허준의 《동의보감》

또 다른 의학 명저
허임의 《침구경험방》, 이제마의 《동의수세보원》

동양의학의 영원한 보물 창고
허준의 《동의보감》

동아시아를 대표하는 의학 사전

곤장이나 매를 맞아 엉덩이에 장독이 생기고 환부가 부어올랐을 때 별다른 약재를 구하지 못하면 말똥이나 나귀 똥으로 치료할 수 있다. 말똥이나 나귀 똥을 쓸 땐 반드시 방금 눈 똥을 사용해야 하고, 이를 가져다가 뜨겁게 데워 천으로 싼 후 상처 부위를 찜질하면 덧나는 것을 막을 수 있다. 또 환부의 어혈을 빼주기 위해서는 엿을 달여서 술에 타 먹고 설사를 유도하여 어혈을 빼야 하며, 겉으로는 멀쩡하지만 살 속이 상했을 경우엔 무를 찧어 상처에 붙여야 한다.

《동의보감》 잡병 편에 나오는 내용이다. 이 책은 시골 의사나 일반인이라도 병에 걸렸을 때 쉽게 응급 처치할 수 있는 내용들이 많기로 유명하다.

시대를 막론하고 사람들이 가장 중시한 것은 자신의 건강이었다. 조선 시대 또한 예외가 될 수 없었으니, 노비로부터 평민과 양반, 왕에 이르기까지 자신의 능력이 닿는 한 건강을 챙기는 것은 당연한 일이었다. 그런 까닭에 뛰어난 의사는 신분에 상관없이 각광을 받을 수밖에 없었다. 중국 문화권에서 의사의 대명사로 불리는 인물은 편작이었다. 편작은 상고시대인 주나라의 명의였다. 그의 원래 성씨는 진秦씨였으며, 이름은 월인越人이었다. 그는 제자들과 함께 중국 대륙을 돌아다니며 의술을 베풀었는데, 그 의술이 워낙 뛰어나 신의로 불리게 되었고, 그가 죽은 후에는 약왕藥王으로 불리었다. 그리고 그의 의학 이론은 후예들에 의해 정리되었는데, 그 책이 《난경難經》이다. 《난경》은 현재까지도 전해지고 있으며, 동양 의서 중 가장 오래된 《황제내경》과 함께 한의학에서 가장 중시하는 책으로 손꼽힌다.

편작 이후, 시대마다 편작으로 불린 의사들이 있었는데, '조선 시대의 편작'이라 하면 단연 《동의보감》의 저자 허준을 꼽을 수 있다. 죽은 지 이미 400년이 지났지만 아직도 그의 명성이 남아 있는 것은 《동의보감》 덕분일 것이다. 그만큼 《동의보감》은 동양의학사에서 중요한 위치를 차지하고 있다.

《동의보감》은 광해군 시대인 1610년 8월에 완성되어 3년 뒤인 1613년에 출간된 책이다. 이후 《동의보감》은 한국과 중국, 일본, 타이완으로 퍼져나가 엄청난 각광을 받았다.

그렇다면 《동의보감》은 어떤 이유로 이토록 각광받는 의학 서적이 될 수 있었을까? 《동의보감》 이전에도 의학 백과사전은 있었다. 세종 시절인 1433년엔 85권으로 된 방대한 분량의 《향약집성방》이 간행되었고, 역시 세종 시절인 1445년엔 우리나라에서 간행된 의학서 중 가장 방대한 분량인 365권으로 된 《의방유취》가 완성되었다. 하지만 《향약집성방》과 《의방유취》는 지나치게 방대하여 보급하기도 힘들었고, 찾아보기도 어려웠으며, 그 때문에 실질적으로 도움이 되지 못했다. 이런 문제는 조선뿐 아니라 중국이나 일본에서도 겪고 있는 일이었다.

《동의보감》은 이런 문제점을 보완한 책이다. 우선 분량을 《의방유취》의 10분의 1도 되지 않는 25권으로 줄였고, 편집 체계도 아주 일목요연하게 이뤄졌으며, 처방도 중국에서 유래된 처방과 조선 의원들만의 처방으로 구분하여 알려줌으로써 국적에 관계없이 의사들이 매우 편리하게 사용할 수 있도록 하였다.

많은 사람이 《동의보감》을 허준이 저술한 책으로 알고 있으나, 사실 《동의보감》은 당시 조선왕조에서 보관하고 있던 150여 종의 의서에서 주요 내용을 추려 편집한 책이다. 이 책의 편찬을 명령한 왕은 선조였다. 선조는 《의방유취》의 문제점을 인식하고 1596년에 새로운 의학 서적의 편찬을 지시했다. 이 작업에 동참한 인물은 허준 외에도 당대 최고의 의사들인 양예수, 이명원, 김응탁, 정예남, 정작 등이 있었다. 이들 5명 중 정작을 제외한 네 사람은 어의였고, 정작은 한양에서 명성을 떨치던 의원이었다.

하지만 이들은 모여서 책의 목차만 겨우 마련했을 뿐, 편찬 작업에 제대로 돌입하지도 못했다. 정유재란이 일어나 의원들이 뿔뿔이 흩어졌고, 편찬 작업은 중단되었기 때문이다. 이후, 선조는 임진왜란이 끝나고 어느 정도 전쟁 후유증이 수습된 뒤, 1601년에 다시 왕실 의서 500여 권을 내주며 《동의보감》 편찬 작업을 지시했다. 이번에는 허준에게 단독으로 내린 명령이었다. 하지만 허준은 공무를 겸하고 있었기 때문에 편찬 작업에 박차를 가할 수 없었다. 그런 와중인 1608년에 선조가 승하했고, 허준은 의주로 유배되었다. 허준은 유배지에서 편찬 작업에 속도를 내기 시작했고, 1609년에 유배에서 풀려나 마무리 작업을 한 끝에 1610년 8월에 완성을 보게 된 것이다. 하지만 완성 이후에도 전란 후유증 때문에 3년이나 출간이 미뤄지다가 1613년에 목판본으로 출간되었다.

《동의보감》은 편찬 작업이 시작될 때부터 3가지 원칙을 가지고 있었다. 첫째는 병을 고치는 것보다 병에 걸리지 않는 방법을 중시한다는 것이었는데, 몸을 잘 관리하고 병을 예방하는 것이 병에 걸린 후에 치료하는 것보다 훨씬 나은 방도라고 여겼기 때문이다. 둘째는 엄청난 분량으로 전해져 내려오는 처방들의 요점만 간추린다는 것이었는데, 이는 고대 중국으로부터 전해져오는 수많은 처방과 조선 내부에서 전해져오는 처방이 합해져 두서없이 처방이 이뤄지는 현실을 타개하기 위함이었다. 셋째는 조선의 약을 쉽게 쓸 수 있도록 약초 이름에 조선 사람이 부르는 명칭을 훈민정음으로 함께 표기한다는 것이었는데, 이는 시골 사람이나 시골 의사들이 주변에서 쉽게 약초를 구할 수 있도록 하기 위함이었다.

이런 3가지 원칙에 기초하여 《동의보감》은 25권 25책으로 구성되었는데, 지금 번역본으로 보자면 권당 700페이지 5권 분량 정도 된다. 이 정도도 적지 않은 분량이지만 의학 백과사전이라는 것을 감안한다면 의사 입장에선 그나마 소장할 수 있는 정도의 수준이다.

25권의 내용을 살펴보면, 목차가 2권이고, 의학 내용은 23권이다. 23권은 5편으로 구성되어 있는데, 내경 편이 6권, 외형 편이 4권, 잡병 편이 11권, 탕액 편이 3권, 침구 편이 1권이다.

내경 편은 모두 26개의 주제로 구성되어 있으며, 몸의 내부를 구성하는 오장육부의 구조와 기능, 질환 등 주로 내과 영역에 해당되는 부분을 다루고 있다. 이 외에도 병 없이 오래 사는 방법, 정신精神과 기혈氣血에 대한 서술, 꿈이나 목소리, 말소리, 땀, 눈물, 가래 등을 몸 상태를 알려주는 매우 중요한 요소로 설정하여 별도 항목을 만들어 기술하고 있다.

외형 편은 머리, 눈, 코, 입, 피부, 뼈, 항문, 손발 등 몸의 외부 질병을 살피고, 그 외형의 변화가 신체 내부의 질병과 어떤 관계가 있는지 알 수 있게 구성되어 있다.

잡병 편은 감기, 중풍, 당뇨와 같은 잡다한 질병을 치료하는 방법에 대해 서술하고 있는데, 전체에서 가장 많은 부분이 할애되어 있다. 내경과 외형이 신체 전반과 질병에 대한 총론적인 성격을 가졌다면, 잡병 편은 구체적인 병증마다 어떤 처방을 내려야 하는지를 알려주는 각론 성격이라고 할 수 있다.

탕액 편은 약초와 약으로 쓸 수 있는 모든 것을 기술한 부분이다. 흔히 약이라고 하면 약초만을 쓰는 것으로 생각하기 쉽지만 우리 생활에서 흔히 볼 수 있는 물이나 흙, 가축, 곤충, 심지어 금속에 이르기까지 모두 약이 될 수 있다는 것이 탕액 편의 핵심이다. 그래서 무려 1,393종 약용 재료를 망라하고 있다.

침구 편은 침과 뜸의 사용 방법에 대해 기술하고 있다. 침은 신체에 흐르는 기가 막혀서 질병이 유발될 때 사용한다는 것과 뜸은 몸속에 찬 기운이 뭉쳐 대사순환을 방해할 때 사용해야 한다는 기본 원칙을 제시하고, 증세에 따라 침과 뜸을 어떻게 사용해야 하는지 설명하고 있다. 하지만 침구 편은 다소 부족한 점이 있다는 평가가 있는데, 이는 허준이 침과 뜸 분야에 약했기 때문이라는 분석이 있다. 그래서 한의사들 상당수는 침구의 사용에 대해서는 선조에서 인조 시대에 침구의 달인으로 명성을 날렸던 허임이 저술한《침구경험방》으로 보충할 필요가 있다고 주장한다. 또《동의보감》이 비록 이전의 의서에 비해서는 분량이 적지만 그래도 소장하기에는 너무 많은 분량이라는 비판이 제기되기도 했다. 그래서 총 9권으로 편집된 강명길의《제중신편》이나 1권으로 만들어진 황도연의《방약합편》 같은 요약본이 등장하기도 했다.

하지만《동의보감》은 1613년에 편찬된 이래 조선을 대표하는 의학 백과사전이 되었고, 중국에서도 30차례 이상 출간되었으며, 일본과 타이완에서도 가장 각광받은 동양의학서였다.

《동의보감》은 청나라보다 일본에서 먼저 간행되었다. 1724년에《동의보감》이 일본에서 처음 출간될 때, 이 출간본의 서문은《동의보감》의 가치를 이렇게 쓰고 있다.

"이 책은 이론이 정밀하고 오류가 없어 생명을 구하는 데 없어서는 안 될 책으로 의학 발전에 지대한 공을 세웠다."

중국에서는 일본보다 먼저《동의보감》을 가져갔지만《동의보감》을 인쇄한 것은 1766년이었다. 놀라운 것은 국가에서 먼저 간행 계획을 짠 것이 아니라 청나라 의사들이《동의보감》을 보급해줄 것을 요청했다는 사실이다. 조선에서 구입한《동의보감》의 명성을 익히 들은 청나라 의사들이 1731년에 황제에게 단체로 청원서를 넣었고, 그로부터 35년 뒤인 1766년에 국가에서 목판본으로 인쇄하여 전국 각지에 보급했던 것이다. 당시 청나라 의사들이 이 책을 얼마나 중요하게 여겼는지는 다음의 책 서문을 통해 알 수 있다.

"한 줄기 햇빛이 작은 구멍을 통해 들어오기만 해도 어둠이 금방 사라져버리는 것처럼《동의보감》은 피부 깊숙이 감춰진 몸속을 환히 꿰뚫어볼 수 있는 거울과 같은 책이다."

이렇듯 뛰어난 의서인 까닭에 《동의보감》은 현재까지도 한의사들의 처방에 가장 많이 이용되고 있는 책이며, 2009년 7월에는 유네스코 세계기록유산으로 등재되기까지 하였다. 그야말로 한국의 의학 서적이 동양의학을 대표하게 된 것이니, 《동의보감》이 얼마나 중요한 의서인지 짐작하고도 남을 일이다.

하지만 한의사가 아닌 이상 이 책을 깊이 읽은 사람은 없을 듯하다. 분량도 많은 데다 전문적인 내용도 많고, 독서에서 얻는 재미도 많지 않기 때문이다. 더구나 읽었다고 하더라도 그것을 직접 치료에 적용하는 의사가 아닌 바에야 쉽게 잊어버릴 내용들이다. 그래도 가장 기본적인 것들만 숙지하고 있어도 건강관리에 일말의 도움이라도 될까 싶어 주요 내용을 아주 간단하게 추려 서술한다.

무병불사의 비법?

필자가 《동의보감》을 처음 대한 것은 20년 전쯤인 1997년 무렵이다. 1990년부터 공전의 베스트셀러였던 《소설 동의보감》과 1991년에 엄청난 시청률을 자랑하며 절찬리에 방영했던 드라마 〈동의보감〉을 본 뒤로 《동의보감》의 내용을 실제로 보고 싶은 열망에 사로잡힌 적이 있었다. 그리고 6년이 지난 뒤, 그 내용을 실제로 접하게 되었다. 당시 필자는 역사서 집필에 몰두하던 시기였고, 조선사에 대한 사료를 탐독하는 과정에서 허준과 《동의보감》에 대한 몇 가지 사료를 접할 기회를 얻었다. 이후 《동의보감》 번역본을 구해 보게 되었는데, 당연히 첫 번째 1권 내경 편 첫 단락인 '신형身形' 편부터 보았다. '신형'이란 순우리말로 옮기자면 '몸꼴'이라 할 수 있는데, 그 내용을 요약하자면 '병 없이 오래 사는 방법'이라 할 수 있다. 즉 '몸꼴'을 제대로 유지할 수 있는 방법이 곧 오래 사는 방법이라는 것이다. 그래서 필자는 혹 '무병장수의 비결'이라도 서술되어 있나 싶어 호기심을 떨치지 못하고 읽어나갔다. 그랬더니 과연 그곳에 무병장수의 비결은 물론이고 죽지 않고 영원히 살 수 있는 방법도 나와 있었다.

무병불사無病不死의 비법! 병도 없고 죽지도 않는 비법이 여기에 있었다니! 그런 마음으로 몇 장을 넘겼는데, 그 비법이라는 것이 거의 도 닦는 수준이었다. 병 없이 오래 살기 위해서는 이른바 '양생법養生法'이라는 것을 실천해야 한다는데, '양생'이라는 것은 '생명을 기르는 것'을 의미하고, 이를 잘 준수하면 건강을 유지하고 장수할 수 있다는 것이다. 그 방법으로 태식법, 도인법, 단전 수련법을 제시하고 있다. 태식법이란 태아가 자궁 속에서 숨을 쉬는 방식으로 호흡하는 것을 의미하고, 도인법이란 도인 체조라고 할 수 있는데, 그 방법은 다양하고 복잡하여 일일이 설명하기 곤란하다. 어쨌든 손과 발을 움직여 기와 혈을 신체 각 부위에 골고루 전달하는 것이 핵심 사항이라고 할 수 있다. 단전호흡법은 이미 세간에 널리 알려진 대로 단전을 강화해서 기운을 기르는 방식으로 건강을 유지하는 방법이다.

양생법에는 금기 사항도 많았다. 생각, 걱정, 욕심, 말, 웃음, 즐거움, 분노, 사랑, 미움 등의 감정을 적게 가지라는 것이 주된 금기 사항인데, 이것이 마음대로 될 수 있는 일인가? 또 이런 감정을 제대로 표현하지 않고 살면 오히려 병이 생기지 않을까 하는 의구심마저 들었다. 게다가 먹어야 하는 것은 몇 가지 안 되고, 죄다 먹지 말아야 할 것만 잔뜩 나열해놓은 것을 보고 맥이 탁 풀렸다. 무슨 놈의 의학 책이 도 닦는 내용부터 시작하는가 하는 푸념도 늘어놓았다.

사실, 그 무렵에 필자는 단전호흡을 가르치는 곳도 다녀보았고, 도인 체조라는 것도 시도해보았다. 그리고 그것에 만만치 않은 노력과 성실성이 요구된다는 것을 알고 그만둔 터였다. 하지만 '신형' 부분을 읽으며 2가지는 얻었다. 질병은 치료보다 예방이 중요하다는 것, 그리고 질병 예방에 가장 중요한 것은 마음가짐과 운동이라는 것. 그 운동이라는 것이 꼭 도인술 같은 대단한 방식이 아니라도 매일 1시간씩 산책만 해도 무방하다는 것. 그래서 지난 20년간 매일 1시간씩 산책하는 것은 거의 지켜왔고, 건강에도 큰 도움이 되었다. 그리고 깨달은 것이 더 있다. 결코 무병장수란 없으며, 무병불사는 불가능하다는 것. 오히려 몸 어딘가에 허약하고 부족한 부분이 있는 사람이 도리어 건강관리를 잘한다는 사실. 이 정도로도 제법 큰 수확이 아니었나 싶다.

정신과 기혈은 몸의 근본

《동의보감》은 우리 몸의 바탕이 되는 4가지를 정精, 기氣, 신神, 혈血이라고 정의하고 있다. 쉽게 말해 정신과 기혈이 몸의 바탕이라는 것이다. 이에 대한 기본적인 개념과 병증을 간단하게 정리하자면 이렇다.

정精이란 일종의 성적 에너지를 의미한다. 그것이 액체 상태로 유지되는 것을 정액이라고 하고, 정액이 배출되면 생명의 씨앗인 정자가 배출되며, 정자의 배출은 대단한 에너지를 필요로 한다. 따라서 정액을 많이 배출하는 것은 건강을 악화시킬 수밖에 없다. 그런데 성적 욕구나 행위가 없는 상태에서도 정액이 저절로 배출되는 경우가 있는데, 이는 질병이며, 이러한 질병의 종류는 6가지가 있다. 이 6종류의 질병을 해결하는 방법 중에 가장 중요한 것은 음식이며, 음식 속에 약재를 섞어 넣는 것이 빠른 치료법이다.

기氣란 곧 만물이 가진 에너지를 의미한다. 그래서 열기, 한기, 냉기 등의 말이 있는 것이고, '기가 빠졌다', '기가 죽었다', '기가 살았다'와 같은 표현이 있는 것이며, 용기, 의기와 같은 마음의 상태를 나타내는 용어도 있고, 자연 상태에서 얻을 수 있는 공기와 전기 같은 에너지를 지칭하는 단어도 있는 것이다. 또 그 에너지의 성격에 따라 음기, 양기, 원기, 진기 등의 표현을 쓰고, 기가 손상되어 생기는 병증을 9가지로 나누기도 한다. 정신적으로 압박을 받아 생기는 병을 칠기七氣라 하고, 이것이 더 심해져 가슴에 통증이 생기고 배가 아픈 경우를 구기九氣라 하고, 감정이 격해져서 쓰러지는 것을 중기中氣라 하는 등 다양한 표현이 있다.

신神이란 인간의 정신적인 활동을 말한다. 정신적인 활동은 각 장기에 영향을 끼치고, 장기의 문제 또한 정신 활동에 영향을 끼친다. 때문에 건강에 이상이 생기면 정신에도 이상이 올 수밖에 없다. 정신 활동의 결과로 나타나는 것이 감정이다. 감정은 기쁨, 슬픔, 분노, 즐거움, 우울, 공포, 경악 등으로 드러나는데, 이러한 감정의 발산이 지나치면 역시 장기 이상을 초래한다. 너무 기뻐하면 심장이 병들고, 지나치게 화를 내면 간장이 병들고, 지나치게 우울하면 폐가 병들고, 집착이 지나치면 비장이 병든다. 또 슬픔이 지나치면 건망증이 생기고 기억력이 떨어지며, 공포에 사로잡히면 신장이 상해서 구역질과 메스꺼운 증상이 나타나며, 너무 놀라면 쓸개가 상하고, 헛소리를 자주 하게 된다.

혈血이란 누구나 다 알 듯이 우리 몸에 영양분을 공급하는 혈액, 즉 피다. 우리 몸에 피가 닿지 않는 곳은 없다. 그래서 가볍게 피부만 벗겨져도 피가 난다. 피는 온몸을 순환하며 신체의 에너지를 만들어낸다. 따라서 피가 부족하면 에너지가 부족해지고 그것이 지나치면 생명을 잃게 된다. 피는 음식물에서 흡수된 영양분이 심장으로 이동하여 만들어진다. 심장에서 만들어진 피는 폐로 가서 기와 만나 온몸으로 전달된다. 따라서 음식을 먹어야 피가 만들어지는 것은 자명한 이치다. 우리가 잠을 잘 때 피는 간으로 몰려가 휴식을 취한다. 그래서 간은 핏덩어리처럼 보인다. 때문에 수면이 부족하면 피가 탁해져서 온몸에 영양분을 공급하지 못하게 되며, 그래서 몹시 피곤을 느끼게 된다. 외부의 타격 없이 출혈이 있다면 몸에 이상이 있다는 증거다. 몸에서 발생하는 출혈은 대략 20가지 정도다. 혈뇨나 혈변, 각혈 등이 가장 자주 나타나는 출혈이고, 때론 땀이 난 후에 옷에 붉은 얼룩이 생기는 경우가 있는데, 혈한이라고 한다. 이는 지나치게 웃다가 심장이 상한 것이 원인이다.

　정, 기, 신, 혈이 몸의 근본인 만큼 이 네 요소를 잘 유지하는 것이 건강의 비법이라 하겠다. 이 네 요소가 잘 유지되고 있다는 것은 몸에 특별한 증상이 없음을 통해 알 수 있다. 몸이 건강하다는 것은 균형을 유지하는 것을 의미한다. 몸이 너무 차거나 너무 뜨겁거나 한 것은 몸의 균형을 잃었을 때 나타나는 현상인 만큼 이런 현상을 몸에서 느끼면 일단 몸에 이상이 생겼다고 판단해야 한다. 생각이 많아서 잠을 자지 못하면 손바닥이나 발바닥이 뜨거워지고, 이것이 더 심해지면 온몸이 뜨거워진다. 이는 피가 휴식을 취하지 못해 생기는 현상이다. 이를 해결하는 방법은 1가지뿐이다. 잠을 제대로 자는 것이다. 두려움과 걱정이 앞서도 이런 현상이 생긴다. 이는 심장이 약해져서 생기는 현상이다. 이렇듯 온몸이 뜨거워지는 것은 균형을 잃었다는 의미다. 또 손발이 지나치게 차거나 얼굴이 지나치게 창백해지거나 배가 너무 차거나 하는 것도 역시 균형을 잃은 결과다.

몸의 어느 부위에서든 출혈이 있는 현상 역시 몸의 균형을 잃었다는 뜻이다. 혈뇨나 혈변, 각혈 등이 나타나면 그 현상이 심각하다는 뜻이다. 어느 장기에 심한 손상을 입어 더 이상 견딜 수 없을 때 출혈이 나타나기 때문이다.

정신과 기혈을 저장하는 오장

흔히 한의학에서 내장 기관을 통칭하여 오장육부라 한다. 오장五臟이란 심장, 폐장, 간장, 비장, 신장 등 다섯 기관을 일컫는다. '오장'의 '장臟'은 '저장한다'는 뜻인데, 무엇을 저장한다는 것일까? 오장이 저장하는 것은 앞에서 언급한 정, 기, 신, 혈이다.

오장은 동양 사상의 핵심인 음양오행설에서 비롯되었다. 만물은 태극으로부터 비롯되었고, 만물의 성질은 음과 양으로 구분되고, 만물을 이루는 물질은 목, 화, 토, 금, 수 5가지라는 것이 음양오행설의 핵심인데, 인간 역시 여자와 남자라는 음양의 구별이 있고, 5가지 장기를 중심으로 몸을 이루고 있다는 것이다. 그 장기 중에 간장은 목木, 심장은 화火, 비장은 토土, 폐장은 금金, 신장은 수水에 해당한다고 한다.

오장 중 목에 해당하는 간은 우리 몸을 지키는 기능을 한다. 그래서 한의학에서 '천 냥짜리 몸에서 구백 냥에 해당하는 것이 간장이다'

라는 말이 있다. 그만큼 간은 중요한 장기인 것이다. 간은 몸의 오른쪽에 치우쳐 있는데, 한의학에서는 왼쪽에 있다고 하였다. 이는 간과 연관된 경락이 왼쪽으로 치우쳐 있기 때문이다. 간은 근육, 인대, 눈을 주관하고 눈물과 분노, 신맛을 주관한다. 그래서 간이 상하면 분노를 참을 수 없어서 자주 화를 낸다. 또한 양쪽 허리가 아프고 아랫배까지 당기면서 구토 증세가 있으면 간이 상한 것으로 간주해야 한다. 간이 상하는 이유는 다양하다. 성관계가 심하거나 술을 많이 먹거나 몸에 맞지 않은 약을 먹거나 심하게 화를 내는 경우가 대표적이라 하겠다.

심장은 정신을 지배하는 장기인데, 맥과 땀, 웃음을 주관한다. 그래서 심장이 나쁘면 맥에 이상이 생기고, 식은땀을 흘리게 되며, 웃음을 절제하지 못한다. 심장에 생기는 병은 다양하지만 대개 2가지로 분류된다. 첫째는 심허心虛인데, 혈액순환이 잘 안 된다. 그에 대한 증세로는 가슴이 갑갑하고, 옆구리와 허리와 등이 동시에 당기는 통증이 유발된다. 다음으로 심실心實인데, 심장이 지나치게 커져 있는 것을 뜻한다. 심장 부종이나 심낭염이 생겼을 경우다. 이때는 가슴과 옆구리 아래쪽, 양쪽 팔 겨드랑이가 아프고, 실없이 웃음을 흘리게 된다.

비장은 생명의 자양분을 만드는 장기인데, 우리 몸의 근육과 단맛, 침, 생각, 혈액순환, 소화액 등을 주관한다. 때문에 양의학에서 말하는 비장과 다소 차이가 있다. 한의학에서 말하는 비장은 췌장과 비장을 결합한 개념이라 볼 수 있다. 췌장은 소화액을 분비하고 인슐린을 조절하는 기능이 있고, 비장은 조혈기관으로 적혈구와 백혈구를 파괴하여 재활용이 가능한 성분을 골수로 보내는 역할을 한다. 한의학에서 비장이란 양의학에서의 비장보다는 췌장의 기능에 가깝다. 하지만 한의학에서도 비장의 역할이 원활한 혈액순환을 위한 통제실 역할을 하는 만큼 비장의 기능을 하지 않는다고 볼 수 없다. 따라서 한의학에서 말하는 비장은 양의학의 비장과 췌장의 기능을 결합한 것이라고 보아야 한다. 비장은 음식물에 의해 손상되기 쉽다고 한다. 특히 지나치게 기름지거나 자극적인 음식은 비장을 크게 손상시킬 수 있다. 땀을 심하게 흘린 후 곧바로 찬바람을 쐬어도 비장이 상하고, 술과 음식을 많이 먹은 후에 성교를 해도 상한다고 한다. 몸이 붓고 무거워지면서 매사에 의욕이 상실되고, 항상 누워 있으려고 하면서 팔다리를 제대로 쓰지 못한다면 비장이 상했다고 보아야 한다. 또 비장이 허약하면 소화불량과 설사가 잦고, 배가 자주 고파서 과식하는 경우가 많다. 그리고 무리하게 걸으면 다리에 쥐가 잘 나고 대소변이 잘 나오지 않는 증세를 겪는다.

폐장은 흔히 허파라고 부르는 기관으로 호흡과 기운을 주관한다. 또한 목소리를 내는 것에 관여하고, 소변 기능에도 관여한다. 그래서 폐가 상하면 목소리를 제대로 낼 수 없고, 소변이 잘 나오지 않으면 폐를 치료한다. 폐는 또 피부, 털, 콧물, 슬픈 감정을 주관한다. 그래서 지나치게 울면 폐가 상하는 것이다. 한의학에서는 폐가 오른쪽에 있다고 설명한다. 그러나 실제론 양쪽에 모두 있다. 한의학에서 폐가 오른쪽에 있다고 한 것은 해부학 지식의 부족 때문으로 보인다. 폐가 상하면 피로가 심해지고 식후에 노곤함을 느낀다. 그런데 기침을 할 때 피 섞인 가래가 나오거나 각혈이 있으면 심각하게 상한 것이다. 가래의 색깔을 통해서도 병증의 원인을 알아낼 수 있다. 허연 가래를 토하면 찬바람이 원인이고, 시커먼 가래가 나오면 누적된 피로가 원인이다. 또 누런 가래를 토하면 몸에 열이 있거나 염증이 있는 것이다. 폐를 건강하게 유지하려면 적절한 온도의 쾌적한 공기를 마시는 것이 가장 중요하다. 폐를 상하게 하는 요인 중에 감기로 인한 기침이 가장 흔한데, 잘 낫지 않는 감기 기침에는 꿀, 배, 은행이 좋다. 배의 꼭지를 도려내고 씨를 파낸 후에 은행과 꿀을 넣고 꼭지를 막고 실로 묶는다. 그리고 냄비에 넣고 물을 부은 후에 한 시간쯤 달인 뒤, 꼭 짜서 즙을 마시는 것이다.

　　마지막으로 신장은 흔히 콩팥으로 불린다. 한의학에서 신장은 신장은 물론이고 부신, 뼈와 골수, 뇌, 남자의 전립선과 생식기, 여자의 자궁과 난소를 포괄하는 개념이다. 신장은 온몸의 수분을 조절하고 폐와 함께 호흡을 유지시키는 기능을 한다. 또한 피를 걸러 노폐물을 소변으로 내보내는 배설 기능도 한다. 청각, 머리카락, 공포 등을 주관하기도 한다. 그래서 머리카락의 상태로 신장의 건강 상태를 파악할 수도 있고, 귀가 잘 들리지 않으면 신장을 치료하는 것이다. 지나친 성관계나 지나치게 차가운 물에 억지로 들어가거나 습기가 많은 땅에 오랫동안 앉아 있거나 무거운 물건을 무리해서 들면 신장이 상할 수 있다. 신장이 약해지면 가슴과 배가 자주 아프고 모든 일에 불쾌감과 짜증이 늘게 된다. 또한 정력이 저하되고, 발기부전을 겪을 수도 있다. 때문에 성관계와 허리의 건강은 신장에 달려 있다는 말도 한다. 허리나 엉덩이가 자주 아프고 아랫배가 당기는 증세가 나타나면 신장 이상으로 보아야 한다. 또한 신장이 약하면 당뇨병에 잘 걸릴 수도 있다.

음식물을 소화시키는 창고, 육부

육부六腑란 위장, 소장, 대장, 담(쓸개), 방광, 삼초三焦를 일컫는다. 육부의 '부腑'는 '음식물 창고'를 의미한다. 그래서 육부란 '음식물을 소화시키는 창고'라고 부를 수 있다.

육부, 즉 음식물을 소화시키는 6개의 창고는 비워져 있을수록 건강에 좋다. 육부에 음식물이 꽉 막혀 있으면 병이 생기게 되고, 결국은 죽게 되는 것이다. 하지만 오장은 항상 정기로 가득 차 있어야 한다. 육부의 음식물이 영양소로 변해 심장으로 이동하여 피가 되고 그 피가 폐에서 기를 받아 정기를 형성하여 오장에 가득하면 에너지가 넘치게 되는 것이다. 그래서《동의보감》은 건강한 사람이란 오장이 정기로 가득 차 있고, 육부가 깨끗하게 비워져 있는 사람을 의미한다고 쓰고 있다.

육부 중에 위장, 소장, 대장, 담, 방광은 서양의학에서도 그대로 쓰고 있는데, 동양의학에서만 독특하게 설정한 것이 삼초다. 삼초란, 상초와 중초, 하초를 통칭하는 용어인데, 우리 몸 상단, 중단, 하단의 수분을 조절하고 기의 순환을 담당한다. 서양의학에서 보자면 내분비계나 림프계와 비슷하다고 할 수 있다.

육부의 기능에 대한《동의보감》의 내용을 요약하자면 이렇다.

육부 중 첫 번째, 위장은 명치와 배꼽 사이에 있는 기관으로 위로는 식도와 연결되고 아래로는 소장과 연결된다. 위의 역할은 크게 3가지다. 첫째는 음식물을 분해하여 5가지 맛으로 분류하는 기능이다. 그래서 신맛은 간, 쓴맛은 심장, 단맛은 비장, 매운맛은 폐, 짠맛은 신장으로 보낸다. 둘째는 음식물의 정기를 분리하여 폐로 보내는 기능을 한다. 폐는 이 정기를 받아 인체에 흐르는 모든 기운의 바탕이 되는 기초 정기를 만든다. 셋째는 기 순환의 동력을 제공한다. 때문에 위장이 병들면 온몸의 기 순환에 문제가 생긴다. 위장이 상하면 식욕이 없어지고 가슴과 배가 더부룩해진다. 또한 구역질과 딸꾹질이 나고, 위산(신물)이 넘어오면서 속이 메스껍고 트림을 자주 하게 된다.

위장 아래쪽에 있는 소장은 영양분을 흡수하고 기운을 순환시키는 기능을 한다. 소장은 배꼽에서 왼쪽으로 16구비를 돌면서 첩첩이 쌓여 있다. 소장이 이렇게 16구비나 되는 것은 영양분을 완벽히 흡수하기 위한 것이다. 그래서 인간 몸속에 있는 장기 중에 가장 길다. 대개 인간의 소장 길이는 9.5미터에서 9.7미터 사이다. 이 과정에서 소장은 영양분을 흡수하여 심장으로 보내 피를 만들고, 나머지 찌꺼기는 대장으로 보낸다. 양의학에서는 소장의 기능이 여기서 그친다고 본다. 그러나 한의학에서는 위, 비장과 지속적으로 정기를 주고받으며 기의 순환을 돕는 역할을 한다고 본다. 소장이 튼튼한 사람은 피부가 두껍고 맥이 잘 뛰기 때문에 병에 잘 걸리지 않는다. 반대로 피부가 얇고 맥이 약한 사람은 소장이 약하기 때문에 병에 잘 걸린다. 소장이 상하면 꾸르륵거리는 소리가 심하게 나고 허리와 등이 아프고 귀에 열이 생기며 설사를 하기 십상이다.

소장에 연결되어 있는 대장은 소장보다 너비가 크고 직경이 넓지만 길이는 6.5미터 정도다. 오른쪽으로 16구비를 돌면서 첩첩이 쌓여 있으며, 소장에서 내려온 음식물에서 다시 영양분을 뽑아낸 뒤, 물은 방광으로 보내고 남은 찌꺼기는 대변으로 만든다. 대장이 튼튼한 사람은 피부가 두껍고 건강하다. 대장에 병이 생기면 배 속이 끊어지듯이 아프고 가슴으로 기가 치밀어 올라 숨이 차면서 오랫동안 서 있지 못하게 된다. 또한 찬 기운에 대장이 상하면 설사를 하게 된다.

담(쓸개)은 간장에 딸린 기관으로 시각과 결단력을 주관하는 장기다. 간장이 인체 내부를 지키는 장군에 비유된다면 담은 칼을 들고 인체를 지키는 무사에 비유된다. 그래서 용기가 약한 사람은 담력이 부족하다고 하고, 두려움을 느끼면 간담이 서늘하다는 표현이 생긴 것이다. 간에서 내려온 정기가 담으로 내려오면 맑고 푸른 담즙이 된다. 담즙은 시력을 관장하기 때문에 늙어서 담즙이 부족해지면 눈이 어두워지고 침침하게 된다. 담에 생기는 병은 2가지로 요약되는데, 담이 약한 것을 담허라고 하고, 담허에 이르면 무서움이 많아지고 용기가 부족해진다. 담에 열이 차거나 담이 부어오르는 것을 담실이라고 하는데, 담실에 이르면 위험한 일을 즐기거나 화를 자주 낸다. 흔히 만용을 부리는 사람을 보고 간이 부었다거나 간이 배 밖에 나왔다고 하는데, 이는 곧 담실을 의미한다.

방광은 소변을 저장하는 곳으로 흔히 오줌보라고도 한다. 한의학에서의 방광은 위로는 소장과 대장의 연결점인 난문闌門, 아래로는 소변을 배출하는 생식기와 연결되어 있다. 난문은 소장과 대장이 만나는 지점인데, 여기서 소장에서 내려온 음식물을 수분과 찌꺼기로 분리하여 수분은 방광으로 보내고 찌꺼기는 대장으로 보낸다. 하지만 방광에 대한 이런 설명은 양의학과 다소 차이가 있다. 양의학에서 방광은 신장에서 내려온 소변을 저장하는 곳으로 설명된다.

마지막으로 삼초는 양방에서는 없는 기관이다. 삼초는 장부에 상관없이 몸을 상, 중, 하로 3등분하여 나눈 것으로 역할도 각 장부를 통해서 이뤄진다. 그래서 목 아래부터 명치까지를 상초, 명치에서 배꼽까지를 중초, 배꼽 아래쪽을 하초라고 한다. 삼초의 기능은 다소 애매하다. 정기의 순환을 돕는 역할을 한다고 설명하고 있는데, 양방의 림프계나 내분비계의 역할을 하는 것으로 이해하면 될 것 같다.

두통과 이목구비의 변화는 몸의 상태를 알려준다

오장육부를 끝으로 내경 편을 다 읽으면 외형 편으로 넘어간다. 외형 편은 머리부터 발까지 인체 외부의 26가지 요소를 하나씩 다루고 있다. 우선 머리, 얼굴, 눈, 귀, 코, 구설口舌(입과 혀), 치아, 목구멍, 얼굴 부위를 서술한 뒤, 경항(머리와 몸통을 연결하는 부위), 배, 가슴, 유방, 배꼽, 허리, 옆구리 등의 몸통 부위, 그리고 손, 발, 생식기, 항문, 피부, 살, 맥, 근육, 뼈, 모발 등으로 이어져 종결된다. 이 중에 우리가 가장 쉽게 이해할 수 있는 두통과 이목구비, 그리고 손과 발, 배꼽에 대해서 요점을 정리해본다.

우선 머리는 몸의 하늘로서 이곳에 생기는 통증을 두통이라고 하고, 두통은 정두통, 편두통, 풍한두통, 기궐두통, 담궐두통, 열궐두통, 습궐두통, 진두통 등 총 11가지가 있다. 두통 중에 가장 흔한 정두통은 공기가 나쁘거나 몸에 열이 있을 때 생기는 것이고, 편두통은 한쪽 머리만 아픈 것으로 원인은 다양하며, 감기로 인한 두통은 풍한두통이고, 몸에 기력이 없을 때 생기는 두통은 기궐두통이고, 메스꺼워 토할 것 같으면서 머리가 아픈 것은 담궐두통이다. 습궐두통은 음습한 날씨 때문에 생기는 것이고, 손발이 차고 눈이 어두워지는 것은 진두통인데 매우 위험한 것이다. 머리가 아프지만 두통이 아닌 것도 있다. 바람을 심하게 맞아 생기는 뇌풍증, 목욕을 하다 생기는 수풍증, 갑자기 어지럼증이 일어나는 현훈 등이 그것이다. 또한 머리가 어지러우면서 뺨에 느낌이 없으면 두풍증이다.

얼굴은 얼굴색이 건강의 척도다. 얼굴이 붉게 달아오르는 것을 면열이라고 하고, 이것의 원인은 위장병 때문이다. 반대로 얼굴이 시리고 찬 것은 면한이라고 하고 역시 위장이 차서 생기는 병이다. 얼굴이 퍼렇게 되면서 화를 잘 내면 간장이 병든 것이고, 얼굴이 붉어지면서 실없는 웃음을 흘리면 심장이 병든 것이다. 또 얼굴이 노랗게 되면서 트림을 자주 하면 비장이 병든 것이고, 얼굴이 하얗게 되면서 재채기를 하면 폐장에 병이 든 것이며, 얼굴이 검어지면서 하품을 자주 하면 신장이 병든 것이다.

눈은 모든 장부의 기가 모여 있는 곳으로 건강의 척도다. 특히 눈은 심장의 영향을 가장 많이 받는다. 심장에 열이 있으면 눈이 어두워지거나 볼 수 없게 되고, 심장이 안정되면 눈이 맑고 투명하다. 눈에 두 번째로 크게 영향을 끼치는 것은 간과 콩팥이다. 특히 간장이 약해지면 눈동자에 병이 나서 색깔이 변한다.

귀의 건강은 주로 신장이 주관한다. 신장의 경락이 귀에 연결되어 있기 때문인데, 그래서 신장이 건강해야 모든 소리를 제대로 들을 수 있다. 귀에는 대개 5가지 병이 있는데, 귀가 울리는 이명, 소리가 들리지 않는 이농, 2가지 소리가 한꺼번에 들리는 이중청, 진물이 흘러나오는 중이염, 귓속의 가려움증이 가시지 않는 이양 등이 있다. 건강한 귀를 유지하려면 귓바퀴를 만져주는 운동을 하는 것이 좋다.

코는 호흡기관의 하나로 옛날에는 코로 정신이 출입한다고 말하기도 하였다. 코의 건강은 폐가 주관하는데, 폐가 약해지면 코의 주요 기능인 호흡과 냄새 맡는 기능이 약화된다. 코는 몸 안의 상태를 알려주기도 한다. 코끝이 푸른색을 띠면 몸 어딘가에 통증이 있다는 뜻이고, 코가 검은색으로 변하면 과로했다는 뜻이며, 코가 붉은색이면 음주로 인해 몸이 상했다는 뜻이다. 코에는 대략 6가지 병이 생기는데, 누런 콧물이 흐르는 것이 비연인데 비염이 원인이고, 맑은 콧물이 계속 나오는 것을 비구라 하는데 찬바람이 원인이고, 코가 막히는 것을 비색이라 하는데 감기가 원인이며, 콧속에 사마귀나 군살이 생기는 것을 비치라고 하는데 폐에 열이 쌓였기 때문이다. 코가 아픈 것을 비통이라고 하는데 폐에 가래가 고인 것이 원인이고, 코끝이 붉어지는 것을 비사라고 하는데 음주 때문이다. 술을 먹지 않고도 코가 빨갛게 되는 경우도 있는데, 이는 폐에 열이 차서 생기는 폐풍창이 원인이다.

구설, 즉 입과 혀는 곡식의 맛을 감별하고 맛을 구별하는 기능을 하는 곳이다. 입과 혀의 건강은 비장과 심장이 주관하는데, 만약 곡식이나 음식을 먹어도 맛을 구별하지 못하거나 모든 음식이 쓰게 느껴지면 비장과 심장에 탈이 났다는 뜻이다. 입과 혀에도 여러 가지 질병이 생기는데, 대표적인 병을 몇 가지 거론하자면, 우선 구고라는 것이 있는데, 이는 입에서 항상 쓴맛이 느껴지는 병이다. 이는 혀의 병이 아니라 심장에 병이 생겼기 때문이다. 입맛이 시면 간에 병이 있다는 것인데 구산이라고 하고, 입맛이 매우면 폐에 열이 있기 때문인데 구신이라고 한다. 입에서 구취가 심하면 위장이 상한 탓이고, 입안이 허는 것은 구미로서 방광과 소장에 병이 있기 때문이다. 입술이 말라 터지는 것을 순초라고 하는데, 심장의 열 때문이다. 그래서 긴장하면 입술이 마르는 것이다. 혀가 마르는 것은 설조라고 하는데, 비장에 열이 있기 때문이다. 혀가 붓는 것을 설종이라고 하고, 이런 경우 빨리 치료를 받아야만 한다. 심하면 혀가 너무 부어 숨통을 막을 수 있기 때문이다. 혓바닥에 허옇게 생기는 이끼를 설태라고 하는데, 설태의 색깔이 희면 폐에 찬 기운이 뭉친 것이고, 노랗게 되면 위장에 문제가 있는 것이다. 검은색 설태는 고열에 시달릴 때 생긴다. 설태를 없애려고 칫솔로 닦아내는 사람이 있는데, 이는 혀에 상처를 내므로 좋은 방법이 아니다. 혓바

늘이 돋는 것을 망자라고 하는데, 걱정과 근심이 원인이다.

수족, 즉 손과 발에 관한 것을 살펴보자면, 우선 손발에서 열이 나는 것을 사지열이라고 하는데 이것은 음양의 부조화로 인해 생긴다. 잠을 자지 못하면 음기가 부족하여 손발이 뜨거워지는 경우가 있고, 미래에 대한 근심이 많아도 심장에 열이 차면서 손발이 뜨거워지는 경우가 있다. 겨울에 손발이 트는 것을 수족군열, 수족 건조증이라고 하는데, 옛날에는 돼지의 골수나 골을 넣은 뜨거운 술로 손발을 씻어 해결했다고 한다. 손가락 끝이 붓고 손톱이 빠지는 것을 생인손이라고 하는데, 이 병은 피 속에 열이 쌓여서 생기는 염증에 의한 것이다. 손톱이나 발톱의 색깔은 건강을 알려주는 신호라고 할 수 있는데, 손톱의 색깔이 시퍼렇게 되면서 손바닥이 부어올라 손금이 보이지 않을 정도가 된다면 곧 죽는다는 신호다. 손톱 색깔이 불투명한 흰색을 띠면 불치병에 걸린 것이며, 손톱과 발톱 아래의 살 색깔이 검은색을 띠면 일주일 이내에 죽는다.

배꼽은 한자로 '제臍'라고 하는데, 우리 몸 한가운데에 있다. 배꼽은 태아와 어머니를 연결시켰던 탯줄의 흔적이다. 때문에 어머니 배속을 떠난 후에는 전혀 쓸모없는 것으로 여기기 십상이다. 배꼽은 누워서 감자를 먹을 때, 감자를 올려놓는 자리로 쓸 수 있다는 농담을 하기도 한다. 그런데 배꼽은 양생법을 수련할 때나 단전호흡을 할 땐 매우 중요하다. 배꼽에서 3치 아래를 단전이라 하지만 배꼽 자체를 단전이라고도 하기 때문이다. 단전은 오장육부의 근본이면서 기의 원동력이라고 한다. 또 호흡 중에 태식법, 즉 '태아 시절에 숨 쉬던 법'이 있는데, 배꼽과 단전을 통해 공기 속의 기운을 호흡하는 방법이다. 이 호흡법은 일종의 도인들의 호흡법으로 무병장수와 수명 연장의 비법으로 알려져 있다.

《동의보감》에 이런 내용이 담긴 것은 도교의 영향에 따른 것이다. 《동의보감》의 편찬 목적 중에 첫 번째가 병은 치료보다는 예방이 먼저이고, 병을 예방하는 가장 중요한 요소는 스스로 몸을 건강하게 하는 것이며, 그 방법으로 호흡법과 도인 체조를 제시하고 있다. 배꼽은 바로 그 호흡법을 익히는 데 가장 중요한 부위라는 것이다.

진단과 처방의 신비로움

외형 편 다음에 이어지는 잡병 편에는 이 책에서 가장 많은 부분이 할애되어 있다. 잡병 편은 심병審病, 변증辨證, 진맥診脈, 용약用藥 등의 진단법에서부터 각종의 내과 질환과 외과 질환, 부인병과 소아병 등으로 구분되어 있다. 하지만 어떤 병인지 알아내지 못하면 아무리 많은 약을 가지고 있다고 해도 소용이 없다. 그래서 잡병의 첫머리는 심병, 변증, 진맥, 용약으로부터 시작된다.

심병이란 질병을 알아내기 위한 진찰 방법이다. 요즘이야 병을 알아내기 위해서 각종 기계를 동원하여 검사를 실시하지만 과거엔 이런 기계가 없었으니 다른 방법이 동원될 수밖에 없었다. 우선 환자가 오면 망진望診을 하는데, 이는 환자를 살펴보는 것을 의미한다. 그리고 어디가 불편한지 물어보고 들어보는 문진問診과 문진聞診, 진맥하거나 아픈 곳을 만져보는 절진切診을 행하는데, 이를 합쳐서 사진四診이라 하고, 진찰의 기본으로 삼는다.

심병의 단계에서 의사의 수준이 결정되는데, 환자를 보기만 해도 무슨 병인지 아는 의사를 신의神醫라 하고, 환자의 말을 듣기만 해도 아는 의사를 성의聖醫라 하며, 이것저것 물어보고 나서야 아는 의사를 공의工醫, 진맥하거나 아픈 곳을 만져보고 나서야 아는 의사를 교의巧醫라고 한다.

다음 변증이란 진찰을 통해서 얻어진 정보를 종합해서 병명을 밝혀내는 단계다. 이 단계는 매우 신중할 필요가 있다. 그래서 옛말에 '삼세의三世醫를 귀하게 여긴다'는 말이 있었다. 삼세의란 3대째 의술을 이어받은 의사를 말한다. 그만큼 많은 경험이 축적되어 있는 것이 중요하다는 것이다. 그리고 변증에 있어 3번 이상 고민하고 집안의 의사들과 상의하는 의사가 좋은 의사라는 말이 있다. 말하자면 올바른 변증을 위해서는 오랜 경험과 심사숙고하는 자세가 중요하다는 것이다. 또 옛말에 질병을 많이 앓아본 의사가 좋은 의사가 된다는 말도 있다. 그만큼 실질적인 경험이 중요하다는 뜻이다. 변증을 할 때는 꼭 남자와 여자를 가려서 물어봐야 할 것이 있는데, 남자에게는 성생활에 대해서 묻고 여자에게는 월경과 임신에 대해서 물어야 한다는 것이다.

진맥은 다 알다시피 맥을 짚어서 환자의 병을 알아내는 것이다. 진맥은 방법을 안다고 금세 익혀지는 것이 아니다. 오랜 수련과 자신만의 노하우가 매우 중요하다. 사실, 서양 사람들이 한의사들을 가장 신기하게 생각하는 것이 바로 이 진맥이다. 맥을 짚기만 해도 어떤 부위에 문제가 있다는 것을 알아낸다는 것은 정말 신기한 일이 아닐 수 없다. 때로 그것은 현대 의학 기기들이 전혀 발견하지 못하는 병증까지도 알아내기도 하니, 그 신비로움이야 말해 뭣 하랴! 필자도 맥 짚는 법을 배워 나와 주변 사람들에게 시도해보았으나 도무지 그 신비로움을 알아낼 수 없었다. 그야말로 지식과 경험, 그리고 자신만의 느낌을 조화시켜야만 가능한 예술적인 경지가 되어야만 맥을 제대로 짚을 수 있는 것이다. 더구나 같은 맥이라도 환자에 따라 다른 약을 쓸 수도 있고, 같은 병이라도 다른 맥이 나타나니 그 오묘한 경지에 이르는 데는 정말 엄청난 시간과 경험, 노력이 필요할 것이다.

심병, 변증, 진맥의 3단계가 끝나야만 비로소 처방을 내릴 수 있다. 비로소 약을 쓸 수 있는 것이다. 그래서 용약이라고 한다. 그런데 약을 쓸 때도 여러 가지 주의가 필요하다. 지금 앓고 있는 병만 치료하는 약을 줘서는 오히려 약이 독이 되는 경우가 있다. 그럴 때는 우선 몸을 먼저 튼튼하게 만드는 약을 준 후 몸이 튼튼해지면 해당 병에 필요한 약을 쓰는 것이다. 그러나 병증이 너무 급하면 우선 병증을 완화시키는 약을 먼저 써야 한다. 몸을 먼저 튼튼하게 만드는 것을 '보補한다'고 하고 병증을 먼저 치료하는 것을 '사瀉한다'고 한다. 그래서 의사는 약을 쓸 때, 보할 것인가 아니면 사할 것인가 하는 것을 먼저 판단해야만 한다. 튼튼한 사람이 큰 병을 앓으면 먼저 사하는 처방을 내려야 할 것이고, 약한 사람이 큰 병을 앓으면 먼저 보하는 처방을 내려야 한다.

또한 한의학에선 어떤 병을 치료해도 그 병이나 그 부위만 치료하지 않는다. 몸 전체의 균형과 조화를 중심으로 치료한다. 이것이 한의학의 기본이며《동의보감》의 골자다. 현대 양의학은 분야별로 기능적으로 잘 나눠져 있지만, 이러한 분업적인 형태가 오히려 문제가 될 때도 많다. 예컨대 불면증에 걸린 사람이 있다면 그 원인을 제거하기보다는 우선 수면제나 항우울제, 안정제 처방부터 한다. 하지만 불면증의 원인은 매우 다양하다. 필자는 위궤양으로 인해 불면증에 걸린 적이 있는데, 수면제로는 도저히 치료가 되지 않았다. 그래서 직접 의학사전을 뒤지고, 내 몸을 스스로 점검하여 위궤양이 있다는 것을 알아낸 뒤, 위궤양 치료제를 먹고 불면증에서 벗어날 수 있었다. 그렇다고 한의학이 문제가 없다는 것은 아니다. 현대의 한의사들 역시 대부분 양의와 마찬가지로 분업화되어 있는 경향이 있다. 그런데 이 분업화가 결국, 한의학에 엄청난 위기를 초래하고 있다. 한의학 자체는 원래 총체적인 의술인데, 이를 저버리고 양의를 따라 분업화하다 보니 그 본래의 능력과 기능을 발휘할 수 없게 된 것이다. 결국, 한의학의 양의학화가 한의학을 무너뜨리고 말 것이다.

잡병에 대한 간단한 대처법

병이라는 것이 인간의 신체 어느 부위에도 발생하지 않는 곳이 없는 만큼, 병의 가짓수는 헤아릴 수조차 없다. 예컨대 눈에 생기는 병만 해도 수백 가지인데, 인체 부위별로 수백 가지씩 병이 있다면 인간이 걸릴 수 있는 병은 수만 가지가 넘을 것이다. 게다가 미처 아직 현대 의학이 발견하지 못한 병들도 있으니, 병명이라는 것은 앞으로도 얼마든지 생길 수 있다. 그런 까닭에 잡병 편은 분량이 많을 수밖에 없고, 잡병 편을 모두 소개한다는 것은 불가능한 일일 것이다. 그래서《동의보감》에서 질병에 대해 어떻게 접근하고 있는지 알아보는 수준에서 잡병에 대한 소개를 넘어가려 한다.

우선 약을 쓰지 않고 병을 치료하는 방법이 있다. 구토, 땀, 설사 3가지다. 구토로 치료해야 할 병은 체증, 두풍증, 지독한 가래, 술병 등이다. 이 외에는 구토가 오히려 독이 되기 때문에 함부로 구토를 유발해서는 안 된다. 땀으로 치료하는 것은 감기나 피부병이다. 하지만 몸에 종기가 있을 경우 땀을 내는 것은 오히려 종기를 악화시킨다. 또 출혈이 있는 사람은 땀을 내는 것이 위험하다. 세 번째로 설사로 고치는 병은 위장이나 대장에서 일어나는 병들인데, 이때 반드시 갈증이 일어나는지 유무를 확인하는 것이 중요하다. 갈증이 일어나면 설사를 통해 병을 호전시킬 수 있지만, 갈증이 없을 땐 설사를 해서는 안 된다.

하지만 이런 것도 아무나 할 수 있는 일은 아니다. 반드시 전문적인 능력을 갖춘 의사의 판단에 따라야 할 것이다.

병이란 근본적으로 육체의 균형이 무너진 것을 의미한다. 《동의보감》은 이 잡다한 병들을 외부의 환경에 의한 병, 내부의 이상으로 생기는 병, 신체가 상해서 생긴 병 등 3가지로 나누고 있다. 잡병의 숫자는 수천 가지지만, 이렇게 나누고 보면 오히려 간단해진다.

외부 환경에 의한 병이란 바람, 추위, 더위, 습기 등에 의한 병을 말한다. 바람이란 곧 오염된 공기일 수도 있고, 지나치게 세찬 바람일 수도 있다. 바람이 너무 많은 섬이나 산간 지역에서는 바람에 의해 발생한 병에 시달리는 사람이 많을 수 있다. 추위는 감기의 원인이 되며, 감기는 다른 병을 유발하여 몸을 상하게 하는 가장 흔한 병이다. 더위 또한 열병을 유발하고, 그것이 원인이 되어 다른 질병을 유발할 수 있다. 습기는 너무 많아도 문제고 너무 적어도 문제다. 습도가 적당해야 몸이 정상적으로 작동할 수 있다는 것은 누구나 아는 이치다. 습기가 너무 많은 호수나 강 주변에 살아서 생기는 병도 있고, 습기가 너무 없는 곳에서 오래 지내 생기는 병도 있다. 습기가 많은 곳에서는 기관지가 상할 우려가 높고, 습기가 너무 없는 곳에서는 피부병 발생률이 높을 수 있다.

내부 이상으로 생기는 병은 오장육부에 모두 발생하는 잡병들이다. 하지만 내부 이상으로 생기는 병은 외부의 영향과 밀접한 관련이 있다. 또한 사람들이 매일 먹는 음식이나 습관과도 밀접한 관련이 있다. 따라서 내부 이상으로 생기는 병에 대한 처방은 환자의 외부 환경을 면밀히 검토한 후에 내리는 것이 바람직하다. 우리가 흔히 말하는 중풍이나 몸이 지나치게 뜨거워지는 궐열 같은 병들은 외부 환경과 음식, 생활 습관에 의해 걸리는 경우가 대부분인데 무조건 병증만 완화시키는 치료를 해서는 안 된다는 것이다. 내부에 생기는 병 중에 상당수는 부모로부터 물려받는 경우가 많다. 위장병이나 암, 뼈에 이상이 생기는 병 등은 대부분 집안 내력이다. 이런 경우는 치료가 매우 어려워 증상을 완화하거나 병증을 안고 살면서 섭생을 잘하는 것이 매우 중요하다.

섭생, 즉 병에 걸리지 않거나 완화하기 위해 건강을 관리하는 일에서 가장 중요한 것은 주거 환경이다. 자신의 몸 상태와 주거 환경의 궁합이 맞느냐, 맞지 않느냐에 따라 건강이 좌우되는 까닭이다. 그다음이 음식이다. 자신의 몸에 맞는 음식과 맞지 않는 음식을 가려서 먹는 것이 건강을 지키는 요체인 셈이다. 세 번째는 생활 습관이다. 건강이 약한 사람일수록 규칙적인 생활 습관을 가져야 한다. 말하자면 생체 리듬과 생활 리듬을 일치시켜 자신의 몸에 무리가 가지 않는 생활을 하는 것이 관건인 셈이다. 마지막으로 자신의 몸에 맞는 운동을 선택하는 것이다. 인간은 매일같이 노동을 하는데, 노동만 하고 운동을 하지 않는다면 몸이 경직될 수밖에 없다. 운동은 몸을 부드럽게 만들고 대사순환을 조화롭게 해주는 기능을 한다. 하지만 모든 운동이 모든 사람에게 좋은 것은 아니다. 어떤 운동이 자신에게 맞는 운동인지 알아내서 그것을 매일같이 실시하는 것이 중요하다. 그런데 정말 자신에게 맞는 운동을 발견하지 못한다면 하루에 1시간씩 산책을 하는 것으로 대체해야 할 것이다. 걷는 운동은 모든 운동의 기본이며, 누구에게나 필요하며, 몸을 조화시키고 균형을 유지하는 데 가장 기본이 되는 것이기 때문이다.

신체가 외부 충격에 의해 상해서 생기는 병은 외상이나 골절, 화상, 내장 파열, 피부 손상 등을 일으킨다. 이는 그 부상의 정도에 따라 대처하는 방법밖에 없다. 한의학은 특히 외부 충격에 의해 내장이 파열될 경우 가장 위험한 상태로 판단한다. 한의학은 수술이란 개념이 거의 없고, 수술이라고 해봐야 종기를 짜고 파내는 수준이기 때문에 막상 내장에 파열이 일어나면 손쓸 방법이 없기 때문이다.

하지만 한의학에서도 나름대로 외상에 대처하는 여러 방법이 있었다. 예컨대 사람이 만약 높은 곳에서 떨어졌거나 무거운 것에 깔린 충격으로 상처를 입으면 한의학에선 우선 명치를 만져본다. 명치가 따뜻하면 살릴 수 있고, 차가우면 가망성이 없는 것으로 보기 때문이다. 타박상이 심할 경우엔 약을 쓰는데, 볶지 않은 참깨로 짠 참기름과 청주를 반씩 섞어 끓인 후 식혀서 마신다. 이는 부기를 내리고 통증을 완화시키는 처방이다. 타박상으로 멍이 들었을 땐 흰 겨자씨를 생강과 함께 찧어서 약간 따뜻하게 만든 후 멍에 붙인다. 뼈가 부러지고 힘줄이 끊어진 환자를 만나면 우선 초오산이라는 마취제 성분을 먹인 후 통증을 느끼지 못하게 하고, 다음엔 뼈를 맞춘다. 또 뼈가 부러진 곳의 환부를 일단 침으로 째고 가위로 뼈의 날카로운 부위를 잘라낸다. 그리고 마지막으로 접골약을 뼈에 빠르고 고약으로 상처를 감싼 후 일정 기간 움직이지 못하게 하는 처방을 내림으로써 치료를 끝낸다. 곤장을 맞거나 매를 맞아 몸이 상했을 땐 청주와 물을 반씩 섞어 따뜻하게 데워 마시게 하고, 상처 부위에는 소금물을 넣고 끓인 두부를 붙인다. 이후 두부가 자주색으로 변하면 다시 갈아 붙이기를 반복하여 장독을 뺀다. 과거 조선 시대에는 곤장을 맞을 때 통증을 덜 느끼기 위해 기장산이라는 약을 먹기도 했다. 기장산은 벌꿀을 뜨거운 물에 녹여서 채취한 황랍을 가공하여 만든 백랍을 잘게 썰어 사발에 넣고 술을 부은 후 거품이 날 때까지 저어 만든 것이다. 곤장이나 매를 맞았을 때 가장 많이 쓰던 약재는 말똥이나 나귀 똥, 엿, 무였다. 말똥이나 나귀 똥을 쓸 땐, 방금 눈 똥을 뜨겁게 데워 천으로 싼 후 상처 부위를 찜질하여 덧나는 것을 예방했다. 동시에 엿을 달여서 술에 타 마셔 설사를 통하여 어혈을 빼내야 한다. 그리고 겉은 멀쩡한데 살 속이 상했을 경우엔 무를 찧어 상처에 붙이기도 했다.

외상에 대한 한의학의 처방을 일일이 쓰자면 끝도 없을 것이다. 그래도 동물에 물린 상처를 치료하는 것에 대해 몇 가지만 소개한다. 조선 시대엔 광견병에 걸린 환자는 대부분 죽었는데, 그래도 약으로 살리는 경우도 있었다. 이때 처방은 빨리 개에게 물린 상처 부위에 침을 꽂아 나쁜 피를 뽑아내고 호두 껍데기를 환부에 올려놓고 그 위에 뜸을 100장이나 뜨는 방법을 썼다. 뱀에게 물렸을 땐 일명 오령지라고 부르는 날다람쥐 똥과 석웅황 가루를 술에 타서 마시고, 남은 가루는 상처에 바르는 방법을 썼다. 벌에게 쏘이면 제비쑥을 씹거나 박하 잎을 비벼서 붙인다. 심하게 쏘여 상태가 심각하면 벌집을 돼지기름에 개어 붙인 후 토란 줄기로 문지른다.

독에 중독되었을 때 취하는 치료법을 몇 가지 소개하자면 우선 독버섯을 잘못 먹었을 경우, 참기름에 감초를 넣고 끓인 후 식혀서 마시면 해독이 된다. 복어 독에 중독되었을 경우, 십중팔구는 죽겠지만, 이에 대한 처방으로 갈대 뿌리를 찧어서 만든 즙을 마시거나 백반을 가루 내어 뜨거운 물에 타서 먹는다. 부자를 잘못 먹어 중독되었을 경우엔 녹두와 검은콩을 달여 먹거나 감초와 검은콩을 진하게 달여 마신다.

탕약은 어떻게 만들어지는가?

가장 많은 양을 차지하는 잡병 편이 끝나면 탕액 편이 시작된다. 탕액湯液 이란 약재를 달여서 짠 액체를 의미하며, 대부분의 약재는 탕액의 과정을 거쳐야만 약으로 쓸 수 있다. 그래서 탕액을 탕약 또는 탕제라고도 하는 것이다.

탕액을 만들기 위해서는 우선 약재를 알아야 한다. 약재는 풀과 나무 외에도 흙, 돌, 새, 짐승, 보석 등 16종류가 있다. 그런데 대부분 풀과 나무를 이용하므로 한약의 약재를 본초本草라고 부르기도 한다.

약초는 같은 약재라도 채취 시기에 따라 약효가 달라지기 때문에 채취 시기를 매우 중시한다. 또한 같은 약초라도 자란 지역과 환경에 따라 약효가 달라지기 때문에 약초의 배출지도 매우 중요하다. 산지의 기후와 풍토에 따라 성분이 달라지는 까닭이다. 그래서 좋은 약재는 배출지와 함께 부르는 경우가 많다. 이를테면 무주 천궁, 전주 생강, 보은 택사와 대추, 이천 강활, 무산 황기, 수원 반하, 여주와 구례 산수유, 장성 비자, 진도 구기자, 남해 치자, 안동 황금, 칠곡 향부자, 개성 인삼, 밀양 맥문동과 백출, 제주 금은화 등이 대표적인 사례다.

약재로 쓰이는 약초의 수도 엄청나다. 대개 중국에서는 5,000여 종의 동물과 식물을 약재로 쓴다. 그러나 조선에서는 500여 종의 동물과

식물을 약재로 썼고, 그중에 조선 땅에서 생산되는 약재는 100여 종에 불과했기 때문에 나머지는 중국이나 일본에서 수입하여 썼다. 중국에서 수입한 약재 앞에는 당목향, 당후박, 당조각같이 당唐을 붙인다. 그리고 일본에서 수입한 약재 앞에는 왜황령, 일산약, 일천궁같이 왜나 일을 붙인다. 중국은 땅이 크기 때문에 중국 약재 앞에는 다시 산지 명칭을 붙인다. 천川패모라고 하면 사천성의 패모라는 뜻이다. 그리고 건을 붙이면 복건성, 광을 붙이면 광서성, 충을 붙이면 타이완, 길을 붙이면 길림성 등이다. 양洋을 앞에 붙이는 경우도 있는데, 이는 베트남에서 생산된 것이 중국을 거쳐서 온 것을 말한다.

약초를 약재로 쓰기 위해서는 건조 과정을 거친다. 건조하지 않으면 오래 보관할 수 없어 썩어버리는 까닭이다. 약초를 건조할 땐 대개 태양과 바람을 이용한다. 이때 햇볕에 말리는 양건이 있고, 그늘에서 말리는 음건이 있다. 이 외에도 불을 이용해서 말리는 화건이 있다. 이것은 주로 동물의 고기를 말릴 때 사용된다.

약초는 건조된 후 법제法製의 과정을 거친다. 법제란 건조된 약초를 약재로 쓰기 위해 변화시키는 것을 말한다. 법제의 기본은 잘게 자르는 것이다. 자르는 도구는 칼이나 약용 작두다. 그러나 반드시 모든 약재를 썰어서 쓰는 것만은 아니다. 절구에 넣고 빻거나 망치로 부수어서 쓰는 것들도 있다. 그런데 한약은 적게는 몇 가지에서 많게는 수십 가지의 약재가 함께 처방된 것이다. 때문에 가루를 내서 달여야 할 것이 있고, 절단을 해서 달여야 할 것이 있다. 또 한 첩에 들어가는 양도 중요하며, 달이는 시간과 농도도 중요하다. 여기에는 매우 전문적인 능력이 필요하기 때문에 오랜 경험과 지식을 갖춰야 한다.

탕액이란 단순히 약재를 달이는 것만으로 만들어지는 것이 아니다. 절단한 약재의 효과를 강화하기 위해서는 여러 가지 화학적 방법을 병행한다. 머리나 얼굴, 손끝이 피부병에 걸린 경우엔 약재를 술에 넣었다가 볶은 후에 달이기도 하고, 질병이 목구멍 아래에서 가슴이나 등에 있을 경우엔 술에 담그거나 적셔서 말린 후에 쓴다. 그러나 병이 배나 다리에 있을 때는 그냥 쓴다. 약의 기운을 폐로 보낼 때엔 약재에 꿀을 넣고 쓰고, 비장으로 보낼 땐 생강즙을 함께 쓰고, 신장으로 보낼 때엔 소금을 쓰며, 간장으로 보낼 땐 식초를 쓰고, 심장으로 보낼 땐 소아의 소변에 담갔다가 쓴다. 이러한 법제 방법을 사용하기 위해서는 오랜 경험의 축적이 필수적이다.

이렇게 법제 과정이 끝나면 병증에 따라 약재를 선정하여 적당한 비율로 배합해야 한다. 말하자면 약을 처방하는 것인데, 처방전을 내리는 것은 의사만이 할 수 있는 일이다. 처방이 떨어지면 처방받은 약재를 달여야 탕액, 즉 탕약이 된다. 하지만 달이는 것도 만만치 않다.

약을 달이는 사람은 우선 믿을 수 있는 사람이어야 한다. 아주 신뢰할 수 있는 한 사람에게만 맡겨야 하고, 그 사람은 환자의 회복을 극진히 바라는 사람인 것이 가장 좋다.

탕약은 불과 물, 그리고 약탕기의 조화 속에서 달여지는 것이다. 그러므로 바람의 세기와 불의 상태, 그리고 달이는 사람의 성실성이 결합되어야 한다. 약을 달일 때 새로운 약탕기를 쓰거나 기존의 것을 쓰려면 깨끗하게 씻어야 한다. 처방에 따라 달이는 물도 구별해야 하고, 물이 오염되지 않도록 매우 주의해야 한다. 또 처방마다 약을 달이는 시간이 다르므로 약을 달이는 시간을 준수해야 한다. 그리고 약이 달여지면 사기그릇에 깨끗한 삼베를 걸쳐놓고 달인 약을 부은 후 나무 막대나 쇠막대를 이용하여 꼭 짜야 한다. 이때 힘을 너무 많이 주면 약재가 부서져 탕액과 함께 흘러나오므로 맛이 탁해질 우려가 있다. 또 너무 약하게 짜면 탕액이 충분히 짜이지 않으므로 복용량이 줄어들게 된다. 때문에 요령을 배워 짜는 것이 현명하다.

약의 복용 시간은 대개 식사 시간을 기준으로 이뤄지지만 질병에 따라 차이가 있기 때문에 의사의 지시에 따라야 한다. 또 한약을 먹을 땐 먹지 말아야 하는 음식들이 있는 만큼 반드시 유념하여 음식을 가려서 먹어야 한다.

한약은 처방하는 의사의 정성과 약을 달이는 사람의 정성과 약을 복용하는 사람의 정성이 합쳐져야 효과를 얻을 수 있다. 이렇듯 한의학은 사람의 정성을 기반으로 형성된 의학인 것이다.

침과 뜸으로 사람을 치료하는 법

서양 사람들이 한의학에서 가장 신기하게 생각하는 것이 바로 침구鍼灸, 즉 침과 뜸이다. 도대체 어떤 원리로 침과 뜸을 통해 병을 낫게 할 수 있는지 신기할 따름이기 때문이다. 필자 역시 그들과 다름없이 침과 뜸의 신묘함은 그야말로 신비하다는 표현밖에 달리 다른 말을 할 수가 없다. 하지만 사람의 병에 대해 다시 생각해보면 이해하지 못할 것도 아니다. 사람이 건강하다는 것은 균형을 유지하는 것이 첫째요, 태어난 대로 사는 것이 둘째요, 부족한 부분을 보완하는 것이 셋째다. 침과 뜸의 역할은 이 3가지 중 하나를 이루게 하는 의술이다.

침술은 막힌 정기를 통하게 해서 질병을 치료하는 의술이다. 그렇다면 정기가 막힌 것이 비정상이고 정기가 뚫린 것이 정상이라는 것이다. 대다수의 사람들은 태어날 때 정기가 원활하게 순환한다. 그런데 어떤 이유로 정기가 막히면 병이 드는 것이다. 침술은 그 막힌 곳을 원래 상태로 되돌려놓음으로써 병을 치료한다. 이렇게 볼 때 침의 원리는 매우 간단하다. 하지만 문제는 침으로 어디를 찔러야 하는가 하는 것이다. 병이 났다고 아무 데나 막 침으로 찔러 낫게 할 수 있다면 굳이 의사가 필요하지도 않을 것이다. 우스갯소리로 어딜 찔러야 할지 모르니 모내기하듯이 막 찌르는 이른바 '모내기 침법'으로는 환자를 고칠 수 없다는 말이다.

여기서 등장하는 것이 경맥經脈과 경혈經穴이다. 경맥이란 인간의 몸에 흘러 다니는 정기의 길이라 할 수 있다. 그리고 경혈은 그 길을 이어주는 역참에 비유할 수 있다. 임금이 명령을 내려 파발을 띄웠는데, 그 파발마가 달리는 길이 경맥이라면, 새로운 말을 얻어 탈 수 있는 역참이 곧 경혈이다. 만약 역참에 갈아탈 말이 없다면 파발마는 달리다가 지쳐 제대로 움직이지 못하게 될 것이고, 화급을 다투는 파발은 결국 제시간에 목적지에 도달하지 못하게 될 것이다. 침이란 그렇게 파발마가 지쳐서 제대로 움직이지 못하게 될 때 역참에서 새로운 말을 제공하는 역할을 하는 것이다. 그렇다면 침은 어디다 찔러야 할 것인가? 당연히 경혈에 찔러야 하지 않겠는가?

경맥과 경혈 외에도 경락經絡이라는 것도 있다. 경맥이 고속도로라면 경락은 국도와 지방도라고 할 수 있다. 인체에는 12개의 경맥이 있는데, 이 경맥 사이를 이어주는 역할을 하는 경락은 우리 몸에 23개가 있다. 경락은 크게 두 분야로 나눠지는데 하나는 경맥과 경맥 사이를 연결해주는 국도 성격의 십오락맥十五絡脈이며, 다른 하나는 비상시에만 사용되는 지방도 성격의 기경팔맥奇經八脈이다.

경맥과 경락에는 365개의 경혈이 있다. 365개의 경혈이 있다고 확정할 수는 없다. 다만 이 정도 숫자가 있다고 설정한 것이다. 이 경혈이 막히면 병이 생긴다. 침은 이럴 경우 경혈을 찔러 막힌 길을 뚫는 역할을 한다. 하지만 침술의 달인이 아닌 한 어떤 경혈이 막혔는지 알 수 없다. 또 병증을 보고 어떤 경혈이 막혀서 생긴 병인지도 알 수 없다. 따라서 침술을 익히지 않고는 함부로 침을 찔러서는 안 된다. 오히려 침을 잘못 찔러 멀쩡한 곳을 상하게 할 수 있기 때문이다. 거기다 침의 종류도 다양하다. 또 찔러야 하는 곳뿐 아니라 얼마 정도의 깊이로 얼마 동안 찔러야 하는지도 중요하다. 그리고 동시에 몇 군데나 찔러야 하는지 그 강도는 얼마나 되어야 하고, 침의 종류는 무엇이어야 하는지도 알아야 한다. 엄청난 수련과 연습, 경험이 바탕 되지 않고는 도저히 시도할 수 없는 일이다.

사실, 침술은 동양의학에서 여전히 현대에도 사용하고 있지만, 언제 누가 어떤 경과를 거쳐 이 비법을 만들어냈는지 정확하게 알지 못한다. 침을 사용한 역사는 무려 5,000년을 넘었고, 그에 대한 설도 분분하기 때문이다.

침으로 환자를 치료할 때는 우선 4가지를 주의해야 한다. 첫째는 환자가 침을 맞을 수 있는 상태인가 확인하는 것이다. 둘째는 침을 놓기에 적당한 환경인가 판단하는 것이다. 셋째는 어떤 침을 선택할 것인지 결정하는 것이고, 네 번째는 침을 놓을 자리, 즉 경혈을 정하는 것이다.

현재까지 전해지는 침의 종류는 9가지다. 그래서 흔히 침술을 구침지의九鍼之醫라고도 한다. 머리에서 열이 날 때는 침 끝이 가장 예리한 참침을 쓰고, 근육 사이에 병이 있을 땐 끝이 둥근 원침, 몸이 허약하면 가시처럼 생긴 시침, 나쁜 피를 뽑아낼 땐 창날 같은 봉침, 종기를 째고 고름을 뺄 때는 칼처럼 생긴 피침, 근육이 저릴 때는 가는 털처럼 생긴 원리침, 경락의 기를 조절할 때는 가는 바늘처럼 생긴 호침, 몸속 깊은 곳에 병이 있을 때는 기다란 장침, 관절염이나 복수가 있을 때는 못처럼 생긴 대침을 쓴다.

침을 찌르는 자리도 한국은 중국이나 일본과 다르다. 중국이나 일본은 아픈 곳에 직접 침을 놓지만, 한국은 아픈 곳의 반대쪽에 침을 놓는다. 예컨대 오른 무릎이 아프면 왼쪽 팔에 침을 놓거나 왼쪽 머리가 아프면 오른쪽 새끼발가락에 침을 놓는다.

경혈의 위치를 정할 땐, 골도법骨度法이란 측정 방법을 사용한다. 사람마다 키가 다르기 때문에 혈과 혈 사이의 길이가 다르다. 그래서 환자의 오른손 가운뎃손가락의 중간 마디를 1치로 잡고 경혈의 위치를 찾는다. 경혈의 위치를 결정할 때 기준점은 쉽게 찾을 수 있는 뼈마디다. 그래서 골도법이라고 하는 것이다. 예컨대 위장병에 효과가 있는 경혈인 족삼리는 무릎에서 발바닥으로 3치 내려간 곳에 있다. 월경통의 특효혈인 삼음교란 경혈은 발목 안쪽 복숭아뼈에서 위로 3치 올라간 곳에 있다.

경혈이 선정되면 침을 놓는데, 경혈의 크기는 대개 좁쌀 크기 정도이기 때문에 환자가 침을 맞은 채 많이 움직이면 안 된다. 침을 놓는 과정에서는 대개 경혈을 손으로 꾹꾹 누른 뒤에 찌르는 기술을 보법이라고 하고, 환자가 숨을 내쉴 때 또는 침을 돌려가며 뽑는 것을 사법이라고 한다. 이를 합쳐 보사법補瀉法이라고 하는데, 병증에 따라 보법을 쓰기도 하고 사법을 쓰기도 한다.

이런 침술은 대개 구술灸術을 동반한다. 구술이란 곧 뜸으로 환자를 치료하는 방법을 말한다. 뜸이란 경혈에다 뜨거운 쑥을 올려 치료하는 의술이다. 이는 쑥의 약효와 열의 약효를 이용한 것이다. 대개 몸이 약해지면 경혈이 차가워져서 막히게 되는데, 뜸은 차가워진 경혈을 따뜻하게 만들어 원상태로 되돌려놓는 원리를 이용한 치료법이다.

《동의보감》은 침과 뜸을 함께 사용하지 말라고 쓰고 있는데, 반드시 그런 것은 아니다. 병증에 따라 침과 뜸을 동시에 써야 할 필요도 있는 것이다.

교양서로서도 손색없는 《동의보감》

《동의보감》은 본질적으로 의학 전문 서적이다. 하지만 의학이라는 것에도 인간이 기본적으로 갖춰야 하는 교양에 해당하는 부분이 있는 법이다. 의학이란 본질적으로 자기 건강관리를 위해서 있는 것이다. 또한 건강이라는 것도 개인의 몸 상황에 따라 관리 방법이 달라야 한다. 《동의보감》은 이런 의미에서는 의학 전문 서적의 차원을 뛰어넘는 면이 있다. 건강 유지에서 가장 중요한 것은 병을 예방하는 것이며, 병을 예방하기 위해 가장 중요한 것은 자신의 생활 습관과 음식 관리다. 거기에 운동을 보탠다면 금상첨화일 것이다. 그럼에도 불구하고 인간은 곧잘 병에 걸린다. 그 병 중에는 약으로 해결되는 것도 있지만, 생활 습관을 개선하는 것으로 해결할 수 있는 것이 더 많다. 또 자신이 무엇을 먹어야 하고 무엇을 먹지 말아야 하는지도 관건이다. 《동의보감》은 병증을 해결하는 것 외에도 그런 요소를 일목요연하게 잘 설명한 책이다.

책이란 본질적으로 인간에게 유용한 도구로 사용될 때 가장 의미 있는 물건이 된다. 말하자면 책도 문제 해결의 도구인 것이다. 그 문제가 정신적인 것이든 물질적인 것이든 마찬가지다. 우리가 물질적 문제로 인해 고통받고 있다고 생각하는 일도 대부분 정신적인 문제와 연결되어 있다. 우리가 타인에 의해 발생한 문제라고 생각하는 것도 자세히 따져보면 자신의 문제와 밀접하게 관계되어 있다. 우리가 밖으로부터 발생했다고 생각하는 병증도 우리 내부의 문제에서 비롯된 것일 때가 더 많고, 우리가 내부로부터 생겨난 병증이라고 여기는 것도 외부의 영향이나 자신의 외부적인 행동에 의한 것일 때도 많다. 또 우리가 병이라고 생각하는 것도 때론 병이 아니라 자신의 삶을 바꿔줄 기회나 선물일 때도 있다. 우리가 병이 아니라고 생각하는 것도 때론 병으로부터 비롯된 것도 많다. 의사도 아닌 일반인이 《동의보감》같이 매우 전문적인 영역을 다룬 서적으로 보이는 것을 읽는 것은 자신의 편견이나 그릇된 인식 또는 잘못된 습관이나 병적인 행동 방식을 변화시킬 수 있는 계기가 될 수 있다.

19세기 산업화 이전의 지식인은 대다수가 총체적인 지식을 가진 인간이었다. 하지만 산업화가 분업화를 부추기고, 그 분업화가 전문성을 강화하여 전문성 위주의 분업 사회가 고착화되면서 인간의 지식도 분업화에 매몰되었다. 그것은 곧 총체적 지식인을 사라지게 만들었고, 의학은 더욱 전문화되어 일반인과 괴리되었다. 그런 까닭에 건강에 관한 모든 것은 의사가 알고 있는 것처럼 되어버렸다. 하지만 의사가 알고 있고 해결할 수 있는 것은 매우 일반적이고 기계적인 시스템뿐이다. 개인만이 가지고 있는 병적인 영역은 결코 의사가 해결할 수 있는 것이 아니다. 의사에겐 매우 사소하고 대수롭지 않은 증상이라도 개인에게는 엄청난 고통이자 생활 전반을 좌우하는 것이 될 수 있다. 이는 마치 판사에게는 대수롭지 않은 아주 작고 미미한 사건일지라도 개인에게는 매우 중요하고 인생을 걸어야 할 일인 경우와 다르지 않다.

《동의보감》은 인간이 총체적인 지식을 추구하던 시절에 만들어진 의학 서적이다. 그런 까닭에 우리의 몸을 총체적으로 판단한다. 머리가 아프다고 머리에만 문제가 있는 것이 아니고 눈이 아프다고 눈에만 문제가 있는 것이 아니다. 그 원인은 오히려 전혀 다른 곳에서 시작된 경우가 대부분이다. 하지만 오늘날의 의사는 매우 전문적임에도 그 전문성 때문에 매우 부분적인 판단을 하기 십상이다. 그러한 의사의 판단은 환자를 더 심한 고통 속으로 몰아갈 여지가 충분하다. 그럴 때 환자는 어떻게 해야 할까? 의사가 아니고서는 누구에게서도 자신의 몸에 대한 정보를 얻어내지 못해야 하는 걸까?《동의보감》은 그런 의문이 드는 사람에게 매우 유용한 책이다. 현대의 전문적인 분업 의사의 한계를 보완하는 기능을 잘 갖추고 있다는 것이다. 필자는 이 책을 읽고 비록 모든 것을 기억하지도 못하고, 또 그 모든 것을 내 몸에 대입하지도 못하지만 적어도 분업 의사들의 전문성을 받아들이면서 동시에 그들의 부족한 면을 보완할 수 있는 길이 있다는 사실은 알게 되었다. 그런 까닭에《동의보감》을 꽤 괜찮은 교양서로 보아도 되지 않을까 싶다.

허준의 스승들

허준은 양천 허씨 족보에는 명종 원년인 1546년에 태어난 것으로 기록되어 있지만 사서에는 중종 34년인 1539년에 태어난 것으로 기록되어 있다. 따라서 1539년을 허준의 태생년으로 보는 것이 맞을 것이다. 그의 조부 허곤은 무과에 급제한 무인이었고, 아버지 허론은 평안도 용천 부사를 지냈다. 허론은 손희조의 딸과 결혼하였지만 첩에게서 먼저 아들을 얻었으니 허옥과 허준이었다. 그리고 본처 손부인이 그 이후에 아들을 낳으니 허징이었다.

이렇듯 허론의 서자로 태어난 허준은 의학을 공부하여 30대에 이미 명성을 얻었다.《조선왕조실록》에서 그의 이름이 처음 등장한 것은 선조 8년 2월 15일의 다음 기사다.

"명의 안광익과 허준이 들어가서 상上(선조)의 맥을 진찰하고는 상이 전에 비해 더 수척하고 비위의 맥이 매우 약하다고 하였다. 또 번열이 많아 찬 음식 드시기를 좋아하고 문을 열어놓고 바람을 들어오게 한다고 하였다."

이 기록에서는 허준을 '명의'라고 표현하고 관직을 쓰지 않았다. 이는 당시 허준이 관직이 없었음을 의미한다. 그런데 선조 20년 12월 9일의 기사에는 양예수, 안덕수, 이인상, 김윤헌, 이공기, 남응명 등과 더불어 '어의'로 불리고 있다. 선조 8년(1575년)에는 명의로 불리다가 12년 후인 선조 20년(1587년)에는 어의의 반열에 올라 있었다. 이는 허준이 명의로 이름을 날리다가 내의원에 발탁되어 벼슬을 받았고, 불과 12년 만에 어의의 반열에 올랐다는 뜻이다. 그만큼 허준의 의술이 뛰어났다는 의미다. 양천 허씨 족보에는 허준이 1574년에 의과에 급제하고 벼슬을 얻었다는 기록이 있지만 사서에서는 사실 여부가 확인되지 않는다. 또 1575년 입궐 당시 '명의'라고 칭한 것을 볼 때 벼슬이 없었던 것은 분명하다. 유희춘이 쓴《미암일기초》에는 허준의 의술을 신뢰하던 유희춘이 이조판서 홍담에게 건의해서 내의원에 들어가도록 했다는 기록이 있다. 그러나 1575년 입궐 당시 관직을 받지 못했던 것을 보면 내의원의 임시 의원 정도로 쓰였을 것이다. 만약 벼슬을 받았다면 1575년에 '명의'라고만 기록되지는 않았을 것이기 때문이다.

어쨌든 허준은 명의로 이름을 날리다 어의가 되었다. 그런데 허준 이전엔 집안에서 의원이 된 사람은 없었다. 허준의 형 허옥은 궁궐에서 말을 돌보는 관청인 사복시의 말단 관원을 지냈고, 이복동생이자 적자 허징은 과거에 급제하여 외교문서를 담당하는 승문원 관원을 거쳐 당상관에 오른 인물이다. 유일하게 허준만 의관이 된 것이다.

허준이 서른일곱 살에 이미 명의라는 소리를 듣고 궁궐로 불려가 왕을 보살필 정도였다면, 그는 적어도 스무 살을 전후하여 의술을 배웠을 것으로 보인다. 하지만 누구에게 의술을 배웠는지는 정확한 기록이 없다.

일설에는 어의 양예수가 그의 스승이라는 말도 있다. 양예수는 명종 대부터 어의로 이름을 날린 명의였다. 하지만 그는 명종 시절에 순회세자의 병을 고치지 못해 죽게 만든 죄를 쓰고 감옥에 갇힌 일도 있었다. 그러나 명종은 그를 다시 불러 어의로 삼았고, 선조 때는 어의 중에서 가장 높은 태의의 자리에 올랐다. 1587년에 허준이 어의의 대열에 끼게 되었을 때, 양예수는 이미 태의 자리에 있었다. 선조가《동의보감》을 편찬하도록 지시했을 때도 양예수가 그 책임을 맡았다. 하지만 그는 임진왜란이 진행되고 있던 1597년에 사망했기 때문에 선조는 허준에게《동의보감》집필을 명령했던 것이다. 양예수가 참여하여 편찬한 대표적인 책은《의림촬요》다.《의림촬요》는 중국의 명의들을 소개하고 끝자락에 조선의 명의로 양예수와 허준을 소개하고 있다. 이 책은 양예수가 편찬한 것으로 되어 있는데, 허준은《동의보감》에서 내의 정경선이 편찬하고 양예수가 교정을 보았다고 기록하고 있다.《의림촬요》속에 조선의 명의를 소개하면서 양예수와 허준을 소개한 것을 볼 때, 정경선이 편찬한 것이 맞는 것으로 보인다. 만약 양예수가 편찬했다면 자신과 자신의 후배인 허준을 명의로 소개하지 않았을 것이기 때문이다.

허준의 스승으로 거론되는 또 다른 인물은《동의보감》편찬 초기에 동참했던 정작이다. 정렴은 의관이 아니라 양반 출신의 유의儒醫였다. 정작은 북창 정렴의 동생으로 학문이 뛰어나고 의술에도 일가견이 있는 인물이었다. 유재건의《이향견문록》에는 허준에 대해 '어려서부터 배우기를 좋아해 경전과 역사서에 통달했고, 특히 의학에 정통했다'고 쓰고 있다. 이는 허준이 단순히 의학만 공부한 인물이 아니었다는 점에서 정작의 제자였을 가능성을 높여준다. 정작은 허준보다 여섯 살 위였는데, 그의 아버지는 정순붕이었다. 정순붕은 명종 시절에 이기, 윤원형 등에게 아부하여 우의정에 올라 권세를 누렸기 때문에 세간에서는 명종 시대의 3대 원흉 중 한 사람으로 지목받은 인물이다. 하지만 그의 아들들인 정렴과 정작은 학문이 깊어 명성을 얻었다. 정렴은 정북창으로 더 알려진 인물로 유학, 천문, 지리, 의학, 음악, 역학, 중국어에 이르기까지 두루 능통하였고,《정북창방》이라는 의서를 저술하여 의원으로서도 이름을 날렸다. 또한《북창비결》을 저술하기도 했고, 장악원, 관상감, 혜민서 등의 관청에서 근무하였다. 그는 하지만 아버지 정순붕 때문에 포천 현감으로 있다가 관직에서 물러나 의원 생활을 하였다. 정렴의 동생 정작은 형 정렴보다 27년 늦게 태어난 늦둥이다. 그 역시 형 정렴처럼 유학에 정통하고 천문과 지리, 의학에 밝아

유의로 명성을 얻었다. 하지만 그가 허준의 스승이라는 명확한 기록은 없다.

허준의 스승으로 거론되는 또 다른 인물은 유이태인데, 이는 광복 이후 한의학계를 이끌었던 신길구의 《신씨본초학》에 나오는 내용이다. 하지만 유이태는 허준보다 후대의 사람이라 허준의 스승이 될 수는 없다.

이은성이 쓴 《소설 동의보감》에서는 허준의 스승을 유의태라고 기술하고 있다. 유의태는 한의학계 내부에서 전설처럼 전해오는 인물인데, 그에 대한 구체적인 기록은 없다.

사실, 허준뿐 아니라 대부분의 조선 의원들이 누구에게서 의술을 배웠는지 잘 알려지지 않았다. 조선 시대엔 의사를 천시하는 풍조가 있었기 때문에 양반 가문에서는 의관이 되려는 사람이 별로 없었다. 비록 양반으로서 의관이 되면 유의라고 하여 평민이나 중인, 천민 출신들보다 높게 평가했지만 문관에 비할 바는 되지 못했다. 그런 까닭에 의사에 대한 기록이 자세하지 않은 것이다. 《조선왕조실록》에서도 정2품 이상의 벼슬을 한 사람이 죽으면 졸기를 남기는데, 의원 중에 정2품 이상의 벼슬을 받은 사람이라도 졸기를 남기는 예는 없었다. 허준 역시 종1품 숭록대부 벼슬을 받고 양반 중 하나인 동반에 적을 올렸지만 실록에 졸기가 남아 있지 않은 이유도 그가 의관이었기 때문이다.

또 다른 의학 명저

침구학의 최고 의서, 허임의 《침구경험방》

허준 이후로 의술로 명성을 얻은 대표적인 인물은 허임이다. 그는 관노 출신이며, 악공이었던 허억복의 아들이고, 어머니 역시 양반집 종이었다. 그럼에도 그는 뛰어난 의술 덕분에 관노에서 풀려나 의관이 되었고, 여러 차례 지방관 벼슬을 받기도 했다. 그가 뛰어난 분야는 침구, 즉 침과 뜸이었다. 그는 침구술로 선조를 치료한 공으로 벼슬을 얻었고, 광해군은 그의 의술을 높이 평가하여 영평 현령, 양주 목사, 부평 부사, 남양 부사 등에 임명하기도 했다.

　허임에 대한 기록은 《조선왕조실록》 선조와 광해군 대에서 찾을 수 있다. 선조와 광해군은 허임의 침술을 매우 신뢰했는데, 선조 35년 (1602년) 6월 12일의 다음 기록을 통해 그 사실을 확인할 수 있다.

　"모든 의관은 서울에 모여서 상하의 병을 구제하여야 하는데, 의관

김영국·허임·박인령 등은 모두 침을 잘 놓는다고 일세를 울리는 사람들로서 임의로 고향에 물러가 있으나 불러 모을 생각을 하지 않으니 설사 위에서 뜻밖에 침을 쓸 일이라도 있게 되면 어떻게 할 것인가? 내의와 제조 등은 그 직책을 다하였다고 말할 수 있겠는가. 약방에 말하라."

이 말은 당시 선조가 승정원에 내린 비망기의 내용이다. 이 내용으로 볼 때, 당시 허임은 김영국, 박인령과 함께 침술로 이름을 날리던 인물이다. 더구나 이들 중 허임은 악공의 아들로 천민 출신이었다. 그럼에도 김영국, 박인령 등의 의원들과 어깨를 나란히 했다는 것은 그의 침술이 대단했음을 의미한다.

선조 37년(1604년) 9월 23일에 허임은 선조의 두통을 치료한다. 당시 선조는 편두통으로 인해 갑작스럽게 발작을 했는데, 허임을 불러 치료하게 했다. 당시 선조 옆에는 어의 허준도 있었다. 당시 상황을 《선조실록》은 다음과 같이 기록하고 있다.

> 1경 말에 상이 앓아오던 편두통이 갑작스럽게 발작하였으므로 숙직하는 의관에게 전교하여 침을 맞으려 하였는데, 입직하고 있던 승지가 아뢨다.
> "의관들만 단독으로 입시하는 것은 온당치 못하니 입직한 승지 및 사관史官이 함께 입시하는 것이 어떻겠습니까?"
> 그러자 상이 전교했다.
> "침을 맞으려는 것이 아니라 증세를 물으려는 것이니, 승지 등은 입시하지 말라."
> 이에 아뢰기를,
> "허임이 이미 합문에 와 있습니다."
> 그러자 들여보내라고 전교하였다. 2경 3점에 편전으로 들어가 입시하였

다. 상이 일렀다.

"침을 놓는 것이 어떻겠는가?"

그러자 허준이 아뢨다.

"증세가 긴급하니 상례에 구애받을 수는 없습니다. 여러 차례 침을 맞으시는 것이 미안한 일이지만, 침의鍼醫들은 항상 말하기를 '반드시 침을 놓아 열기를 해소시킨 다음에야 통증이 감소된다'고 합니다. 소신은 침놓는 법을 알지 못합니다마는 그들의 말이 이러하기 때문에 아뢰는 것입니다. 허임도 평소에 말하기를 '경맥을 이끌어낸 뒤에 아시혈에 침을 놓을 수 있다'고 했는데, 이 말이 일리가 있는 듯합니다."

상이 병풍을 치라고 명하였는데, 왕세자 및 의관은 방 안에 입시하고 제조以下는 모두 방 밖에 있었다. 남영南嶸이 혈穴을 정하고 허임이 침을 들었다. 상이 침을 맞았다.

허임이 선조를 치료한 시간은 밤 10시쯤이다. 3경이 멀지 않은 아주 늦은 시간이었다. 선조는 편두통이 얼마나 심했던지 마음이 몹시 급했다. 그래서 어떻게 해서든 빨리 침을 맞기 위해 입직 승지에게 거짓말을 하기까지 한다. 입직 승지는 왕의 상태를 기록으로 남기기 위해 사관과 승지가 함께 왕의 침실에 들어가야 한다고 주장한다. 하지만 왕은 병증에 대해서만 물어볼 것이라며 사관과 승지를 들어오지 못하도록 한다. 그런 다음 허임이 들어오자 바로 치료를 받는다. 그리고 이 기록에서 또 하나 알 수 있는 사실은 명의로 이름을 떨치며 어의에 올라 있던 허준이 침술엔 밝지 않았다는 점이다. 선조에게 침을 꽂은 사람은 허임이었던 것이다. 그만큼 침술에 있어서만큼은 《동의보감》의 저자 허준조차도 허임을 알아줬다는 것을 알 수 있다.

이날 편두통을 치료한 공로로 선조는 허임의 작위를 특진시켰다. 어의 허준도 말 한 필을 하사받았다. 하지만 허임의 관작이 올라간 것에 대해 당시의 사관은 이런 비판을 하고 있다.

"관작은 세상 사람들을 독려하려는 것이 목적인데, 허임과 남영은 6, 7품의 관원으로서 하찮은 수고를 한 것 덕분에 갑자기 당상으로 승진하였으니, 관작의 참람됨이 이때에 극에 달했다."

이때 허임은 종6품 의관직에 있었다. 그런데 갑자기 통정대부의 작위를 받았다. 통정대부는 정3품 상계 작위다. 정3품에는 상계와 하계의 작위가 있었는데, 하계는 통훈대부였고 상계는 통정대부였다. 말하자면 흔히 말하는 당상관 작위를 받은 것이다. 그것도 무반이 아닌 문반 작위였다. 이 때문에 사헌부 장령 최동식이 이를 잘못된 것이라며 개정할 것을 주청했다. 하지만 선조는 받아들이지 않았다. 환자의 입장에선 자신의 병을 고쳐준 의원만큼 고마운 존재가 없었기 때문이다.

허임을 총애한 임금이 선조만은 아니었다. 광해군도 허임의 의술을 높이 평가하고, 그에게 마전 군수 자리를 주었다. 마전군은 지금의 경기도 연천 지역에 있던 지명이다. 광해군은 허임이 벼슬이 없어 경제적으로 힘든 상황이라는 소리를 듣고 군수 자리를 내준 것이다. 그러자 사헌부에서 허임의 군수직을 파직할 것을 강력히 요청했다. 한갓 의관을 지낸 사람에게 지방관 자리를 내주는 것이 부당하다는 것이었다. 가히 틀린 요청이 아니었지만 광해군은 이렇게 대답한다.

"허임은 이미 동반의 직을 역임하여 벼슬길을 터주었으니 문벌을 말할 것 없다. 한번 그에게 시켜보는 것도 무방할 듯하니 번거롭게 논하지 말라."

하지만 사헌부는 끊임없이 허임의 지방관 임명을 거둬달라고 요청했다. 하지만 광해군도 완강했다.

"허임은 공로가 있을 뿐만 아니라, 그의 재주가 쓸 만하다. 그리고 그는 어미와 함께 사는데 궁핍하여 생활할 수 없는 처지다. 따라서 잔 폐(쇠잔하여 거의 없어짐)된 고을에 수령으로 보내는 것도 공로를 보답하고 권장하는 뜻에서 나온 것이니, 번거롭게 논집하지 말라."

그러나 사간원까지 가세하여 허임의 지방관 임명을 비판하자, 광해 군도 하는 수 없이 그의 군수 직위를 파면했다. 이후 이렇게 명령했다.

"전 군수 허임에 대해서 실 첨지實僉知의 빈자리가 나기를 기다려 제수하고 그 전에 우선 그 품계에 준하여 녹을 주어서 그로 하여금 어 미를 봉양하며 연명할 수 있도록 하라."

그때 허임은 나주에서 어머니를 모시고 살았다. 그래서 조정에서 한양으로 불러도 올라오지 않았다. 그 때문에 국문을 받을 처지가 되 었다. 그러나 광해군은 이렇게 말했다.

"허임은 이미 추고하였으니, 잡아다 국문을 할 것까지야 있겠는가."

그러나 사헌부와 사간원은 여전히 허임을 잡아다 국문을 해야 한 다고 주장했다. 이에 광해군은 이런 비답을 내렸다.

"허임은 전부터 몸에 중병이 있는 자이니, 진작 올라오지 못한 것 은 필시 이유가 있을 것이다. 추고하여 실정을 알아내고서 처치하여도 늦지 않다. 더구나 곧 침을 맞고자 하니, 용서해줄 만하다."

이후에 광해군은 여러 차례 허임을 불러 침을 맞고, 그에 대한 보답 으로 3등 공신에 녹훈하기도 했다. 이후 허임을 다시 영평 현령으로 임 명하였다. 영평현은 지금의 포천 지역에 있던 현이었다. 그 뒤, 광해군 은 허임을 양주 목사로 임명했다. 이후 이에 대한 비판이 일자, 부평 부 사로 벼슬을 낮췄다. 그리고 몸이 좋지 않을 때마다 그를 불러 침을 맞았다.

　이렇듯 선조와 광해군이 그토록 신임하던 의원 허임이 남긴 대표적인 책으로는 《침구경험방》과 《동의문견방》이 있다. 그런데 《동의문견방》은 책명만 전하고 책은 남아 있지 않다. 다만 이석간과 채득기 등이 편찬한 《사의경험방》에 인용된 일부 내용만 전할 뿐이다.

　《침구경험방》은 《동의보감》의 침구 편을 보완할 수 있는 책이라고 할 정도로 침구 시술에 대해서는 최고의 의서라고 할 만하다. 허임이 자신의 경험을 중심으로 침과 뜸에 이용되는 경락과 경혈을 잘 정리해 놓았는데, 그중에서도 침과 뜸의 보사법에 대해서는 독보적인 분야를 개척한 책이라고 평가받는다. 보사법이란 보법과 사법을 합쳐서 부르는 용어인데, 보법이란 정기를 보충하는 방법을 일컫고, 사법이란 사기邪氣, 즉 나쁜 기운을 제거하는 방법을 일컫는다. 일반적으로 침은 사기를 제거하는 사법으로 이용되고, 뜸은 정기를 보충하는 보법으로 이용된다. 하지만 침술과 뜸에서도 보법과 사법이 각각 있다. 침술에서는 침을 진동시키는 동요술, 넣었다 뺐다 하는 진퇴술, 침을 돌리는 회전술 등으로 보사법을 행한다. 뜸에서는 애주(쑥 뭉치)의 크기를 길고 작게 하여 보법으로 삼고, 애주의 크기를 짧고 넓게 하여 사법으로 삼는다. 허임은 《침구경험방》에서 이러한 침구의 보사법을 매우 상세하게 기록하고 있어 현대에 와서도 큰 도움이 되고 있다.

이제마의 《동의수세보원》

허준의 《동의보감》, 허임의 《침구경험방》과 함께 한의학에 가장 많은 영향을 끼친 3대 의서 중 하나를 꼽으라면 동무 이제마의《동의수세보원》을 빠트릴 수 없다. 이제마는 헌종 대인 1837년에 함흥에서 태어나 고종 시절인 1839년에 무과에 급제하여 관직에 오른 인물이다. 이후 진해 현감과 병마절도사를 겸하기도 하며 관직 생활을 하였고, 1889년에 관직에서 물러난 뒤에 의학에 몰두하여《동의수세보원》을 집필하였다.

《동의수세보원》의 집필 기간은 1893년 7월 13일부터 1894년 4월 13일까지 9개월간이었다. 당시 그는 지금의 서울 중구 필동에 소재하였던 이원긍의 한남산중漢南山中이라는 택호를 달고 있는 집에 머물며 집필한 것으로 알려져 있다.

《동의수세보원》 집필 이후, 그는 고향 함흥으로 돌아가 있다가 다시 고원 군수로 임명되었으나 부임하지 않았다. 그리고 1898년부터 함흥에서 한약국인 보원국을 운영하다 1900년 9월에 64세로 생을 마감했다.

이제마의 가장 큰 업적은《동의수세보원》을 통해 사상의학을 창시한 것이었다.《동의수세보원》의 '동의東醫'는 중국 의학이 아닌 조선의 의학을 의미하고 '수세壽世'는 사람의 수명을 연장시킨다는 뜻이며, '보원保元'은 세상 모든 것의 중심인 도를 보전한다는 뜻이다.

이 책에서 이제마는 사람의 체질을 소양, 태양, 소음, 태음으로 나누고, 타고난 체질에 따라 치료법을 달리해야 한다고 주장했다. 그의 주장에 따르면 사람은 양인과 음인으로 나눌 수 있고, 양인은 다시 소양인과 태양인, 음인은 소음인과 태음인으로 구분할 수 있다고 한다.

4권 2책으로 구성된 이 책의 구성을 살펴보면 성명론, 사단론 등 성리학 이론 2개, 확충론, 장부론, 의학 일반론 3개, 소음인신수열표열병론, 소음인위수한이한병론, 범론 등 소음인 관련 이론 3개, 소양인비수한표한병론, 소양인위수열이열병론, 범론 등 소양인 관련 이론 3개, 태음인위완수한표한병론, 태음인간수열이열병론, 범론 등 태음인 관련 이론 3개, 태양인외감요척수병론, 태양인내촉소장병론 등 태양인 관련 이론 2개, 광제설, 사상인변론증론 등 사상에 대한 통론 2개, 그리고 마지막으로 사상에 따른 약 처방에 관한 이론인 사상방약으로 구성되어 있다.

《동의수세보원》에 따르면 사상 중 소양인은 비대신소脾大腎小, 즉 비장은 강하고 신장은 약한 체질이고, 태양인은 폐대간소, 즉 폐는 강하고 간은 약한 체질이라고 한다. 또 소음인은 비소신대, 즉 비장은 약하고 신장은 강한 체질이고, 태음인은 간대폐소, 즉 간은 강하고 폐는 약한 체질이라고 한다. 따라서 소양인은 위장과 비장이 좋아 소화기관이 발달하여 활동적인 기질을 가졌으나 신장이 약해 생식기능이 약하고 참을성이 부족하기 십상이고, 태양인은 폐가 발달하여 공명정대한 기질을 가졌으나 간이 약하여 화를 잘 참지 못한다는 것이다. 또 소음인은 비위가 약하여 활동성이 부족하고 배가 자주 아파 내성적인 성질을 가지는 반면 신장이 발달하여 생식기능이 좋고 인내력이 강한 체질이며, 태음인은 간이 발달하여 화를 잘 삭이고 함부로 남에게 성질을 드러내지 않는 반면 폐가 약하여 활동성이 부족하고 맺고 끊을 줄 몰라 우유부단한 성정을 가진 체질이라는 것이다.

이제마는 체질을 판단하는 기준으로 체형과 성격, 땀 등을 예로 들고 있으나 애매모호한 구석이 많았다. 더구나 이제마는 《동의수세보원》에 몇 가지 이론을 더 보태고자 했으나, 이를 완성하지 못하고 생을 마감했다. 때문에 이제마의 사상의학은 다소 완성되지 못한 채 세상에 알려지게 되었다.

앞에서 사상 체질의 특징을 서술한 부분에서 알 수 있듯이 이제마는 오장육부의 오장 중에서 심장을 제외한 채 사상체질을 논하고 있다. 이는 이제마가 음양오행 사상에 기반하고 있는 한의학을 성리학의 사단칠정론에 대입하는 과정에서 일어난 일이다. 성리학에서는 만물의 중심에 태극이 있고, 그 태극이 곧 우주 만상 원리의 본체인 '이理'라고 설명한다. 따라서 만물이 모두 이理에 의해서 지배받고, 인간에게도 이理가 있으며, 이理에서 인간의 4가지 본성인 인, 의, 예, 지가 나온다는 것이다. 이를 사단四端이라 규정하는데, 이제마는 성리학의 이 이理와 사단의 원리에 오장육부 체계인 한의학을 대입하였다. 그 결과, 심장은 오장의 중심인 태극이 되고, 나머지 비장, 신장, 간장, 폐장은 사단이 된 것이다. 이렇게 되면서 사상의학에서는 심장이 다른 네 개의 장기와는 차원이 다른 장기로 변해버렸다.

그런데 정작 이제마가 사상 체질을 설명하면서 사용한 의학 이론은 오행 사상에 기반을 둔《황제내경》과《상한론》이었다. 따라서 이제마의 사상의학은 불협화음을 일으킬 수밖에 없었다. 이것이 이제마의 사상 체질론이 가진 한계였다. 이제마는 각 체질마다 심장을 제외한 나머지 네 개의 장기 중에서 강한 장기 하나와 약한 장기 하나씩을 부여하는 방법으로 체질을 나눴다. 이를 테면 소양인은 비장은 강한데 신장은 약하고, 태양인은 폐장은 강한데 간장은 약하며, 소음인은 신장은 강한데 비장이 약하고, 태음인은 간장은 강한데 폐장은 약하다는 식으로 설정한 것이다.

이렇게 하다 보니 결국, 문제점이 생겼다. 그렇다면 심장은 모든 체질에 어떻게 작용하는가? 심장이 약한 사람과 강한 사람이 있는데, 이는 체질과 어떤 연관이 있는가? 이런 의문이 생길 수밖에 없게 된 것이다. 또 소양인은 비장은 강하고 신장은 약한데, 소양인의 간장과 폐장은 어떻단 말인가? 태양인은 폐장은 강하고 간장은 약한데, 그렇다면 태양인의 위장과 신장은 어떻다는 것인가? 소음인은 신장은 강하고 비장은 약한데, 그렇다면 폐장과 간장은 어떻다는 것인가? 태음인은 간장은 강하고 폐장은 약한데, 그렇다면 비장과 신장은 어떻다는 것인가?

이제마는 이 문제들에 대한 해결점을 마련하지 못하고 죽었다. 하지만 이제마 이후로 한의사들의 체질 의학에 대한 연구가 꾸준히 이뤄졌고, 사상의학의 체계도 매우 견고하게 되었다. 덕분에 오늘날 체질의학은 한의학의 새로운 조류가 되었다. 이는 이제마의 《동의수세보원》이 아니었다면 불가능했을 것이다. 그런 의미에서 보자면 이제마는 동양의학의 미지의 세계를 개척한 선구자라고 할 수 있다.

조선 명저 기행
朝鮮 名著 紀行